# DIOS AMA A
# LAS DIVORCIADAS

## ¡y a los divorciados también!

# DIOS AMA A LAS DIVORCIADAS

## ¡y a los divorciados también!

Anvil Anton

Número de Control de la Biblioteca del Congreso de EE. UU.:     2014904738
ISBN:          Tapa Dura                      978-1-4633-8071-7
               Tapa Blanda                    978-1-4633-8070-0
               Libro Electrónico              978-1-4633-8069-4

Los textos Bíblicos han sido tomados de la versión LA BIBLIA DE LAS AMERICAS (LBLA) © 1986, 1995, 1997.

Este libro fue impreso en los Estados Unidos de América.

Fecha de revisión: 28/03/2014

**Para realizar pedidos de este libro, contacte con:**
Palibrio LLC
1663 Liberty Drive
Suite 200
Bloomington, IN 47403
Gratis desde EE. UU. al 877.407.5847
Gratis desde México al 01.800.288.2243
Gratis desde España al 900.866.949
Desde otro país al +1.812.671.9757
Fax: 01.812.355.1576
ventas@palibrio.com
611236

## Dedicatoria

A la mujer,
especialmente a la que padece y sufre
a causa del divorcio, también,
a la que es madre soltera, o es como si lo fuese, y
a toda persona que está buscando a Dios
y no sabe dónde encontrarlo.

A todos ellos, porque sé, por propia experiencia,
que Dios nos ama sin excepción,
y que hay un camino para recibir su ilimitado amor.

# Agradecimiento

A Dios, mi Padre Celestial por el regalo de
Jesucristo y con Él, el de su amor,
gracias Padre por haberte encargado de
este proyecto, de principio a fin,
porque yo simplemente recibo tus regalos
y los comparto, como me enseñas.

A mi hijo Andrés y a mi esposo Vince,
por su dulzura, amor, comprensión,
paciencia y apoyo incondicional.

A mi hermana en Cristo, Beatriz Hernández
Orta, destacada periodista venezolana,
por su apoyo profesional, especial amistad y cariño
no sólo durante el desarrollo de este proyecto
sino a lo largo de nuestra larga y hermosa amistad.

A Graciela Da Costa, por su apoyo, oración,
declaración de la palabra y visión de Dios,
sobre este libro y mi nueva profesión,
todo lo cual recibí como guía divina.

A todos ustedes mi agradecimiento y amor,
porque conté con el mejor equipo posible.

¡Los amo!

# Índice

# Introducción

*Lo que deseo que recibas con este mensaje que te entrego,*
*es la seguridad de que ninguno de nosotros es perfecto,*
*ni libre de culpa, y eso lo sabe Dios,*
*quien desea darte la oportunidad de conocer el verdadero amor.*

Decir que Dios nos ama a pesar de ser divorciados, no es una exageración sino una verdad. No es algo que afirmo para simplemente tratar de hacer sentir bien a algunos. Por el contrario, traigo buenas noticias para aquel que siente que su vida se hizo pedazos, que no hay nada que hacer, o que llegó a su fin, tras el rotundo fracaso de su relación matrimonial. No estás solo ni sola. Cuando digo que Dios nos ama, a pesar de ser divorciados, lo digo con conocimiento de causa y con gran responsabilidad.

Antes de conocerlo, lo más profundo que alcanzó mi relación con Dios se resumía a pedirle. Le pedía por todo, por cuidado, protección y ayuda para la solución de mis problemas, porque sabía que nadie más podía ayudarme. No obstante y sin duda, mis esfuerzos resultaban vanos, pues mis interminables dificultades se acumulaban, al tiempo que no recibía respuesta ni una simple luz que me sirviese de guía para alumbrar mis pasos. Así que, siguiendo el consejo de muchos o tal vez de mis tradiciones, comencé a pedirle no solo a Él, sino también a cualquier otro supuesto ser celestial o terrestre, con ciertos poderes y venerados por el común de la gente, porque al parecer ellos contaban con la aprobación y autorización de Dios para interceder por mí y los asuntos en los que tanto necesitaba de su ayuda.

Llegué a creer todo esto y así les pedí, pensando que ellos sí me escucharían, porque se decía que eran más cercanos y asequibles a nosotros, simples seres de este mundo. Dentro de este esquema de pensamiento y acción, seguía escogiendo la alternativa que me parecía mejor, mientras continuaba usando el mismo criterio equivocado que me había ocasionado muchos de los problemas que enfrentaba, a la vez que la cuenta de mis dificultades y agonías se incrementaba sin parar.

Desde pequeña, muy en el fondo de mi ser, supe que Dios existe, sin embargo, dudé de Él debido a las situaciones tan dolorosas que tuve que encarar, sin preparación ni entrenamiento. Pensé que Dios no me quería o se había olvidado de mí, tal vez por alguna razón que yo desconocía y, por ello, Él había decidido no escuchar mis rezos ni ver mi pesar. Pensé que Dios era para otros, pero no para mí, recé al aire o al vacío, cargando con la sensación de que no alcanzaba sus estándares y que por ello me castigaba, ignorándome. Con el pasar de los años y en vísperas de mi segundo divorcio, esta tesis cobraba más fuerza, aniquilando cualquier esperanza posible de encontrar su ayuda perfecta, en algún lugar y momento de mi existencia.

¿Cómo fue que a pesar de su larga ausencia en mi vida llegué a establecer una íntima e intensa relación con Dios, a pesar de mis divorcios y extensa lista de transgresiones? La respuesta a esta interrogante es la que deseo compartir, para que no nos pase como a muchos que no lo buscaron, o que por diversas razones se negaron a tomar el único camino entregado para llegar a Dios y, en consecuencia, no obtuvieron su contestación, lo cual asumieron como respuesta, yéndose sin conocerlo. Entre Dios y nosotros, de manera única y personal, hay sólo uno y se llama Jesús.

Para algunas iglesias, el divorcio y otras infracciones son causa suficiente para ser excomulgado o expulsado, pero Dios no es como los hombres, ¡gracias a Dios!, y la iglesia donde hay condenación y exclusión, no es la iglesia de Nuestro Dios, el Padre de Jesús, sino que es la iglesia de los hombres.

A partir de este hallazgo tan sorprendente en mi vida, estoy obligada a traer ésta esperanza a aquellos que tristemente se conformaron con vidas incompletas, como fue la mía antes, por haber asumido que la "ausencia de respuesta" frente a sus ruegos era en verdad una respuesta; y, en otros casos, que la "respuesta falsa", alejada de Dios, fue asumida como la voluntad de Dios, haciendo que muchos lanzaran sus vidas por la borda de la desesperanza.

Cuando Dios me encontró, no había en mí más que problemas emocionales, un auto-concepto bajo y una auto-estima sumamente deteriorada. Sin embargo, así me recibió y se tomó la difícil tarea de restaurarme, llenarme y juntar los pedazos sueltos de mi ser interior, entonces resquebrajado. Dios me devolvió una personalidad renovada, las ganas y la alegría de vivir y, por si fuera poco, día a día trabaja en mí sin descanso, asegurándose de terminar el proceso iniciado.

En Dios encontré el amor más puro y los brazos más infinitamente extendidos que me esperaban desde siempre y que esperan por todos nosotros, para cobijarnos en su dulce regazo en el que hayamos consuelo, dicha, significancia, guía y victoria.

A Dios lo encontramos, como me pasó a mí y a muchos, cuando nos atrevemos a tocar la única puerta que nos ha sido entregada y detrás de la cual hallamos su absoluta y majestuosa presencia. Jesucristo es la puerta que nos permite entrar en el Reino de Dios *(Ver Juan 10:9).*

Mi intención es entregarte, a través de estas líneas, un mensaje de esperanza, verdadero y oportuno, partiendo de que siempre el momento de Dios es infinitamente perfecto para rescatar y reconstruir tu vida. No importa en qué estado de convalecencia o necesidad te encuentres, no importa si eres justo o pecador, víctima o victimario, Dios desea que salgas de la derrota y recuperes la única identidad que tiene validez: la que el mismo Dios te otorga.

Todo aquel que busca a Dios, a través de Jesucristo, con un corazón sediento de su justicia y amor, lo recibe y se llena hasta desbordarse. A través de Jesucristo, el amor de Dios toma entonces su rol y ejerce acción en nuestra vida, dándonos la oportunidad de recobrar el verdadero sentido y descubrir el propósito para el cual se nos entregó este maravilloso regalo de vivir.

Por supuesto que Dios ama a los divorciados, porque comprende nuestra naturaleza imperfecta, llena de equivocaciones: unas deliberadas o hasta mal intencionadas y otras, como producto de nuestra ingenuidad e ignorancia de Dios. El divorcio no es producto de la mano de Dios sino de los hombres, ya que de acuerdo a su perfecto amor, este proceso no debía siquiera haberse convertido en una posibilidad; sin embargo, Él conoce las causas por las cuales permite que exista y las razones por las que muchos transitamos por ese camino.

Si logramos amar con el amor de Dios, no puede haber ruptura ni disolución. Nosotros, seres dotados de libre albedrío, hacemos y creamos herramientas, métodos y sistemas que unas veces son útiles, y otras son destructivos. No todo lo que es aprobado por la autoridad civil o mundana es *per se* bueno, sólo es permitido, porque lo que realmente es bueno para nosotros es aquello que se corresponde con la ley perfecta del amor de Dios, porque Dios es amor y en el mundo no hay amor como éste.

Cuando cualquier patrón individual o masivo de conducta que vaya en contradicción con el principio amoroso de Dios, está en contra de Él y, por tanto, no recibe bendición. Tomemos como ejemplo el adulterio, donde aún cuando muchos lo justifiquen bajo la bandera de que "todo el mundo lo hace", esto tampoco altera la verdad cierta y estable de los preceptos originales de Dios, quien busca ser amado por nosotros y no popularidad.

Dios no se contradice, ni tampoco sus principios y ley divina, y verán que ella permanece inalterable sin que haya cambiado ni una tilde. *(Ver Mateo 5:18)*. Sin embargo, Dios permite que ciertas leyes y regulaciones sociales, alejadas de su intención para con nosotros, existan y se perpetúen, por el derecho que nos ha conferido de escoger y, en definitiva, para probar nuestros corazones.

Dios no ha cambiado, Él seguirá siendo el mismo hoy, mañana y siempre. En esta afirmación encontramos la seguridad que necesitamos, pues imaginemos por un momento que tenemos un papá que cambia las reglas de la casa de hoy para mañana o según sea el panorama y las predicciones del tiempo. La ley de Dios no es circunstancial ni relativa, no depende de la latitud, de la temperatura, de la geografía, de las costumbres, de las emociones, de su humor, de su ánimo, de sus buenas o malas experiencias, o de que aún no sabe y no está seguro sobre el tema. No cabe duda, Dios todo lo sabe y no se equivoca.

La variabilidad, la relatividad y la aceptabilidad generalizada son algunas de las causantes del caos que experimentamos hoy en el plano individual y social, por tanto nuestra conciencia o pensamiento, amerita ser revisado y ajustado al estándar divino para evitarnos mayores daños, cuando eso es lo que deseamos.

El asunto del amor es de Dios, y hay temas que son de su incumbencia exclusiva, como por ejemplo, el matrimonio y el divorcio, en los que no podemos hacer nada por nuestros medios, porque son materia y dominio exclusivo de Nuestro Creador. Entretanto, existen otros que son nuestros, que nos toca resolver a nosotros y para los cuales hemos sido facultados.

Me guste, me convenga, o no, vaya de acuerdo con mis intereses y gustos, o no, la palabra de Dios me enseña que es perfecta porque que me trae provecho. Esto lo he comprobado. Antes la objetaba y la peleaba porque desconocía su contenido y su razón y, además, la consideraba aterradora, obsoleta e impracticable. Esa actitud, precisamente, me demostró las causas de mi desastre y mi caos. Entender esto, no debería ser tema de discusión sino de aceptación, ya que, de manera simple y sin artimañas ni artificios, recibir su palabra amorosa nos trae paz y sabiduría, y la sabiduría de Dios nos abre caminos inimaginables.

Colocar nuestra seguridad en Dios, como roca indestructible y columna de mármol macizo que no se tambalea, nos libra de la responsabilidad de tener que tomar vacilantes decisiones que tienen impacto crucial en nuestra vida, basadas en convicciones e intereses personales que ya, de hecho, nos han acarreado, a muchos de nosotros, la mayoría de los problemas y dolores que hoy tenemos que enfrentar y tratar de solucionar.

En los asuntos del amor, cuando actuamos alejados de los principios divinos, estamos haciendo nuestra voluntad y no la de Él; de manera que, en esos casos, tendremos que enfrentar las consecuencias.

Dios es perfectamente sabio, por tanto, sabe que el divorcio no nos conviene, pues si por un lado busca solucionar algunos problemas graves en la pareja, por el otro se convierte en la cuna de nuevos y muy serios problemas para quienes lo experimentan, incluyendo no sólo a los cónyuges sino también los hijos y las familias extendidas en general.

Cuando un hogar se rompe a causa del divorcio, surgen para los ex cónyuges, ciertos males que no existían antes y, algunos de ellos, no son noticia para nadie, por ejemplo: la aparición de la promiscuidad, la depresiva soledad, el uso de drogas, fármacos o alcohol para aligerar la carga de la terrible realidad, la búsqueda excesiva del entretenimiento como escape, la percepción resquebrajada del auto-valor y el endurecimiento del corazón herido. Entre muchos otros también se pueden encontrar: la muerte de la confianza hacia otros individuos, la pobreza o mayores restricciones económicas que las que existían antes, si era el caso, y la necesidad de recomenzar de cero ameritando inversión de tiempo preciado en la reconstrucción de la vida, sobre los escombros disponibles. Como producto de todo ello, surge la desesperanza o la pérdida de fe y la presunción de que, en definitiva, Dios no existe.

Cuando hay hijos, observamos que estos padecen tanto o más porque, en realidad, no pueden hacer nada para ayudar a sus padres, teniendo que adaptarse y buscar remedios alternativos que les permitan aceptar la triste realidad de vivir en un hogar mutilado. Muchos enfrentan el abandono y la desatención de sus padres y sufren junto a ellos sus crisis emocionales y resentimientos, al tiempo que otros deben conformarse con ser tratados como si fuesen una carga económica o impedimento que limita a sus padres para ejercer las nuevas libertades adquiridas con el divorcio. Sin embargo, hay un aspecto que no debemos olvidar y que lo constituyen los efectos que tiene, en algunos pequeños, la vida compartida entre dos hogares, con diferentes estándares, hábitos, valores, prioridades, economías y experiencias, generando no sólo la sensación de confusión, no pertenencia (o inestabilidad), sino conduciéndolos a aprender el juego de la manipulación para obtener, de cada padre, la felicidad que tanto desean.

Muchos divorciados, en algún momento, decidimos alejarnos de Dios en un intento por contrarrestar cualquier elemento de carga o conciencia moral que nos impediría llevar un nuevo estilo de vida que, de manera equivocada, creímos que mitigaría la tristeza y la soledad, confiriéndonos ciertas nuevas libertades. Otros, sencillamente se alejaron inconscientemente aún más de Él, porque en realidad nunca lo conocieron, mientras el resto, decidió ignorarlo, como un pase de factura por el dolor que permitió causarles con tal fracaso. La realidad nos ha demostrado a muchos que, a veces, es peor el remedio que la enfermedad, sobretodo, cuando la medicina empleada no tenía poder para curarnos las heridas.

Entendiendo que Dios es el artífice del orden perfecto y el creador de todo lo que existe, podemos avanzar. Su creación le pertenece, la conoce desde todos sus ángulos, componentes y formas, por tanto, la domina completamente y sabe qué hacer con ella. Porque ama a su creación, de la cual somos parte y, a pesar de nuestra voluntaria separación de Él, nos entrega un nuevo vínculo: Jesús, un reto de fe para la conciencia y para nuestra inteligencia que, además, es también suya. Con Jesús, el que lo decide, recibe su amor y con su amor, su voz y su palabra, que es sabiduría simplificada para nosotros y, hasta el que se cree menos o más inteligente, la entiende por igual, sin importar su nivel, origen o situación. Esto trae beneficio, es decir, bendición de Dios.

Ninguna de las cosas que hemos hecho podrá sorprender a Dios, porque Él estuvo allí, Él conoce nuestras razones y nos escudriña el corazón. En el sentido estricto de la moral mundana, yo no tenía méritos o derecho para recibir el amor de Dios y, con Él, su redención y su justificación, mas me los dio y en el camino guiado por Él, le entendí y lo acepté.

Lo que deseo que recibas con este mensaje que te entrego, es la seguridad de que ninguno de nosotros es perfecto, ni libre de culpa y eso lo sabe Dios. No soy monja o mujer religiosa, sin embargo, los respeto a todos, monjas, curas y pastores. Sé que no puedo gustarle a todos, pero aún a esos a quienes no les gusto, también los respeto, porque yo simplemente soy quien Dios dice que soy en Cristo, y esto me permite recibir el amor de Dios, que es perfecto para mí. Pero el elemento al que me refiero, es al de nuestra imperfección que está siempre presente, sin importar el titulo religioso que algunos de nosotros podamos tener. En mi caso, es después de conocer a Cristo, que en realidad tengo conciencia de los pecados que cometí y de mis errores.

Errores cometeremos siempre, igual que todos, no obstante, un elemento cambió en mi, y es que ahora no tengo intención de hacer daño, hiriendo a Dios, por tanto en este ejercicio, no hay pecado sino equivocación, porque las equivocaciones son accidentales y no intencionales. Si nos equivocásemos deliberada o voluntariamente, estaríamos llamando equivocación al pecado, y por tanto, estaríamos mintiendo e ignorando a Dios, como yo lo hacía antes; pero por amor a Cristo, no tengo ya deseo de hacer esto, porque además, Él, dentro de mi persona, me lo recuerda para evitarlo, porque ahora sí lo escucho.

En Cristo, tenemos un nuevo compromiso amoroso, que no es obligación sino más bien un regalo: el de la posibilidad de verdaderamente amar a Dios, a nuestros semejantes y a nosotros mismos, por tanto no podemos dañar a lo que amamos, que son regalos de Dios.

Dios no busca personas perfectas, porque no lo somos, y tampoco espera que lo seamos; esto, no lo digo como producto de mi invento ni para que me sirva de excusa, sino porque acepto su amor y perfección en el único ser perfecto conocido: Jesucristo. Lo que Dios busca son corazones blandos, necesitados y vacíos, para ser llenados con su amor. Dios llama a nuestra generación a lavar y descongelar nuestros corazones, cuando antes nos había pedido hacernos una incisión o circuncisión para poder reconocer a los suyos.

Deseo que sepas que quien escribe estas líneas, no se considera mejor que nadie sólo por proclamar a un Dios perfecto, por el contrario, me pongo como cualquiera que aún no le conoce. Pasé y paso por muchas situaciones muy mundanas, tal vez similares a las tuyas, pero aún así, mi Señor Jesús encontró valor en mí, cuando me postré derramando mi ser interior frente a Él, pensando que ya nada valía la pena, como al filo de la muerte, y en ese instante, me rescató; sin ninguna duda, como me pasó a mí, así mismo puede suceder contigo.

No creas que por mi fe en Jesús, perdí la capacidad de comprender al mundo en el que vivo porque, más allá de comprenderlo, estoy llamada a amarlo, tanto como Dios lo ama, ya que es aquí donde Dios nos permite el regalo de vivir y practicar el amor. Si hay algo que Dios me ha devuelto, en este mismo mundo que antes me aniquilaba, es la facultad de reírme, de disfrutar del regalo de la vida de una manera tan intensa que nunca antes conocí, y en la plena facultad de vivir, finalmente, en libertad y con discernimiento.

Tengo dos razones fundamentales para llamar a este libro *"Dios ama a las divorciadas ¡y a los divorciados también!"*, siendo la primera, porque no me cabe la menor duda de que esto es verdad; y la segunda, para aclarar que quien diga lo contrario, está equivocado, solamente porque no conoce a Dios, y esto hace que se pierda de conocer su amor, lo cual es lamentable. Y aquí aclaro el punto de que esta tesis, no es el producto de mi imaginación, porque de manera sorprendente y como lo relato más adelante, encontré que esta realidad tangible y comprobable además, tiene un basamento bíblico indiscutible, por lo tanto el amor del que estamos hablando, no es como el amor mundano, que es el único que conocíamos antes, sino que se trata del amor de Dios.

Dios ama al divorciado, sin embargo, no sucede así con el divorcio, y esto lo vemos expresado en el texto sagrado, donde escuchamos a Jesús decir, que fue creado para fines muy mundanos, como nos lo aclaró Jesús y, según quedó escrito en el Nuevo Testamento *(Ver Mateo 19: 1-12 y Marcos 10:1-12)*. Para Dios, el divorcio es un hecho de consecuencias dañinas para nosotros y su amor siempre nos advierte.

Cuando de la mano de Dios comencé mis lecturas bíblicas, me sentí íntimamente identificada con la mujer viuda, porque para nadie es un secreto que un divorcio es como una muerte, o peor aún, como un intento de asesinato al amor, involucrando el elemento de la culpabilidad, que si no se sana, es como un monstruo de cien cabezas.

Desde mi perspectiva femenina, no tengo la menor duda de que Dios hoy, revestido de su gran compasión, nos contempla a muchas mujeres divorciadas, como miró entonces a la mujer abandonada o viuda, y Jesús a la adúltera, así como también encuentra en nuestros hijos, a los niños abandonados de aquellos momentos. Dios enfatizó, categóricamente, la importancia de proteger y no abusar de la mujer que había quedado desamparada, sin la compañía de su esposo; de tal manera que, alegrémonos, ya que gozamos de este privilegio adicional cuando, al padecer los rigores de un divorcio, buscamos a Dios con todo nuestro corazón en Cristo, quien viendo en nosotras tal nivel de entrega, impide que seamos tocadas por ninguna mano mal intencionada.

En definitiva, Dios ama al divorciado sufrido, porque ve en él a un ser sumido en su propio dolor, sea hombre o mujer. Él mira su corazón y lo examina, reconociendo compasivamente su necesidad de encontrar consuelo y reconstrucción, y así se los otorga, según su entera voluntad y en la medida de su riqueza plena.

Considerando y excluyendo ciertas excepciones, determinadas por aspectos como la edad avanzada, la salud física y mental, entiendo que habrá quien se sienta dichoso y completo en su estricta soledad y sin pareja - siendo su condición soltero, divorciado o viudo - aunque esto es algo que dudo, por la necesidad de compañía y amor que nos ha sido dada; sin embargo, respetando que esto sea así para algunos, muy seguramente, la reconstrucción que Dios tiene para estas personas, será específica y diferente que para aquellos que tienen sueños de pareja y de familia.

El plan de Dios para cada uno de nosotros es individual y único, y será diferente, también, si entramos en su Reino, o no. Ésta es la razón fundamental por la cual la historia de una persona nunca será igual a la de otra, aunque se trate de hermanos gemelos.

Por ejemplo, después del divorcio pasé por las dos situaciones, como si se tratase de dos estadios que se producen en ese mismo orden descrito; primero, no deseé asociarme con nadie y, luego de los años, lo volví a considerar. Lo que suceda con nosotros, divorciados o no, después de poner nuestras vidas en las manos del Todopoderoso Salvador, Nuestro Señor Jesús, sucederá de acuerdo con el plan de Dios para nuestras vidas y no el nuestro, solo que esta vez será sin duda para bien, pues se caracteriza por la bendición que le acompaña. Este plan está relacionado con la visión que, como un sueño, Dios ha colocado en nuestros corazones.

El divorcio no era parte de su plan para nosotros. Dios, quien todo lo observa, comprende que hemos caído en errores, precisamente, por haber vivido separados de Él y, en consecuencia, esto nos alejó de la posibilidad de experimentar el más sublime amor que tenía preparado para nosotros y que deseaba darnos desde el principio, inclusive antes y durante nuestro matrimonio. No te aflijas, porque a pesar de tus circunstancias e incluso de tu edad, Él aún está amorosamente dispuesto a darte y reivindicarte.

En definitiva, el problema no es el divorcio en sí mismo, sino las razones que nos llevaron a contraer matrimonios que no funcionaron y las bases endebles que los sostuvieron sólo por un tiempo. Eso es lo que, en realidad, necesitamos revisar.

La idea no es que caigamos en reproches autodestructivos, ni en penas y tristezas por un pasado que no se puede cambiar, o por el tiempo transcurrido sin haber disfrutado de esta gran bendición, ya que esto no tiene sentido y nos mantiene estancados. Tu vida comienza hoy y se mueve hacia adelante.

Estas líneas que comparto están dirigidas a quienes, lamentablemente, ya no pueden hacer nada frente a su divorcio, porque es un hecho consumado. A ellos, deseo otorgar las herramientas que me sirvieron a mí para reparar el daño padecido, a causa de la ruptura matrimonial. Estas herramientas nuevas - porque antes no las poseíamos - nos permitirán revisar nuestras experiencias e iniciar un camino en el que solteros, viudos y divorciados, den pasos sólidos y firmes hacia nuevos matrimonios, si es el caso y según la voluntad divina. También nos permitirá romper con el patrón o ciclo de divorcios que podrían repetir nuestros hijos en sus vidas adultas, si nosotros no hacemos algo al respecto hoy.

Tenemos una posibilidad inmensa y maravillosa de cambiar el destino de nuestras vidas, si solamente logramos entender por qué realmente la gente se divorcia, y con ello logramos deshacernos de las terribles secuelas del divorcio, de una vez por todas y para siempre.

Espero que disfrutes la lectura de estas páginas, en las que también comparto aspectos de mi vida personal, mi aprendizaje, y, la experiencia de una mujer que, sin merecerlo, recibió la gracia de Dios y quien, a pesar de la condenación de la lengua del mundo y las voces de sus enemigos, ha logrado ser justificada y victoriosa.

Te invito a que no desaproveches esta verdad maravillosa y logres recuperar tu oportunidad de conocer el verdadero amor, según sea el plan que Dios tiene para tu vida, el cual deseo que logres descubrir, guiado de su mano perfecta.

# I.

# El casado, el divorciado, Dios y yo

[11] "Porque yo sé los planes que tengo[a] para vosotros" —declara el Señor—
"planes de bienestar y no de calamidad, para daros un futuro y una esperanza.
[12] "Me invocaréis y vendréis a rogarme y yo os escucharé.
[13] "Me buscaréis y *me* encontraréis, cuando me busquéis de todo corazón.
*Jeremías 29:11-13*
**La Biblia de las Américas (LBLA)**

*- ¿Pero, cómo te atreves a hablar de Dios? ¿Es que acaso no te das cuenta que tu vida es un desastre, eres una divorciada?*

La escuché con atención y brevemente medité en sus palabras. Llegué a pensar que tal vez tenía razón, porque nadie todavía había hallado algún valor en mí para amarme como en realidad se debía amar a una esposa. Esas palabras llevaban sólo una verdad a medias, pues era un hecho que tenía dos divorcios a cuestas y eso era lo único que otros sabían de mí, pero como viento que sopla, aquellas palabras se esfumaron de mi mente cuando otra voz más firme y fuerte, como de trompetas, me aseguró en el corazón, que mi vida no era un fracaso, recordándome a la nueva mujer que resurgía en mí, distinta, valerosa y victoriosa.

Aquellas duras palabras, mitad verdad y mitad mentira, sonaron descorazonadas y desalentadoras, pues si yo no hubiese estado en conocimiento de la verdad de Dios, hubiesen logrado su objetivo: volver a bajarme al mismo nivel de desesperanza de antes, del cual mi ser hecho pedazos estaba emergiendo. La segunda voz, esa que ahora comenzaba a escuchar por encima de mensajes hirientes o dañinos, eran palabras de aliento que recibía de Jesús, quien había iniciado un franco y categórico proceso de reconstrucción en mi vida.

Aquella transformación sucedía en lo profundo de mi ser, como si mis pedazos rotos y perdidos comenzaban a ser amorosamente conseguidos, restaurados y puestos de regreso en su lugar, en el lugar en el que tenían que haber estado desde el principio. Antes, un comentario así, me hubiese fulminado de inmediato porque estaba desasistida y no tenía a nadie en mi defensa; sin embargo, una nueva fortaleza y confianza estaba naciendo en mí, a la par que aumentaba mi conocimiento de aquel que comenzaba a ayudarme: Jesús. Gracias a esto, ya no había posibilidad de aceptar y no hacer nada frente a pronósticos desdichados que sobre cualquier aspecto, buscasen intimidarme, acobardarme, condenarme o callarme.

Cuando aquellas palabras resonaron en mi cabeza, yo no estaba en capacidad de saber si sus intenciones eran buenas o malas, porque ese atributo de saberlo todo, el único que realmente lo posee es Dios, además, había aprendido algo nuevo: no debo inventar lo que no sé. No obstante, una nueva capacidad emergía en mí, la de identificar y contrarrestar el efecto dañino que éste y cualquier otro comentario o mensaje similar, pudiese causarle a mi vida, si le otorgase un mínimo grado de credibilidad a algo que fuese una mentira. La clave radica en que había recibido a Jesús y comenzado a conocer su mensaje, el cual comenzaba a erigirse como un escudo o arma infalible, puesto al rededor y dentro de mí, para mi protección y que ahora no duda en salir a mi defensa, cada vez que - como lo hace un sistema de seguridad con alarmas, - detecta que algo traspasa los límites de su verdad y de su amor, activándose para prevenirme.

El problema con aquellas palabras no tenía nada que ver con la simplicidad con la que fueron expresadas, sino con la carga emocional que representaban para mí, porque provenían de alguien de mi más grande afecto, valoración y respeto. Apenas comenzaba a aprender que ya no podía permitir que juegos de palabras punzo-penetrantes, me causasen nuevas heridas como sucedía antes, cuando me encontraba indefensa, como en las etapas de mi niñez e inmadurez. Ahora las cosas comenzaban a ser distintas y a los cuarenta años de edad, comenzaba a dar mis primeros pasos de mujer adulta, gracias a Cristo. Ya no podía volver a correr el riesgo de tirar mi vida y mis sueños por la borda, confiriéndole autoridad sobre mis emociones y destino, a otros sin Dios, porque esto hubiese sido igual que cometer un crimen en contra de la persona que Dios había creado en mí, cuando a través de Él comenzaba a descubrir mi verdadero valor.

Si mi relación con Cristo no hubiese existido en aquel preciso momento de aquella conversación, yo hubiese asumido como cierto lo que entendí de ese mensaje, es decir, que como divorciada ya no tenía autoridad para decir que Dios existía y que estaba haciendo grandes cosas en mi vida; y en segundo lugar, que con el divorcio había perdido mi última oportunidad de rehacer mi vida y cualquier probabilidad de establecer algún tipo de relación con Dios. El mundo insistía en decirme que ya mis chances se habían agotado, al tiempo que buscaba destruir mi futuro. Antes de conocer a Jesús, cada vez que escuchaba al mundo hablar sobre este tema, terminaba segura de que el divorcio, con la pena y el dolor que nos causaba, sucedían precisamente porque Dios no existía y no le importábamos en realidad, porque eso era lo que tenía para nosotros.

Lo realmente asombroso para mí fue que frente a aquel comentario, esta vez no acepté el significado literal de aquellas preguntas y palabras, ya no las creí ni agradecí, porque ahora comenzaba a discernir entre lo que era verdad y lo que era mentira, evaluando su contenido, procedencia y basamento, gracias al poderoso trabajo que Jesús había comenzado en mí. Si me hubiese arriesgado a creerle de nuevo al mundo exterior y descorazonado, me hubiese desanimado a tal punto, que hubiese perdido la oportunidad que, sin saberlo, Dios me tenía preparada y que ya me estaba esperando.

Pareciera que los divorciados perdimos el derecho de buscar a Dios, de encontrarlo y hasta de hablar sobre Él frente a otras personas, especialmente las que aún conservan el estatus de casados, aunque muchos en la realidad no estén siquiera satisfechos ni realizados con sus uniones y vidas conyugales, porque en ellas no experimentan amor. Contrariamente, lo que sí parece que nos otorgan es el derecho de referirnos constantemente a nuestro pasado, lleno de historias muy jugosas, por ser tormentosas y carentes de amor, las cuales en la realidad entretienen el morbo común, pero no contienen nada nuevo para nadie porque, en general, con algunos matices y variaciones, casi todos llegamos al divorcio por la misma razón, que es la carencia de amor.

Pese a mis circunstancias en aquel momento, a mí me importaba hablar del camino, los recursos que me proporcionaba y el cambio renovador que se estaba produciendo en mi existencia, lo cual me llenaba de vida, optimismo y confianza en Dios, en contraposición al futuro desastroso que, supuestamente y según otros, me esperaba.

Sin darme cuenta, sin pensarlo y sin discutirlo, Jesús había iniciado un gran trabajo conmigo, y eso sólo era tema de discusión y duda para los demás, pero no para mí, porque yo me conocía profunda y perfectamente, como para saber lo que me estaba ocurriendo.

Un hecho clave me había ocurrido, poco tiempo antes de que aquella persona dijera aquellas duras y desalentadoras palabras; un fenómeno realmente asombroso me sucedió un día camino al trabajo, y este fue, el de haber invocado el nombre de Jesucristo, como lo hice, es decir, como quien está a punto de morir y totalmente desahuciado, porque habiendo agotado todos los recursos posibles, acudió a aquel que nunca antes había intentado, o al que siempre había desestimado. Hice esto y así le permití a Dios entrar en mi vida. Recuerdo que recibí una fuerza imperceptible para mí, y una especie de interés nuevo, que me llenó de una profunda sed por conocerlo, así, al llegar a casa después del trabajo, a pesar de no haber planeado ni tenido ninguna intención de hacer esto en todo el día, después de cerrar la puerta, me dirigí ansiosa hacia el libro del Nuevo Testamento que tenía allí en la entrada, y lo tomé como el sediento que logra salir del desierto en el cual estuvo perdido por mucho tiempo y que al fin encuentra agua para beber. Aquella mañana cuando me dirigía a la oficina, mis labios habían pronunciado el nombre de Jesús con desesperación, clamándole, como quien usa el último recurso para evitar su propia muerte, y entonces Él vino a mí, sin tan siquiera sentirlo, ya que aquella inesperada búsqueda del libro sagrado, era una prueba de ello, para mí.

Yo ya no tenía más opciones, porque había buscado a Dios en todas sus formas y nunca antes me había escuchado - o digamos más bien como ahora lo sé - no me había respondido, pero esta vez, por primera vez, yo dije su nombre, le clamé y me entregué a Él pidiéndole que se hiciese cargo de mí, porque yo misma ya no podía más con mi propia existencia. De hecho, cuando pronuncié su nombre, como quien grita ayuda desde un foso oscuro perdido en el mapa por donde nadie transita y no hay poblado cercano que pueda escucharlo, le pedí con todas mis fuerzas que me ayudase, aunque me sentía descorazonada, pensando que mis esfuerzos serían vanos y que tampoco esta vez recibiría nada, porque el mundo me había convencido de que Jesús se trataba de una historia absurda y sin fundamento. Sin embargo, dentro de esta batalla que ocurría en mi cabeza, le imploré que se hiciese cargo de mí y que me demostrase que Él era quien decía que era, porque ya no me quedaba una gota de fuerzas.

Fue entonces, ese mismo día, cuando esta mujer divorciada, pecaminosa y que había perdido valor para los ojos del mundo que la juzgaba, recibió el llenado del Espíritu Santo, pero como una muy pequeñita semilla de esperanza y amor puesta dentro de mí, que requería de mi esfuerzo y amor para regarla y hacerla crecer. Yo le permití a aquella semillita que crecía, guiarme en todo sentido, generando en mí, cada vez más, un profundo, genuino y amoroso interés en hacer mío el contenido de las profundas enseñanzas contenidas en la palabra de Dios, la que cada día mas y mas, encontraba perfecta y sabia para mi, haciéndome sentir como quien recibe una herencia muy grande, y sale de la pobreza a la mayor riqueza y abundancia posible.

Lo que me pasó cuando llamé a Jesús fue, que simplemente, Él me escuchó y entró en mi vida para dedicarse a reconstruirla en todos sus aspectos resquebrajados como: el divorcio, la maternidad, las finanzas, la profesión y el auto-concepto, siendo los más importantes en mi caso. Y así como recibía de Él, quedé asida a Él, a sus enseñanzas y a su mensaje, porque en Él encontré todo aquello de lo que siempre carecí y no encontré en ningún otro lugar.

Conocer a Jesús de manera directa comenzó a traerme grandes bendiciones, y una de las primeras fue ganar una especie de sabiduría nueva y diferente, que nunca antes tuve y que siempre necesité. Antes sufrí de una autoestima muy débil, con un auto-concepto muy pobre, y muy deteriorado con los años, el cual había afectado mi salud emocional; así que apenas ahora me agarraba, sin vacilaciones, de esta tremenda herramienta que había conseguido en la palabra de Dios, que está escrita y viva, y así empezaba a usarla para discernir y tomar decisiones, ciento por ciento efectivas y seguras. Esto fue fundamental para mí porque yo me equivocaba mucho y esto me prevenía de caer en los juegos de las voces que escuchaba de unos y otros, por aquí y por allá, que intentaban hacerme desfallecer continuamente. Ahora, el asunto de darles credibilidad, ya no dependía de mí, sino de la verdad de Cristo en mí, la cual puesta en acción me demostraba en cada oportunidad, que generaba cambio positivo de progreso y de desarrollo; es como quien pone en práctica lo que aprende en la universidad, porque a ella va a asimilar de aquellos que saben más sobre el tema, si no es así, ¿para qué entonces nos sirve Dios y su palabra?

Ganando ese nuevo conocimiento, quise empaparme más y más de las escrituras, para así lograr tomar fuerza y enfrentar palabras engañosas, despiadadas, de rechazo, juicio y sentencia, que llegaban a mí con cualquier propósito descorazonado, aprovechándose de mi debilidad por mi condición de mujer divorciada, insegura, sedienta de amor y sola, que me transformaba en el blanco perfecto para cualquier ataque, como antes lo fue, porque siempre hay algo disponible para ser usado por quien no tiene el amor de Dios y desea herirnos, minimizarnos o usarnos. Aprendía que yo tenía dos opciones: una, creerle a Jesús, Dios y su palabra y, la otra, creerle a los demás.

Yo decidí escuchar a Dios y, sin duda, fue la mejor y más positiva e impactante alternativa que pude escoger para mi vida, ya que después de casi nueve años consciente de esta circunstancia, no deseo dar vuelta atrás ni por un solo segundo; al contrario, no me canso de agradecerle a Dios el haberse encargado de mí, tomando las riendas de mi destino, a través de Cristo, tal como lo hizo en el momento de la desesperación más grande que sufrí y como lo sigue haciendo día tras día.

Las diversidad de las palabras del mundo, con sus mensajes, historias, chistes, filosofía y demás, me habían convencido de que debía resignarme e irme de este mundo sin conocer lo que sería ser amada de verdad por un esposo y en familia, un derecho tan simple y tan sencillo como éste, era lo que más deseaba en lo profundo de mi ser, mientras que me había dado por vencida de alcanzar ese sueño porque creí de manera contraria a la verdad de Dios. Pensé que el amor no era para mí porque, en mi caso, era malo, ya que siempre venía acompañado de mucho tormento, complicaciones y dolor, no siendo mi aliado. El problema de pareja en mi vida, era uno de tantos que me aquejaban, los cuales poco a poco y en su perfecto momento fueron dando la retirada, a medida que avanzaba en este proceso y nuevo despertar. Una vez inmersa en la fe por Jesús, la cual crecía indeteniblemente dentro de mí, la esperanza dominó sobre la desesperanza y la luz comenzaba a entrar en los espacios donde antes había oscuridad, permitiéndome volver a soñar. Me eché en sus brazos y le entregué todo lo que tenía, quien era y hasta mis miedos, todo eso lo hacía ahora, sin esperar nada de Dios.

Cada vez se hacía más claro el hecho de que si le prestaba mis oídos y mi atención al mundo, éste podría hacer pedazos mi vida nuevamente, pues ya me había demostrado que mi bien le importaba muy poco, ya que a pesar de que participaba intensamente en él, él era absolutamente ajeno a mí y a mis asuntos y, por ende, no le interesaba ayudarme.

Mi relación con el mundo es como esa en la que yo tenía que alimentar a un ser que es insaciable, que sólo pide, exige y demanda, y que quiere cada vez más y más de mí, que me acepta en cuanto hago esto, mientras que yo, por el contrario, no recibo de él y no tengo derecho a obtener la más mínima muestra de amor gratuito.

De alguna manera, sentía que la sociedad o mundo sin tregua, me catapultaba al submundo de los solteros de segunda clase y que, como autos "usados", mi valor estaba depreciado y con mermadas oportunidades de vivir la vida plenamente. La posibilidad de conocer lo que significaba el compromiso y la paz matrimonial, aunque fuese por una sola vez en mi existencia, parecía que no me correspondía; entretanto, me bombardeaban las invitaciones directas e indirectas a la conformidad de un futuro como objeto sexual o presa fácil para el entretenimiento de alguno, especialmente hombres casados o nuevos prospectos sin amor y, por tanto, imposibilitados de comprometerse conmigo.

Sentía que mis divorcios, por razones justas o injustas, me habían robado el derecho de decir que había encontrado a Dios, a través de Jesucristo, cuando contrariamente al común razonamiento, mis divorcios fueron los que, precisamente, me habían llevado a buscarlo.

Declarar que había encontrado a Dios sonaba para algunos absolutamente absurdo e imposible, especialmente, si esto era pronunciado por unos labios pintados de color rosa en la cara de una mujer guapa y divorciada, no una sino dos veces.

Pese a mi condición, nivel educativo, edad y experiencia conyugal, evidentemente, no sabía nada de la vida ni de cómo vivirla, por eso tantos de mis errores sirvieron más bien para mostrarme que, en realidad, Dios sí es piadoso y amoroso con quien lo busca, de la manera en que Él ya lo ha establecido. Estoy convencida de que Dios existe, y más aún agradecida de ello, porque bajo esta verdad concentré mi esperanza y asumí su verdad sin volver a criticarlo ni reprocharle, como antes lo hice, porque valoro muchísimo el hecho de que ni siquiera mis reclamos le importaron cuando lo llamé para que me sacase del pozo en el que estaba inmersa.

Dios no me pagó con la misma moneda, cerrándome las puertas como yo lo hice antes con Él, y como aquel comentario indicaba que sería mi vida sin Él; por el contrario, Él me oyó y comenzó a darme su amor tan vivo como una llama intensa, el cual no me ofrece sólo a mí, sino a cualquiera que lo busque y lo reciba, aceptando su gran sacrificio, cuando colocó a su propio Hijo a padecer el más profundo dolor que puede sufrirse al ser colgado en una cruz, y no, porque fuese el único crucificado en aquella época, sino por haberlo sido, cuando no tenía crimen ni culpa que pagar, sino la de todos los demás, incluyéndome a mí.

Mi vida fue rescatada y restaurada cuando lo llamé a Él, al único resucitado por Dios, con el fin de establecer nuestra conexión o relación con Él y así fue que inició el trabajo de recuperación y restauración en mí. De esta misma forma, es como comenzamos a recibir la herencia que Dios tiene destinada para nosotros, es decir, en forma de reconstrucción y de protección, cuando entramos en su concierto.

La reconstrucción de la que hablo es tan maravillosa que, a pesar de sonar totalmente ilógica y sin sentido aparente para la inteligencia racional, en realidad, le ofrece al valeroso que se atreve a pedirla, la posibilidad de comenzar de nuevo, como quien regresa a los primeros años de su juventud; sólo que esta vez, de manera pura, madura y llena de gracia divina, lo cual la hace ciertamente especial, porque cuando ésta reconstrucción se produce, esto nos permite fácilmente reconocer que esto puede ser sólo posible, por la intervención suprema de Dios, pues proviene de Él, siendo que nadie más tiene o puede tener este absoluto poder de actuar por dentro, y desde adentro de nosotros.

De la mano de Dios, despertaba y me hacía consciente de que el peligro no estaba ni está en lo que dicen quienes no tienen a Jesús o el amor de Dios - porque sólo Él tiene la capacidad de conocerme desde la profundidad de mis entrañas -sino que se produce en tanto y en cuanto yo decido creerles, permitiéndoles afectar mi propia identidad y más aún permitiéndoles usurpar el puesto amoroso de Dios. Para mí era fundamental - tanto como un asunto de vida o muerte - entender que yo soy quien Dios dice que soy, y que puedo llegar hasta donde Él dice que puedo llegar y que puedo hacer lo que Él dice que yo puedo hacer. Esto era tan importante, como aún es, entender y comprender las razones por las cuales otros intentan persuadirnos de que no servimos para mucho, estableciendo y delimitando barreras a nuestro ser, limitando los horizontes que sólo puede dibujar Dios en nosotros y nuestras vidas.

Durante el tiempo que estuve propensa y a la deriva, mis pensamientos y valores sin dueño, habían aprendido a reaccionar automáticamente en favor de las ofensas y desprecios, buscando y encontrando cualquier elemento disponible dentro de mi almacén de recuerdos y memorias, para reafirmar y respaldar aquellos mensajes carentes de amor que recibía, hasta el punto que quedaba convencida de que aquello era verdad, lo merecía y me describía de manera tal, que yo misma quedaba sin oportunidad de esperar otra mejor sentencia para mi persona.

Después de mis divorcios, mi auto-estima y auto-concepto se habían empeorado y ameritaban una reconstrucción profunda, toda vez que escuché, compartí y le presté mucha atención a toda opinión negativa que pensé que era verdad o merecía, siendo que procedían de personas que, se suponía, debían amarme mas no lo hicieron. A mí me importaba la opinión de la gente que yo quería, apreciaba y admiraba, y para ganar su amor o respeto, buscaba estar de acuerdo con ellos, cuando ninguno de ellos tenía a Jesús.

Cuando alguna persona, según mi concepto mundano, había hecho algo destacado, o tenía alguna autoridad, relevancia social o indicador de éxito que yo no poseyese, esto era suficiente para ganarse mi admiración y permitirle que "su mensaje" me impactara, influyendo en mi comportamiento, porque dentro de mí no había nada, en otras palabras, no contaba con un sistema de valores sólido que lo filtrase para protegerme a mi misma y con amor hacia mi persona, entonces así los aceptaba, en todas sus variables formas y matices. Por ello, para mí, hoy es tan necesario tener cautela con esto de quien ejerce el liderazgo de mi vida. En mi caso, sólo tengo un líder que es bueno, y se llama Jesucristo.

Me encantaban las historias de cine y sus mensajes, los cuentos, las telenovelas, las letras de mis canciones favoritas y muchas cosas más. Toda la información que recibía de ellos era más que suficiente para mantenerme soñando sus sueños, distraída y alejada del refugio que, más adelante, encontré en la voz de Jesús, a quien ninguno de los antes mencionados, le daban validez y el poder que realmente posee.

En mi caso, el asunto no se trataba de envidia o comparaciones, sino de admiración hacia sus circunstancias superfluas, que sólo por el hecho de lucir en algún sentido más favorables que las mías, ganaban una especie de derecho gratuito de involucrarse en mi vida y dictar el curso de mi camino, ejerciendo el rol del modelaje en aquellas áreas donde yo no tenía nada, con el grave peligro de habérselo permitido a quienes estaban carentes de amor por mí, siendo amor el regalo más fundamental que nos entrega solamente Dios, a través de Jesucristo.

Yo encontré en Jesús, cuánto Dios me amaba, a pesar de mis fracasos y desatinos; solamente desde que llamé a Jesús, fue cuando comencé a tener gran cuidado de dónde, en quién y en qué colocaba mis oídos, mi atención y mi credibilidad o fe.

Las voces de afuera, que yo llamo las del mundo, conocidas como las voces de la sociedad en la que interactúa cada quien, no me dejaban oír a Dios porque hablaban y aún hablan diciendo cosas acerca de muchos de nosotros que son falsas y que no nos describen en verdad, porque sencillamente no nos conocen por dentro, ni estuvieron allí con nosotros para saber las causas, las razones y los por qué de lo que ha sido nuestra vida.

Experimenté lo que Dios dice claramente en las escrituras: que nos ama porque simplemente somos su creación y desea recibirnos con los brazos abiertos, para justificar, limpiar y devolvernos de regreso al camino inicial que nos tenía preparado, desde el comienzo de nuestros días, si hubiésemos tenido la dicha de haberlo encontrado y escuchado más temprano, aunque nunca es tarde, porque Dios tiene un tiempo perfecto en el que sabe que vamos a valorarlo y no a volverlo a desestimar.

Cuando yo recibí a Cristo, lo recibí todo, inclusive un futuro nuevo, cuando sólo me pedía que me dejase guiar por su mano y por su amor, confiando que Él nunca falla, que sabe lo que hace y que, en verdad, es el único que desea mi bien, porque ése es su mayor interés: nuestro bienestar. No fue fácil ni rápido entender esto porque tuve, de alguna manera, que desprenderme de muchas falsas creencias, hasta que pude entender que el poder sólo está en Dios, y no hay otra receta efectiva, porque las que ya yo había probado no habían tenido éxito, por el hecho de que ninguna de ellas podía, ni tenía la posibilidad, o capacidad de llenar el vacío que yo tenía en mi interior, como si lo hizo Jesucristo.

La sociedad separada de Dios que, en muchos casos, se disfraza en un amigo, un vecino, un socio de negocios, un compañero romántico y, a veces, hasta en padres despiadados y abusivos, o en instituciones educativas, nos separan - sin saberlo - de una conexión con Dios o, mejor dicho, logran retrasarla, porque eso sucederá tarde o temprano, en cada de uno de nosotros, tal y como está escrito bíblicamente.

Yo sé que todo esto puede sonar profundamente religioso, pero en la realidad no lo es, porque no se trata de cultos, sino - muy lejos de todo eso – se trata de establecer una nueva relación con Dios, para que podamos entender que Él nos ama y que nos recibe sin mirar nuestro estado civil; sin embargo, implica nuevos retos y sacrificios, especialmente de tipo intelectual y de creencias, debido a que hemos aprendido a rechazar a Jesucristo y por eso, quienes aún están buscando recibir y ser oídos por Dios, aún no lo han logrado. No hay vía rápida ni camino fácil que nos lleve a Dios, ni tampoco que acompañe a lo que Dios nos envía, porque amerita fe en Jesús, estudio bíblico y una nueva actitud, la cual no se produce de la noche a la mañana, porque Dios no se impone ni es traumático, sino que se da en la medida en que crece esta semilla de amor que ahora recibimos y que nos permite ser recíprocos hacia Él, hacia los demás y hacia nosotros mismos.

Este camino por el que transité y que te propongo, no se hace ni lento ni difícil, sino más bien se convierte en una especie de aventura bendecida, hermosa y llena de júbilo sin límites, sólo por el poder que yace en Jesucristo, únicamente y en verdad. El punto es que a Dios podemos escucharlo y entender su amor hacia nosotros, seamos divorciados o no, una vez que decidimos aceptar quién es Cristo, lo que nos abre el camino a conocerlo, según es presentado en el Nuevo Testamento, como puerta de entrada para poder entender esta nueva relación con Dios. Siendo que el texto bíblico nos entrega en verdad quiénes son Dios y Jesús, voy a intentar explicarlo así: una vez que recibimos a Jesús, necesitamos conocerlo para saber e identificar las maneras que usa nuestro Dios para manifestarse en nuestra vida mundana y así, reconociéndolo, ya no seamos más víctimas de ningún tipo de engaño o manipulación, que busca desviarnos de Él y lo que desea procurarnos, que siempre es maravillosamente bueno.

Una de las cosas más maravillosas que me ocurrió al recibir a Cristo Jesús fue enterarme, a través del texto bíblico, que Dios me amaba y que tenía un plan para mí, a pesar de mis divorcios y equivocaciones, dicho de esta manera simple, fue así, como pude recibir y entender lo que estaba ocurriendo dentro de mi ser interior y en mis circunstancias.

Dios, quien se define como Nuestro verdadero Padre Creador, nos ama y nada, aparte de la fe en Jesucristo, puede separarnos del plan maravilloso que Él tiene guardado para nuestras vidas, aunque nos haya pasado cualquier cosa en el pasado y pensemos que eso es tan feo que nos avergüenza frente a Él. A pesar de nuestros pasados, Dios no deja de ser bueno y de desear que nunca hubiese ocurrido aquello que nos hirió o demolió, en algunos casos; porque debemos saber que en realidad, todo daño dentro de cualquier relación o suceso negativo, debido a la acción o palabras de personas, se debe a la maldad que se produce, en espacios o personas donde hay carencia y ausencia de Dios por la falta de fe en Jesucristo.

Traer a Cristo y creer en Él, fue un aspecto clave para mí, así como mi deseo de conocer lo que es una vida en verdad bendecida por Dios, especialmente porque requería extrema cautela con el mundo exterior y con la sociedad, para identificar que un individuo alejado de Dios, es el que no habla ni actúa según el principio amoroso de Dios, y no desea para nosotros el bien y la bendición, que solo Dios nos procura.

Cuando yo hablo de la sociedad o el mundo, me refiero a: representantes o grupos socio-económicos, religiosos, culturales y tradicionales, y en general, que hablan al unísono y que no tienen a Jesús, y por tanto tampoco tienen el amor de Dios. Es decir, me refiero a toda voz que por no conocer a Jesús y lo que Él representa, se acerca a nosotros con desamor, desde diferentes ángulos, direcciones, perspectivas, personalidades, grupos, niveles y sistemas, que usan una gama muy variada de matices, intensidades y perspicacias para impactarnos, seducirnos y capturarnos, arguyendo − engañosamente - que su propósito es beneficioso para nosotros, cuando, en realidad, no lo es sino para ellos, o bien porque, de alguna manera, sus mensajes tienen efectos peligrosos para nosotros (sean primarios o secundarios).

Para mi protección, Jesús inició una campaña amorosa por mi persona, ayudándome a filtrar todo mensaje exterior, contrastándolo con el suyo, aún cuando de seguro los del mundo sonaban y se veían más bonitos, convincentes y espectaculares. Éste era un asunto fundamental para mi sobrevivencia, ya que habiendo escuchado a todos los demás menos a Dios antes, viví desolada, en profunda pena y sin la protección más infalible: la de Dios. Ya el mundo no me impresiona más, a menos que algo en él se corresponda con el amor de Dios. Aunque nos digan lo contrario y nos pinten a un Dios moderno que acepta cualquier tipo de nuevas tendencias, la verdad es que Él no cambia y nunca ha cambiado; todos sus principios, ley y consejos que quedaron escritos en los textos bíblicos originales permanecen irrefutables y disponibles, para aquellos que deseen recibir la gracia y la herencia del amor de Dios en Cristo.

Cuando Dios dijo, que cosas tan populares y aceptadas por la sociedad en general, como mentir y el adulterio, no nos traen bien, no lo dijo porque se había equivocado o pensaría cambiarlo más adelante para ajustarse a nuestros gustos modernos, o como algunos piensan, porque nos odia o para causarnos daño a nosotros y a los nuestros, no dándonos todo lo que se nos antoja; por el contrario, lo dijo para recompensarnos con su amor en relaciones interpersonales y matrimonios estables y duraderos, para nuestra paz, porque paz es sinónimo de salud mental y la salud viene de Dios. En otras palabras, cuando Dios nos pide no mentir, por ejemplo, lo hace para proteger al que se hace mentiroso de las consecuencias de su mentira y para proteger a quien pueda ser engañado por él, porque a ambos Dios ama y su amor es perfecto para unos y para otros.

Esta simple verdad es difícil de entender a veces, y de recibir para muchos que encuentran en la mentira, la promiscuidad y la pornografía, como ejemplos, sus piedras de tranca y sus retos. Ninguno de estos actos nos trae bien, porque no existe amor ni ningún aspecto positivo en ellos, ni siquiera cuando la ciencia intenta usar la pornografía buscando curar problemas sexuales, generando otros de la misma naturaleza, porque estos son problemas que solo la fuerza de Dios dentro de nosotros puede sanar y ya más adelante voy a explicar cómo esto puede ser posible.

Nada que sea dañino para algunos puede ser visto o usado como beneficioso para otros, porque esto no viene de Dios. Y ¿qué pasa con el que no le importa y piensa que esto está bien, porque no ve nada de malo en esto? El hecho de que a alguien esto no le importe, no significa que esto esté bien y tampoco que lo exima de las consecuencias de practicarlo y de auspiciar tales industrias llenas de personas con corazones despedazados, en busca de un sustento. Si nos preguntamos ¿cómo entonces se solucionan nuestros problemas mundanos, como el caso de ese sustento, que se busca en fuentes destructivas?, yo les digo, sin lugar a dudas, a través de Jesucristo, quien no nos falla, porque para Él nada es imposible, pues a eso vino.

El mundo busca convencernos de que una mentira es verdad, o de que algo malo es bueno para, sencillamente, hacernos sentir que tenemos permiso de hacer lo que nos trae placer venenoso - por fácil, adictivo y perjudicial - entonces cada uno, en la propia soledad de su ser, es decir, sin la ayuda del mundo que lo engañó y lo sedujo, tendrá que librar, sin poder, la batalla en la que cayó, a menos que busque a Dios, en Cristo, quien no se equivoca; pero para entender esto, y actuar en amor hacia nosotros mismos, necesitamos creerle a Jesús.

Necesitamos estar muy conscientes de lo que nos dice el mundo y de la voz que proviene de Dios, porque si escuchamos al mundo y le creemos, caeremos seducidos en su trampa, porque es muy brillante y atrayente, y así estaremos atrapados encontrando muy difícil, o una verdadera odisea, salir de ellas. El mundo se siente feliz y muy inteligente cuando nos ataca en lo más íntimo de nuestro ser y nos invita a participar de sus diversiones mal sanas, usando nuestras debilidades o necesidades humanas, cuando nos engaña diciéndonos que Dios está equivocado y pasado de moda.

Aunque el mundo nos haga pensar a muchos que el divorcio es nuestro final, porque sus causas fueron devastadoras para nosotros y porque sentimos que algunas luces de la vida se apagaron y perdieron sentido, es bueno que sepamos que sí hay esperanza y que nos movernos hacia un futuro lleno de amor como prosperidad divina, donde no hay deudas sino posesiones, y eso es lo que encontramos cuando pasamos a estar en acuerdo con Dios, a través de Jesús.

De tal manera que, la voz con la que no fuimos, pero ante la que ahora, tenemos que ser cuidadosos, es esa que busca persuadirnos en asuntos relacionados con nuestros valores más íntimos, porque si esos que nos intentan vender entran en desarmonía con los de Dios, entonces de seguro nos quitarán la paz, la esperanza y el futuro maravilloso que nos aguarda, y eso es precisamente lo que estuvo a punto de pasar conmigo, si no hubiese sido por Jesús.

Esa voz que busca nuestra ruina porque no nos ama, es la del enemigo de Dios. Escuchar y seguir los pasos de mensajes carentes del amor de Dios es peligroso, y eso lo sabemos algunos que padecimos debido a ello, porque por su causa, estuvimos a punto de morir. ¿Quién, como Dios, que busca nuestro bien? no hay quien haya dado un sacrificio más grande, que el que Él hizo en la cruz con Jesús, que es algo que necesitamos comprender, y ese punto lo tocaremos pronto.

Una de las razones más importantes de mi vulnerabilidad en mis años de juventud fue no saber, que así como existía el bien, el mal también existía, haciéndome blanco fácil de su ataque. Cuando yo hablo de mal y bien no me refiero a gente mala o buena, sino a personas haciendo cosas que producen mal y son dañinas, o haciendo cosas buenas, que producen bien y son beneficiosas, para ellas mismas y para los demás; por otro lado, este concepto involucra saber lo que Dios ya ha definido como bueno y malo, porque ninguno de nosotros tiene la capacidad y la potestad de determinar o definir que algo es bueno o no; y de esto se trata un poco el discernimiento que recibimos de Dios, cuando le abrimos nuestro corazón a Jesús.

Salir del cascarón y entrar en el mundo, sin estar preparados, no sabiendo que existe la maldad, es como salir a la guerra sin ninguna protección y, por tanto, terminar aniquilados. Así me pasó a mí, pues yo asumí que todo era bueno, de manera que cuando había algo, o alguien hacía algo que me afectaba negativamente, no lograba entender que se trataba de alguien haciendo algo malo hacia mí, lo que me generaba un gran conflicto que desembocaba en desamor hacia mi persona, porque yo buscaba las razones por las cuales yo misma había generado aquella conducta en el otro, que me hacía merecer su ataque o acto de maldad.

Este tema es sumamente profundo y no lo estoy tocando a fondo, sin embargo, lo que sí es importante saber es que salir al mundo adormecidos, como lo hice yo, sin saber que existía la maldad en todos y los más inesperados lugares, no me permitía mantenerme tan alerta como debía estarlo, para así poder reconocer el peligro y actuar preventivamente en mi defensa. Yo paso mucho tiempo advirtiendo a mi hijo de lo que puede conseguir afuera y que puede lucir bueno, aunque no lo sea, por los efectos que eso puede generar en su vida, que es algo que además él no desea. Yo abarco todos los temas de conversación que puedo con mi hijo, basada en mi conocimiento de la palabra de Dios y de mi experiencia, porque no hacerlo, para mí significa no amar a mi hijo, dejándolo a la deriva en el mundo.

Manejar la información que nos suministra el libro de la verdad, es decir el texto bíblico, es un asunto fundamental, porque nos presenta de lo que se trata el bien, la justicia y el amor proporcionándonos las herramientas y el arma poderosa que es Jesucristo, para resguardar nuestros valiosos corazones, porque Dios desea el bien para los suyos.

Refiriéndome a las mujeres, no es verdad que, por ser divorciadas, lo que nos queda ahora es el sacrificio - para unos - o el gusto - para otros - de convertirnos en las amantes de algún hombre casado, porque hemos sido convencidas de que ése es el destino - cruel para unos y conveniente para otros - que Dios tenía preparado para nosotras, porque he escuchado a gente decir, que eso era lo que Dios tenía para ellas, no sabiendo la gran tristeza que esto le produce a Dios; hablar así también puede estar asociado a esa manera nuestra de decir lo que pensamos, sin sopesar el verdadero significado o sentido que le otorgamos a nuestras ideas, cuando usamos la palabra "Dios", ya que ésta, es a veces usada para mentir, como en ese ejemplo, y a veces usada para insultar, no sabiendo que siempre somos escuchados. Dios no le ofrece ese tipo de opción a nadie, porque Él nunca se contradice a sí mismo, y esto es un principio básico que también aprendí y que me ahorró muchas confusiones y sus consecuencias negativas. Quien elige una situación como ésta, debe tomar la responsabilidad de sus decisiones porque decidió escuchar al mundo, y así dejar de culpar a Dios por lo que le ocurre, porque en sus manos piadosas siempre está la opción que es buena y bien intencionada, sin embargo, esto es imposible de entender, si no tenemos a Jesucristo.

Inclusive conformarse con una situación así, dándole o confiriéndole poder a alguien para usarnos de ésta o cualquier otra forma de aprovechamiento, es lo mismo que permitir colocar a esta persona en el lugar de Dios y esto es sumamente delicado, porque se convierte en una especie de idolatría. Hay mujeres que idolatran a hombres casados que no desean compromisos con ellas, porque no encuentran valor en ellas o desean simplemente usarlas, y ellas, cegadas aceptan estas situaciones y hasta conforman familias paralelas y clandestinas, perdiendo así sus oportunidades de una vida digna para ellas y para sus hijos, solamente porque no había confianza y fe en Dios.

Nosotros los divorciados necesitamos de la fuerza poderosa de Jesús para ser extremadamente cuidadosos, para no dejar que voces y argumentos seductores, jueguen con nuestros sueños y necesidades de afecto, bombardeándonos con invitaciones y falsas felicidades que duran muy poco y no tienen sustento. Quien nos ofrece la vía de los métodos fáciles, rápidos, fraudulentos o sucios como la mejor opción para procurarnos un ratito de felicidad, e inclusive fácil éxito económico, nos miente y nos detiene en la grandeza de la verdadera victoria y goce que nos tiene deparados Dios.

Dios tuvo piedad de mí y me entregó una realidad plena y llena de satisfacción en todo sentido, logrando hacerme sentir a gusto y en paz con Él, con mis semejantes y conmigo misma, sin importar en qué lugar me encuentre. No somos lo que otros nos dicen que somos sino lo que Dios dice que somos; si escuchamos lo que un mundo desprovisto del amor de Dios nos dice que es bueno para nosotros y lo tomamos, perdemos la oportunidad maravillosa de recibir amorosamente de Nuestro Señor Dios. El asunto es estar conscientes de que sin Dios, la verdad está encubierta, y para dejárselos más claro, permítanme presentarlo de manera poética, haciendo uso de esta imagen que una vez construí para una clase en la universidad y que nos permite avanzar en el planteamiento:

"A mí me dijeron que yo tenía los ojos marrones y punto; sin embargo, con el tiempo descubrí que en ellos viven los colores de un árbol de oliva cuya gama de tonos marrones, amarillentos y verdes se entremezclan sin pedirle permiso el uno al otro, así, cuando el sol se atreve a pegarles un fuerte golpe de luz, despierta al verde de una de sus aceitunas maduras, permitiéndole que se imponga".

De manera que, ¿dónde esta la verdad?, ¿en lo que nos dicen los que no tienen los ojos del Espíritu Santo y no pueden ver la hermosa verdad?

A veces nos llenamos de confusión pensando que quienes nos aman, nos hablan y aconsejan con la mejor intención y no me cabe la menor duda de que esto es verdad para ellos, pero si ese consejo no viene impregnado con el amor de Dios, debemos tener cuidado, porque quizás agarrándonos de aquella creencia que consideramos válida por la fuerza de la autoridad, sigamos sometidos, quedándonos en el mismo lugar donde estamos, sin movernos hacia nuestro verdadero destino y privando de futuro a nuestros hijos. No le abramos más nuestro corazón a voces que hasta con ternura, empatía y comprensión, están en contradicción de Dios, por las consecuencias.

Nos cuesta creer que alguien de valor en nuestra vida nos pueda herir con ofensas y abusos, pero no es un secreto para nadie que esto sucede más de lo que nos imaginamos, inclusive dentro de familias y grupos que menos lo esperamos. Muchos de estos ofensores no saben ni se imaginan el impacto de sus acciones y palabras, pero hay otros que sí y, lo peor que puede suceder es que, siendo conscientes de eso, aún no saben cómo detenerse y erradicar conductas y actitudes dañinas, porque están atrapados dentro de sus mundos, en los que Dios está ausente.

Para todos los casos, Jesús nos ofrece el camino y la solución y es sólo cuestión de tomar la decisión de no seguir intentando solucionar asuntos que son de la potestad absoluta de Dios, como el amor, el matrimonio y la paternidad, entre otros, usando remedios de diferente origen y procedencia, para continuar sin sanar y dando vueltas en círculos sin hallar la cura. Las soluciones rápidas, cómodas, fáciles, de moda, comunes, populares, tradicionales, socialmente aceptadas y permitidas que hemos creado nosotros para asuntos del alma y del amor, funcionan sólo por un momento o un tiempo prudencial y nos llevan a otras limitaciones o esclavitudes. Por ejemplo, la ciencia ofrece tratamientos y medicamentos que sólo controlan, mas no curan la depresión, la adicción, el alcoholismo, las inclinaciones hacia la violencia, el abuso, la flojera y otras similares. En los asuntos del alma, es decir, aquellos que tienen que ver con nuestro ser interior y donde nuestro corazón está comprometido, le pertenecen a Dios, y en su Hijo Jesús está la sanación y la liberación. Dios no nos engaña ni nos seduce con bombas, platillos o sorpresas, sino que nos entrega la satisfacción y el llenado, dándonos lo que no merecemos y haciéndonos fuertes en nuestras mayores flaquezas y debilidades.

En una oportunidad conversé con una mujer que atravesaba la gran pena de su divorcio, quien entristecida me preguntó dónde estaba Dios, cuando después de buscar consuelo con el cura de su iglesia a raíz de su separación, éste mas bien le impuso rezos, y le prohibió participar activamente en los sacramentos, y otras actividades del púlpito hasta que él le indicase, según las obras y acciones que ella ejecutase, el momento en que tal sanción pudiese ser removida. Conociendo la palabra de Dios, esto me pareció innecesario e injusto, pues Dios es Dios y en Jesús hay amor, redención, justicia y perdón. Nadie puede imponernos castigos ni multas, pues eso no es bíblico y no viene de Dios quien entregó a Jesús quien actúa dentro de nuestro ser. Necesitamos saber lo que dicen las escrituras para no caer en manipulaciones de la verdad, que lo único que logran es llevarnos a preguntarnos si Dios realmente existe, porque yo lo haría, si un cura o pastor de iglesia me pide que pague con ofrendas y degradación, dentro de una escala muy mundana y carente del amor de Dios, porque no se conoce a Jesús. Hay iglesias que lo nombran, mas no conocen a Jesús y esto es muy triste, sobre todo para quienes allí acuden en busca de Dios.

En el libro de *Juan 8:1-11*, podemos ver cuando en uno de los muchos intentos por retar la sabiduría y amor divino de Jesús, le trajeron al lugar donde Él se encontraba, una mujer que fue sorprendida teniendo relaciones sexuales con un hombre que no era su esposo. Cuando le preguntaron su opinión al respecto, Jesús sencillamente se inclinó y, luego, levantándose les dijo que si alguno de ellos nunca había pecado, (queriendo decir, en cualquier forma), que entonces, ese lanzara la primera piedra.

Este pasaje tan poderoso, como cualquier otro que registra la palabra, sabiduría y enseñanzas de Jesús nos entrega el sentido de su justicia perfecta, bondad y perdón.

En *Juan 4:6-42*, se cuenta la historia de Jesús quien, cansado en ese momento, se sienta a la orilla de un pozo de agua en Samaria y aún cuando Judíos y Samaritanos no se la llevaban bien, siendo Él judío, le pidió agua para beber a una mujer Samaritana, quien se acercó a recoger agua. Él descubriendo su pasado, le dijo que el quinto hombre con el que estaba, tampoco era su esposo. Con esta simple verdad, aquella mujer adúltera (o promiscua) le creyó y salió a contar esta historia que la sorprendió y con esto ayudó a muchos a creer en Cristo también.

Sin embargo, el punto acá, es que en ambos pasajes, contados aquí de manera muy simple y sencilla, podemos notar la bondad de Cristo, tan ignorada en el ámbito religioso y social, quien sin rechazar a nadie ni hacer exclusiones o distinciones entre pueblos, fronteras, religiones, tradiciones ni géneros, - y a pesar de que se trataba de una mujer como en este caso, quienes eran consideradas de inferior nivel en aquella época - , a Él no le importó esto, sino la justicia. Esto además nos ayuda a entender la autoridad que posee, antes y hoy, para perdonar faltas de cualquier naturaleza, a quien le escuche y le crea.

Yo me imagino que tuvo que ser una cosa tremendamente poderosa, haber estado en la presencia de Jesús por aquellos días, ya que haciendo honor a quien dijo que era, el Hijo de Dios, hasta las mismas autoridades de aquellos pueblos acataban sus veredictos porque eran irrefutablemente justos y declarados en simplicidad, sin ostentación, presunción, ni arrogancia. Pero ¿cómo es que habiendo venido, no para invalidar la ley sino para que se cumpliese, sucedió una cosa como ésta?, es decir, ¿cómo es posible que a una mujer adúltera que por ley le correspondía ser ejecutada o muerta a pedradas, se le eximiera de tal castigo? Y no sólo eso, sino que además esto ocurriese y fuese aprobado así públicamente y sin mayores discusiones, cuando Jesucristo no tenía ningún rango dentro del sistema de autoridad de aquellos pueblos y según sus hombres.

Es un hecho que las respuestas de Jesús fueron contundentes y muy ajustadas al nivel que le exigía el momento, situación, lugar y hacia quienes demandaron su opinión, para probar su condición, evidentemente superior. Jesús, muy alejado de la posibilidad de mostrarse condescendiente o en desventaja - como nos lo han vendido - asumió su rol de gran juez y, sin pedirles consideración o compasión por esta mujer que en verdad había faltado a la ley, solicitó más bien, que la ley se ejecutase; sin embargo, no en manos de alguien que mereciese similar castigo y no lo recibiese, sino que le pidió al de manos limpias, corazón puro y sin mancha alguna, que procediera a lanzar la primera piedra, tomando en cuenta que esa era y aún es la intención de toda ley, es decir, su implementación. Sin embargo, todos se fueron y el único que podía en realidad lanzar aquella piedra era Él, Jesucristo, no obstante, no lo hizo porque la amó y la perdonó, porque esa es la nueva ley que Dios nos entrega con Jesús, la ley del amor y por ello es justa y perfecta y está por encima de la ley de los hombres que se administra con injusticia, manipulación y corrupción, de otra manera todos tenían que haber sido apedreados por alguna u otra causa.

Jesús amó y perdonó a esta mujer, tanto como a todos los demás pecadores que se esfumaron en este momento, y la dejó ir para que de allí en adelante, habiendo recibido tal muestra de amor, no volviese a ensuciarse más por su bien.

Podemos extraer de este pasaje mucho más de lo que sabemos de la persona de Jesucristo, entre ellas, su supremacía y sabiduría absoluta, autoridad sobre toda autoridad, su potestad para perdonar, el conocimiento de nuestro ser interior, de lo que ocurrirá, cuán iguales son todos los pecados a los ojos de Dios (con una sola excepción, el pecado mortal), y la confirmación de que la muerte no puede ser un castigo impuesto y administrado por la misma humanidad, tal y como nos fue entregado originalmente en los mandamientos.

Vamos ahora a entrar en profundidades. Jesús fue ejecutado porque a eso vino, pero eso no lo supieron quienes no lo recibieron y, por ello, lo condenaron porque representaba el mismo peligro que representa hoy para quienes deseen mantener el dominio sobre cualquier otro ser humano y hacerle daño, usarlo y/o manipularlo (individualmente o en masa). Tanto ayer como hoy, encontramos la excusa perfecta en no poder concebir que la supremacía absoluta, bondad amorosa y humildad de corazón, vienen en el mismo empaque, junto con el poder perfecto de Dios. En aquel momento pensaron que aniquilándolo, lo exterminarían y allí acabaría su influencia, pero fue precisamente la cruz, lo que marcó el comienzo de su gloria, cosa que Él mismo ya había anunciado que ocurriría, es decir, que no moriría, sino que viviría por siempre y, para ello, iba a la cruz, para materializar y garantizar su trascendencia y la de aquellos que le creyesen.

Para mí es sumamente importante traerte por este camino para que comprendas la relevancia de Cristo y las razones por las que, ciertamente, puedes confiar en que tu destino es diferente, si te dispones a proporcionarte un cambio rotundo, a pesar de tu divorcio o actual circunstancia, salud o edad. En Él vas a encontrar la redención y restitución que necesitas y que está lista, según lo que Dios tiene dispuesto para ti, pero avancemos, que aún hay más.

Yo, casi toda mi vida, puse mis ojos en tradiciones y cultos religiosos donde no encontraba lo que buscaba, sino que, por el contrario, me mantenían vacía y preguntándome quién era en realidad Dios, si era bueno o malo, si podría hacer algo por mí, y cuál era la ventaja de poner mis ojos en Él. Me sumergí en falsas creencias, donde no hallaba la fuerza para superar las pruebas que encontraba, ni tampoco la fuente de esperanza frente al incierto futuro. Sin embargo, en Cristo entendí que se acabó el tiempo de la iglesia injusta, manipuladora de la verdad y que intenta hacernos creer que Dios es para gente perfecta (que en realidad no existe), y que intenta serlo aparentemente, y haciendo grandes esfuerzos usando sus propios medios, recursos, o los métodos que sus propias creencias le ofrecen. Iglesias donde se nos hace creer que nos salvaremos y obtendremos redención por el tamaño de las donaciones y las acciones castigadoras impuestas e inclusive por el cumplimiento de los mandamientos como una obligación y no por amor, no son iglesias de Dios.

El que honra a su madre y a su padre por imposición o miedo al castigo de Dios y no lo hace porque los ama con el amor de Dios, en realidad no está cumpliendo con la ley como Dios desea que lo haga, y este principio aplica para todo. Pero ¿de qué amor estamos hablando? estamos hablando del amor de Dios, que no se parece a otro amor, sino al amor que "recibimos única y exclusivamente por medio de Jesús" y, con el cual podemos amar a hijos, al esposo o esposa, los amigos, y hasta a Dios, e inclusive sintiendo su amor hacia nosotros. De manera que si el amor es algo que puede recibirse, entonces ¿qué podemos hacer para recibirlo?, ten paciencia que ya vamos hacia allá.

Investigando el texto bíblico original (en lo particular les recomiendo las versiones Reina Valera y la Biblia de las Américas) veremos que la crucifixión de Cristo es un tema absolutamente relevante y significante, que significa vida y no muerte, y esto es algo que contradice lo que hemos aprendido según nuestras tradiciones y culturas, o en otras palabras, como el mundo nos lo ha hecho ver. Cristo en la cruz no es un chiste, ni un error histórico o un cuento mágico-religioso que nunca ocurrió, mas bien, es un hecho que no deberíamos dejar pasar por debajo de la mesa, sobre todo aquellos sedientos de Dios, y que buscan recibir su amor y su justicia y no la han hallado, como pudiese ser el caso de mis amigos divorciados, que no se sienten felizmente divorciados, porque no han perdido del todo la esperanza. La llave es Jesús.

Jesucristo no es la imposición de una ley, ni la vida infructífera y pobre, ni la muerte del bueno en la cruz, sino que es el canal de entrada para conocer "la verdad" y "ser llenos del amor de Dios" en principio, y que es posible recibir sin hacer ningún esfuerzo, más que el de la fe, invocando a Jesús. Nos han robado y negado esta información, que nos permite reclamar y por ende, experimentar el amor superior, que no se parece en nada, al amor que hemos recibido hasta ahora de parte de nadie.

He escuchado decir a algunos que no hay necesidad de Cristo, porque todas las sociedades y religiones enseñan el mismo y básico código moral de conducta, con algunas variaciones dependiendo del contexto y de lo que los poderes civiles deseen incorporarle o quitarle. Aún cuando en verdad toda religión u organización, pueblo o país tiene e implementa su propio manual de conducta, enlistando aquellas que son aceptadas y/o penalizadas, haciendo distinciones entre lo que para ellos es bueno o malo, estas listas nunca son comparables al fenómeno de recibir la gracia a través de la fe en Jesús y entonces así no necesitar de la ley de los hombres para cumplirla, y aún mas, sobrepasarla haciendo el bien y la justicia, según el amor de Dios.

Antes mencioné la mentira, la promiscuidad, entre otras faltas, pero no para hacer sentir mal a nadie, sabiendo que nadie puede luchar contra estos males solo y sin ayuda, como hasta ahora lo hemos intentado, sino para entregarles las herramientas, explicando que estas faltas o adicciones, no pueden convivir en el corazón del mismo individuo que, buscando a Dios, clamó el nombre poderoso de Jesucristo, porque lo necesitaba con todas sus resquebrajadas fuerzas; porque en este acto, no hay duda de que esta persona recibe la promesa de Jesucristo, que es la entrega del Espíritu Santo, y de esta manera, progresivamente, dentro de nosotros el amor de Dios crece y lo que había antes allí comienza su retirada.

Clamando y colocando nuestra confianza en Jesús, Él cumple su oferta llenándonos de gracia, favor y amor en un mundo que carece de amor y que por esa razón requiere de las leyes de los hombres. La ley de Dios es la ley del amor colocado dentro de nosotros, gracias al sacrificio de Jesús, que nos hace actuar en concordancia, de manera espontánea y poderosa, en armonía amorosa hacia nuestros semejantes. Esto es así de simple.

Las leyes de los hombres aprueban y desapruebas algunos asuntos en los que todos sabemos que Dios ya ha dado sus veredictos. La humanidad que no tiene a Dios, necesita de las leyes para que todos - hombres de Dios y sin Dios - podamos vivir dentro de la armonía imperfecta del desamor. Así es como todos, acatando la ley, logramos mantener el tan preciado orden público o civil, el cual nos exige obediencia y nos impone sanciones, multas, y condenas y si no hay corrupción, será igualitario con cualquiera que perturbe este orden o, infrinja la ley.

Sin embargo, y en contraposición a la ley del amor de Dios, después de pagar la pena o castigo, el individuo regresa al mismo medio ambiente del cual salió, o tal vez a uno de condiciones más deficientes que el anterior, donde tal vez no tenga más opciones que volver a repetir la misma conducta que lo llevó a cometer su anterior infracción, porque no hubo cambio, ni aprendizaje de fondo ni transformación interna, porque tampoco la hubo antes cuando pudo prevenir su primera falta.

Este principio aplica, en general, para que entendamos cómo funciona el mundo, sus leyes y sistemas punitivos que, aclaro, aunque no son ciento por ciento efectivos y apropiados porque reflejan carencia de amor, son de algún modo necesarios, mientras que no todos hemos aceptado el regalo de Dios, en Jesús.

Es decir, la ley de Dios es amor que sobrepasa todo esfuerzo humano, porque se basa en dejar obrar al Espíritu de Dios que ha venido a residir dentro de nosotros, al aceptar la verdad de Jesús, clamándole que venga y se quede en nosotros, porque así lo deseamos y se lo hacemos saber; así y ya, entra en nosotros este amor, que por ser de Dios, nos produce por sí mismo (no por nosotros), satisfacción y llenura de hacer las cosas bien (según el concepto del bien de Dios), dejando que la verdad de Dios (no la nuestra), se imponga sobre la mentira (lo que está alejado de Dios porque trae mal).

No es lo mismo el individuo que comete adulterio, le miente a su hermano, y es un buen ciudadano porque aparentemente respeta la ley de la ciudad donde vive, que aquel que recibe la gracia del amor de Dios a través de Jesús, que lo lleva a vivir con integridad, en conformidad con la fidelidad que le debe a la pareja que ama con el amor que recibe de Dios, que a su vez le permite establecer una relación sincera y de apoyo hacia su hermano, al que ahora ama también con el amor de Dios, y además quien recibe con este amor, una nueva capacidad de respetar las leyes, porque esto es bueno para él, su familia y los demás habitantes de su ciudad a los que adicionalmente, ahora ama con el mismo amor de Dios.

Es decir, el Espíritu Santo es Dios actuando dentro de nosotros con y por amor, no por imposición y miedo a la sanción, ni con ulteriores intenciones.

Cuando ponemos nuestra fe total en Jesucristo, y lo reconocemos como Hijo de Dios, y le permitimos guiarnos a lo largo del camino, Él llena nuestro ser interior con el Espíritu Santo, que es un pedacito de Dios en nosotros y Dios es amor.

No es que de esta forma, nos hacemos perfectos, sino que el amor y la confianza de Dios en nosotros, nos sobrepasa con su fortaleza, llamándonos ahora a restringirnos en aquello que puede ofender al Dios que amamos porque ahora entendemos que nos dio a Jesucristo y con Él, la transformación de nuestro ser interior y de nuestras circunstancias, y para bien, que es lo mínimo que cualquiera pudiese esperar de Dios siendo que éste existe. Ahora bien, podríamos preguntarnos, si recibiendo a Dios dentro de nosotros, ¿nos seguiremos equivocando? ¡Sí! y muy frecuentemente, pero ofender a Dios transgrediendo su principio y su orden, con Jesús viviendo dentro de nosotros, no, porque esto es realmente imposible, ya que donde Dios habita no hay mentira, ni maldad.

No nos dejemos engañar, cualquiera que nos haya dicho que por ser divorciados perdimos las esperanzas de reconciliación con Dios, con nuestra vida y con nuestro futuro, está mintiendo; y cualquiera que nos diga que tendremos que hacer obras de caridad o pago a la falta, para restablecer nuestra relación con Dios y obtener su perdón, piedad, bondad y amor, también está mintiendo.

En general, cualquiera que nos hable de Cristo Jesús y nos diga que le cree y lo ama, pero lo usa como bandera para justificar matanzas, traiciones, verdades escondidas, mentiras, robos, abandono de familia y de los deberes en el hogar y/o con el cónyuge e hijos, apropiaciones indebidas, deshonestidad, falta de responsabilidad, violencia, libertinaje sexual, y amor al dinero, entre otras, lo que esto implica es que en verdad, no se tiene a Dios, porque no esta allí la presencia del significado de Jesucristo.

Inclusive, cualquiera que a través de pagos de cualquier naturaleza, busque su reconciliación con Dios, así como el que busca obtener su perdón, a través de esta forma, idolatría y cultos de cualquier manifestación, que hasta pueden incluir la figura de Jesús, si no está en congruencia con la persona y enseñanzas de Jesús, sencillamente, no ha recibido aún el mensaje de la verdad de Cristo. Y ¿por qué, quienes buscan a Dios a través de santos y cultos y pagos de ofrendas y penitencias, no consiguen a Dios? porque esos son actos que, aunque los hicimos buscando su amor y para llamar su atención porque necesitábamos urgentemente que nos escuchase, y nos sacase de la situación difícil en la que nos encontrábamos, o nos resolviese cualquier necesidad importante, es claro que estos actos están muy lejanos de obtener la gracia de Dios, ya que el único requisito que nos entrega Él para restablecer esta nueva alianza con Dios, y recibir su favor, se llama Jesucristo, y para eso precisamente fue enviado a la cruz.

Cualquier cosa que hacemos para obtener su favor, sin escuchar su petición de fe hacia Jesús Nuestro Señor, es nulo y esto me explica por qué la armonía no era completa en mi vida antes de Jesús.

Yo aprendí que acercándonos a Jesús, y conociéndolo, encontramos que es la fuente de verdad y de luz, que religiones y tradiciones mantienen en el sepulcro, mientras usan el miedo, la culpa, la condenación y la magia o rituales. Lo que no viene de Jesús, ni de la verdad de Dios Padre, lo que busca y logra es limitarnos del glorioso derecho de recibir su amor, a través de la llenura del Espíritu Santo, que es lo que nos hace verdaderos cristianos.

Combinar la fe de Dios con santos, pensar que Dios está presente en estatuas, arrodillándonos frente a ellas, hacer rituales, pagar multas con dolor, castigo, dinero, confiar en otras deidades, no es lo propio de la iglesia que profesa a Jesucristo, y el que lo hace se pierde de conocer a Dios.

Según el canon original bíblico, es decir, el que no fue tocado por ninguna iglesia, (antes del año 1546), se nos indica que, para las generaciones posteriores a Jesucristo - nuestra relación con Dios, se basa en creer que Jesucristo nos fue enviado como el canal de conexión que re-establece nuestro vinculo con Dios y no en el cumplimiento de los mandamientos por obligación y/o por la práctica de cualquier culto o creencia de tipo religioso. La fe en Jesús y su significado en la cruz, son el centro absoluto y único del cristianismo y, esta es una verdad que ha permanecido escondida por siglos.

Si deseamos saber cuál conducta es buena o mala, según los hombres, dependiendo del lugar en el que estemos, esto es muy fácil, porque nos basta con ver la ley de esa nación o ciudad; en el plano más individual y personal, ese código moral ha sido determinado por las normas y tradiciones que rigen a la familia de donde venimos y de la religión que se practique, si existe alguna fe en ese hogar o lugar. De manera general, esa es nuestra primera referencia de lo que es, supuestamente, bueno o malo, aceptable e inaceptable, al menos para los miembros de ese grupo que comparten esa misma creencia. De manera no contradictoria, sino para la armonía, los verdaderos cristianos, aunque están gobernados por el amor de Dios, no deben transgredir las leyes, solo que están advertidos de tener cuidado, con saber que no todo acuerdo, ley, tradición, religión, fe y regla familiar, es bueno según Dios, si este entra en conflicto con su ley de amor, como sucede con leyes que aprueban asuntos como el aborto, por ejemplo.

La diferencia radical está en que recibiendo el amor de Dios, solo por creer en el sacrificio de la cruz para darnos vida, ya no estamos sometidos ni manipulados por falsas verdades, ya no tenemos que ir a ningún lugar en especifico para encontrarnos con Dios y por obligación, no tenemos que vestirnos de una supuesta santidad solamente para congraciarnos, encontrarnos y ser bien vistos por Dios o el mundo. La fe, en que Jesús es el único camino y el amor que obtenemos solo por creer esto, nos hace libres. Dios no obliga a nadie a aceptar este regalo, sino que lo entrega a quien lo llama y lo busca con el corazón, por tanto, es un acto basado en nuestra potestad y ejercicio de nuestro libre albedrío, el cual nos es conferido a todos. En el ejercicio de esta nueva libertad que adquirirnos porque pusimos nuestra fe en el significado de Jesús, salimos de la obligación y entramos a actuar en amor, dentro de cualquier circunstancia, y haciendo esto somos reconocidos por Dios, como sus hijos adoptivos por la fe en Cristo.

No todos aceptan esta verdad, y aún así, y con tristeza Dios acepta, que hay quienes deciden creer que en Jesús no hay significancia, escogiendo ir por su cuenta en este camino, donde es tan necesario contar con su amor y protección sin límites.

Yo, particularmente, le agradezco a Dios por Jesús, porque con Él mi vida dio un giro de trescientos sesenta grados, después de que clamé el nombre de Jesús, con mis labios y voz resquebrajada, pronunciando cada palabra. No tenía fuerzas ni sabía dónde encontrarlas dentro de mí, tampoco las encontré en nada, ni nadie cercano. Nadie, en realidad, hubiese podido encontrar el hoyo donde me encontraba, pero desde allí le pedí, o más bien, le imploré que me ayudase. Sola no pude y no podía, entonces le pedí que se hiciese cargo de mí, porque no sabía qué hacer, ni a donde ir, ni mucho menos cómo subsistir y resistir aquello que me destruía. Dije su nombre, con el corazón en la mano hecho pedazos, sin realmente saber que ese día me había entregado en cuerpo y alma a Jesús, haciendo un pacto con el mismo Dios. ¡Gracias a Dios!

Aquel mismo día me rescató y me sobrevino una impetuosa necesidad e interés de conocer quién era Jesús, ese nombre que había pronunciado en medio de mi desesperación y por primera vez en mi vida de aquella forma y con tal urgencia. Así, tomé el Nuevo Testamento y lo comencé a leer, sin percatarme de que aquella prisa era un hecho absolutamente ajeno a mis anteriores intereses, a mi rutina y estilo de vida cotidiano y normal. Cuando lo tomé no sabía por dónde comenzar, mas sí recuerdo que cuando me encontré allí, con el libro abierto, recordé la recomendación que mucho tiempo atrás me había dado mi hijo, de comenzar por el libro de Juan, así lo hice y más adelante continué en orden leyendo el Nuevo Testamento.

El asunto de relatar este hecho tan crucial en mi vida es para recalcar ciertos puntos muy cruciales para mí, como son por ejemplo ¿por qué ese mismo día, sin yo planearlo, tomé las escrituras y comencé ansiosa a leer sobre Jesús, llena de un deseo inmenso de conocerlo a través de aquellas líneas?, ¿por qué fue, precisamente, desde ese día que pude comenzar a entender lo que aquellas palabras que, antes habían sonado complicadas, temerosas y sin sentido, comenzaban a tener significado, a hablarme y a llenarme por dentro? y ¿por qué nunca antes quise hacer esto en mi vida, ni me interesó, ni me importó? Te explico por qué. Lo que sucedió en aquel sencillo acto - sin escuela, sin lavados cerebrales, sin previos requisitos de pureza, procesos complejos, tecnicidades, pagos de culpas, o estudio histórico de Dios - fue que llamé a Jesucristo, quien ciertamente vive y viene a quien lo llama y lo busca de verdad, así de simple fue. A partir de allí, ya no fuí la misma mujer. Fue en verdad muy curioso, un fenómeno sin precedentes para mí.

Antes de ese momento yo, sencillamente, como todos los que conocía, escuchaba al mundo con gran interés y le daba mucha importancia, pero después del momento de mi clamor y entrega a Jesús, mis oídos se tornaron a concentrarse en la palabra Dios, a la que comenzaba a conferirle mi más grande atención y total relevancia. ¡Por fin comenzaba a encontrar a Dios!

La lectura de la biblia para mí, desde aquel punto de quiebre, se convirtió en el momento más ansiado de mis días y aún lo sigue siendo hoy. Pero preguntémonos y adentrémonos en el asunto, ¿cómo fue que se produjo este cambio tan fenomenal, en un ser tan excesivamente mundano y vacio, como lo fui yo? A pesar de lo que muchos puedan pensar, categóricamente aclaro que nadie antes de aquel día intentó lavarme el cerebro, como muchos dicen, que es la razón por la que esto ocurre. Nunca antes lo permití, pues yo sentía aversión a las iglesias y gentes religiosas o fanáticas, al punto que yo rezaba en mi casa sola, y buscaba ayuda de Dios y de cuanta estampita de santo aparecía por mi camino, echando mano a cuanto remedio me daban o aconsejaban para aliviar mis males. Antes, el único que me habló del poder salvador, redentor y reconciliador de Jesucristo fue mi pequeño hijo, quien acudía a un colegio cristiano; sin embargo, ni siquiera a él - quien intentó un par de veces hablarme de este asunto - se lo permití, pues lo detuve imperiosamente, siendo que el tema de Jesús me producía gran repulsión, sin saber por qué, pero ahora sí lo sé, y es porque que yo había crecido en el pseudo-cristianismo.

Para entonces, mis conocimientos de Jesús y bíblicos se resumían al mismo nivel de información general que manejaría cualquier otra persona que asistió a colegios religiosos, cuyos cultos nunca pude practicar, por muchas razones y entre ellas hoy entiendo que fue, porque estos me habían sido impuestos, por una religión también impuesta desde mi nacimiento, que además no hacía nada por mí. Yo no sabía absolutamente nada de Jesús, sino lo que me habían dicho, es decir, que era el Hijo de María, la madre de Dios, y que por eso, ella tenía más poder de intercesión con Dios que el mismo Jesús. También me dijeron que como Dios y Jesús estaban muy ocupados con asuntos más importantes y con tanta gente en el mundo, que Dios había designado a diferentes intercesores para ayudarnos; tal falsedad fue la que había aprendido y me causó daño, porque no me permitía encontrar lo que yo buscaba, es decir, a Dios.

Antes de conocer a Jesús en realidad, me parecía un ser terriblemente opuesto al éxito que todos buscamos en este mundo, un ser sufrido que murió en una cruz, como tal vez le pasaría a toda persona buena que no mintiese y que fuese honesto. Ni siquiera antes entendí ni recibí información acerca de qué se trataba y para qué había acontecido su resurrección, muy encubierta en estos cultos, por cierto. Aprendí que ésa era una historia religiosa que inclusive me deprimía, por aquello de morir sin experimentar la felicidad. Yo, como muchos, hemos sido engañados.

Pronto descubriré, cómo todo esto es tan necesario saber por nosotros los divorciados y cómo se enlaza con el destino lleno de amor que Dios tiene para nosotros, como es el mío hoy, por ejemplo; por el momento y para que avancemos, más claramente, te presento parte de la verdad que descubrí de manera simple, en mi nueva relación con Dios, y esto tal vez te ayude a entender un poco mejor lo que te estoy entregando:

1) **Acerca de Dios**: Dios es Dios y no tiene madre, porque Él es el alfa y el omega, el principio y el fin, el Creador de todo lo que ha existido, existe y existirá, por tanto Él es el Padre de todo, de Jesús y de todos nosotros.

   Dios es el autor de la vida, el bien y el amor, lo que desea entregarnos, a través de Jesús, y por eso su sacrificio para nuestra fe.

   Dios actúa en el ámbito espiritual, sobrenatural e invisible, y hace que el producto de su acción se materialice para nuestro bien y satisfacción. Dios está en control de todo.

2) **Acerca de Jesús:** Jesús es el Hijo de Dios, y como su hijo vino del Padre, actuó como y usó toda la sabiduría y el poder de su Padre.

   Jesús como hijo, es una continuación de Dios, que en sus días por la tierra, fue, como tener al Padre entre los hombres, y por ello, habló con la palabra del Padre, y obró con la fuerza del Padre, como aún lo hace, porque vive resucitado en Espíritu.

   Jesús es el sacrificio de Dios, que concluye el sistema de sacrificios descrito bíblicamente, el cual Dios había creado para permitirle al pueblo de Israel limpiar sus pecados y reconciliarse con Dios, solo que este ultimo sacrificio, ya no fue como el que antes hicieron superficialmente los hombres, que regresaban a sus mismas prácticas sin amor, porque no había dolor en sacrificar un animal, que no duele a nadie; sino que esta vez, el sacrificio fue hecho, por el mismo Dios compasivo, para convertirse en el sacrificio más grande y difícil posible para nosotros mismos: el de la fe en Jesús, el Mesías.

Por tanto Jesús vino de Dios, y a Él regresó porque siempre ha estado con Él, fue enviado a nosotros, por Dios Padre, para mostrarnos cuanto Dios ama a la humanidad, que es su creación; Jesucristo es el reto a nuestra incredulidad, inteligencia y arrogancia.

No hay sacrificio como este para poder recibir de Dios. Jesús es el sacrificio, es decir, no es dar a los pobres para mejorar tu situación financiera, sino que Jesús es tu sacrificio para que Dios te ayude a mejorar tu situación financiera, si ese es el caso; no es la estampa volteada con velas, o el azabache, el baño de ramas, o el sacrificio de animales, o las estatuas, o no pasar bajo las escaleras o la sal sobre los hombros, el puritanismo o apariencia puritana o santurronería, sino Jesús, ese es el sacrificio puro y limpio que Dios nos pide hacer, porque se produce en el corazón.

3) **Acerca del Espíritu Santo:** La fe y la entrega a Jesucristo como Hijo de Dios, nos hace salvos de las fuerzas opositoras de este mundo y a la vez, nos permite el gran privilegio de recibir el Espíritu Santo, que es la presencia de Dios dentro de nosotros, lo que nos permite estar ciento por ciento seguros de que Dios existe.

Jesús es el sacrificio de Dios, entiéndase esto, el sacrificio que Dios hizo con dolor, para que sólo y exclusivamente a través de Él, logremos entrar en la verdadera comunión con Dios, la cual se produce al recibir el Espíritu Santo, que es el amor de Dios dentro de nosotros y así vivir agarrados del Padre mas bueno posible.

Dios escucha a cualquier persona que invoque el nombre de Jesús (lo que significa aceptar el sacrificio hecho por Dios), de esta manera, quien lo invoque hace un pacto con Dios y así recibe "vida", "resurrección", que en otras palabras es también el "Espíritu Santo", que como una semilla requiere riego y cuidado para su crecimiento y maduración, de lo contrario puede irse, porque vivimos en este mundo, que tiene una batalla tremenda para robarnos este regalo.

4) **Acerca de María:** María fue la mujer escogida por Dios para traer en el vientre a Jesús, por ello podemos asumir que fue una mujer especial y buena madre, que lo amo porque supo su valor y de donde venia.

No ganamos gracia ni favor de Dios, haciéndola nuestra intercesora, porque es solo a través de Jesús que Dios nos escucha.

Colocar a María por encima del Hijo de Dios y Dios mismo, no es bíblico, y rompe con toda la cristiandad cuyo centro es Jesús, quien tampoco nos pidió hacer esto, ni siquiera en el momento de su agonía en la cruz.

5) **Acerca de la sangre de Jesús:** El primer ser que trajo María en su vientre se llama Jesús, quien es el Hijo de Dios porque fue procreado por la gracia del Espíritu Santo, por tanto María no tuvo contacto con hombre para traer a Jesús al mundo y por eso fue madre siendo virgen. Este hecho es fundamental entender porque:

a) Jesús, no siendo procreado de la manera que nosotros lo somos, es decir, como producto del placer de la carne, garantizaba el mayor grado de pureza de Jesús y su sangre; la sangre del mensajero y el sacrificio de Dios.

b) El asunto de la pureza de su sangre, es muy importante, porque esta sería derramada como el ultimo sacrificio entregado por Dios, hasta ahora, porque Dios no entregaría un sacrificio que en verdad no fuese valioso, especial y puro.

c) Este hecho es además importante, porque garantiza el reconocimiento de Jesús como el Hijo de Dios, única y exclusivamente, siendo que no iba a poder ser atribuido o imputado como hijo sanguíneo de José.

d) Nuestra fe en su pureza y su sacrificio, es la que nos permite la re-unión con Dios, porque nos hace "puros de corazón" - solo porque somos capaces de creer esto.

6) **No hay intercesores entre Dios y nosotros sino la fe en Jesús:** Dios escogió a María para traer a su Hijo al mundo, y junto a José, cuidarlo y protegerlo, y hasta ese punto llegó su cuidado como padres, pues a partir de esa etapa, Jesús comienza a llevar a cabo su encomienda de manera independiente de su casa y, en única y total dependencia de Dios, tal y como quedó relatado en el Nuevo Testamento.

Es decir, Jesús es el centro y es guiado por Dios, no por nadie más, siendo Él en superioridad a María y a sus discípulos (a los cuales con poder y en jerarquía, llamó para que le acompañasen y transmitiesen el mensaje mas tarde).

Hacerle peticiones a Dios, a través de cualquier otra persona diferente a Jesús, no nos da resultados, porque Dios no sacrificó a su Hijo sin necesidad, de manera que el centro de nuestra adoración y el oración debe ser exclusivamente para Dios, en el Nombre de Jesucristo, y a Jesús el agradecimiento por el regalo de su sacrificio, de lo contrario no recibimos la ayuda de Dios.

7) **Acerca de la santidad:** Los que la religión llama santos, Jesús los llamó sus discípulos, porque siendo

hombres normales y tan mundanos como nosotros, aceptaron el llamado de Jesús y recibieron toda su enseñanza y después de la resurrección de Cristo, recibieron la llenura del Espíritu Santo, para, con ese poder, salir a compartir y hacer que otros reciban la misma sabiduría y salvación que ellos habían recibido, y estas son buenas noticias.

Ser santo no significa ser intercesor ante Dios, o tener poderes especiales, porque Dios entregó solamente una puerta y se llama Jesucristo; ser santo significa ser llenado del Espíritu Santo, y que nos hace santos a todos lo que creemos en Él.

El Espíritu Santo es santo, porque viene de Dios, mas no por nosotros que no somos perfectos.

8) **El significado de la Cruz:** Jesús en la cruz, significa lo que el mundo hace con Dios cuando no le cree.

   La cruz también nos muestra que es el paso para la resurrección de Cristo, y la de los que le creemos en Él. Gracias al ejemplo de vida después de la cruz, es que podemos confiar en que hay eternidad.

   El Nuevo Testamento nos presenta las visitas y palabras de Jesucristo resucitado, de manera que si creemos en una parte de la historia de Jesús, quien cuando antes de la cruz había anunciado que regresaría resucitado, entonces también tenemos que creer cuando efectivamente lo hizo y así quedó escrito.

   Esta es la gran noticia y esperanza que trae el evangelio.

   Jesús está vivo, por ello el símbolo de la cruz con Jesús allí aún colgado, no es cristiano.

   La cruz significa vida, victoria y resurrección, pues para ello fue el sacrificio, para un fin bueno y no malo.

9) **La Biblia:** Sin hacer el pacto con Dios a través de Jesús y así, no teniendo la llenura del Espíritu Santo, es imposible recibir el mensaje bíblico, es decir, no podemos entender la palabra de Dios.

10) **El diablo existe:** El diablo es el autor de toda maldad, engaño y destrucción, cosa que Dios permite que exista como parte de la libertad de elección que nos proporciona con el libre albedrio, es decir, el derecho que tenemos de escoger a quien escuchamos y en lo que creemos y por tanto en esa conformidad actuamos.

El diablo funciona a través de personas sin Cristo, y también nos habla. Su idea es convencernos y llevarnos a la acción de actos descorazonados y egoístas, diciéndonos que son buenos, cuyo mejor ejemplo es el que nos muestra nuestro amoroso Dios en la escena del Edén, con la serpiente y Eva, y toda la cadena de mentiras que se desató a partir de allí. (Ver *Génesis 3*, versión Reina Valera).

Dios se entristece por perdernos, pues desea que recibamos lo bueno y el amor que tiene para todo el que lo busque y por eso nunca nos cierra las posibilidades de regresar a Él a través de la fe en Jesús y el arrepentimiento.

Pero podemos descansar, pues con Cristo estamos protegidos, pudiendo descubrir al diablo, con el uso del discernimiento que recibimos en esta nueva relación, y esto es tremendamente básico para nosotros hoy día.

Yo viví casi cuarenta años alejada de estas grandes verdades y, por tanto, no conociéndolas ni creyendo en esto, viví sin recibir la bendición de Dios en mi vida, porque aunque apartada, yo sí estaba buscando desesperadamente a Dios, cuando mis esperanzas de conocerlo estaban siendo aniquiladas por falsas religiones y creencias. Lo que nos ocurre a los que invocamos por ayuda y clamamos el nombre de Jesús y lo hacemos

Nuestro Señor absoluto, es que recibimos el Espíritu Santo, que es lo que me ocurrió a mí aquel día, y cuyo misterio descubrí a través de mis lecturas y estudios bíblicos a lo largo de estos años, y en lo cual tengo puesto mi mayor interés.

Lo que me sucedió y le puede suceder a cualquiera que busca a Jesucristo por ayuda y lo llama desde lo más profundo del corazón con voz viva y audible, es que así, se le deja o permite entrar a la semilla del Espíritu Santo en nuestro ser, lo cual es algo que se conoce como "Volver a Nacer en Cristo", o que traducido al inglés nos hace "Born Again Christian". Esto se trata de un proceso que tiene que ver con la resurrección espiritual.

Bíblicamente hablando esto se refiere a que, antes de poner nuestras vidas en las manos de Jesús, éramos muertos de espíritu y dominados por nuestra personalidad que solo escuchaba al mundo. La mejor forma para explicar esto, es de la manera siguiente. En nuestra alma, que es nuestra personalidad, o lo que somos, conviven ciertos elementos, unos heredados (rasgos de familia, y, talentos o facultades de Dios) y otros aprendidos. Yo no me voy a referir en este libro a los rasgos heredados, sino a los aprendidos. Así, dentro de los componentes aprendidos del alma, coexisten la mente (conocimientos, creencias, valores, pensamientos), y las emociones (la necesidad de amor y, los sentimientos), donde ambos guían o dan origen a nuestras acciones (comportamientos o conductas).

Sin Cristo, nuestra personalidad o alma, está dominada por la mente alimentada con la información que recibe del mundo sin Dios, por tanto en ella se albergan conocimientos, creencias, valores y pensamientos que, siendo mundanos, conducen a una gama de acciones o comportamientos que reflejan tal esquema de pensamiento. En este caso, la necesidad de amor fue suplida por un amor mundano que es deficiente, relativo y condicional (o en el otro extremo este vacío es llenado con odios), dando origen a sentimientos de la misma naturaleza, lo que lleva a una pobre o nula experiencia de amor y vida. Mente y emociones actúan coordinadamente y se apoyan, dándose ánimo el uno al otro.

Sin embargo, no es, sino cuando traemos a Jesús con todo nuestro corazón, y recibimos el Espíritu de Dios, que éste entra a rellenar la necesidad de amor, (y/o a sustituir el amor mundano o el rencor) con el amor de Dios, que como es poderosísimo, ahora prevalece, originando acciones (comportamientos o conductas), que conducen al individuo a renovar su mente y en consecuencia, sus emociones, que en conjunto, dejan de ser guiadas por el conocimiento, creencias, valores y pensamientos, anteriormente alimentados por el mundo, sino que ahora comienzan un camino nuevo, dirigido, alimentado, y en correspondencia interna y externa, con el amor de Dios, ahora en nosotros; porque el amor de Dios, lo es todo. Este fenómeno transformador es tan poderoso, que puede ocurrir en cualquier momento de la vida, o edad.

En la medida que más se alimenta el Espíritu Santo y menos al mundo, Dios toma mayor lugar en nuestras vidas, siendo que en nuestra alma, es el sitio donde ocurre esta especie de batalla, que se inicia porque deseamos que ocurra (por el libre albedrío), porque para eso hemos llamado a participar a un defensor y contrincante muy amoroso y fuerte, que es Dios, a través de Jesús.

Esta respuesta, evidentemente, puede resultar chocante y difícil de asimilar y, por ello, puede ser rechazada por la inteligencia promedio y la ciencia mundana (o de los hombres sin Dios), porque no hay manera de comprobar que esto sucede, ya que sólo ocurre en el plano puramente espiritual e interior del individuo. Nadie más que Dios y uno mismo, puede saber lo que ocurre dentro de nuestro ser.

Dios entra a hacer morada en nosotros, a través del Espíritu Santo y, con ello, obtenemos la capacidad de entender y crecer progresivamente en este nuevo Espíritu de amor, verdad y comprensión de la palabra de Dios y mas allá. Esto es tan simple como eso y es lo que explica un poco, el por qué antes nos era imposible entender el significado de la escrituras y la práctica del verdadero amor.

Es importante que nos quede claro que es interiormente donde reside nuestra verdadera persona y donde viene a hacer residencia Dios. Así, en términos espirituales, te entrego, que nuestra persona es lo mismo que nuestra personalidad. Bíblicamente hablando, la personalidad se conoce como el alma, que es la que mueve a la persona, (en el alma están la mente, los sentimientos y la necesidad de amor), que dan origen a nuestras acciones, que son, comportamientos, actitudes y el contenido de nuestra comunicación.

En el sentido bíblico, el alma es nuestra vieja persona y el Espíritu Santo ofrecido por Jesús, es una nueva persona, que al entrar en nosotros, nos hace pensar y actuar como un nuevo ser o haciéndonos como una nueva criatura. El alma es la que, cuando estaba atenida a toda influencia alejada de Dios, nos llevaba a actuar de manera contraria a su voluntad, porque todos tenemos alma, pero no todos tienen el Espíritu Santo.

El Espíritu de Dios viene a hacer residencia en nuestro ser interior, en el mismo lugar donde reside nuestra alma que, espiritualmente hablando, es un lugar que se conoce como corazón, no el mismo que bombea la sangre, sino el que contiene a nuestro ser interior. Allí, el Espíritu Santo, que es la representación de Dios dentro de nosotros, llega porque fue invitado a hacerse dueño y Señor absoluto, porque a Él le entregamos la potestad que nosotros no tenemos para rehacernos y reconstruirnos y así lo hace. Esto es solo posible por el poder de un Dios que sí existe.

Parte del trabajo del Espíritu Santo, consiste en hacernos mejores progresivamente y, para ello, muchas veces requiere despedir y enviar al mismo lugar de donde salieron, algunos aspectos de la vieja personalidad que nos hacían daño a nosotros y que le podían o pueden potencialmente hacer daño a los demás, porque lo bueno y lo malo no pueden convivir en armonía. De esta manera, llega e inicia su trabajo en nosotros y así como un bebé que se alimenta con la palabra y el conocimiento de Dios y el significado de Jesús, el Espíritu Santo crece al lado de nuestra personalidad. El asunto es que nuestras viejas creencias, esas, que nos llevaron a grandes padecimientos, por nuestras culpas o las de los demás, provienen de toda la información, experiencias y aprendizajes que recibimos del mundo, y todo eso, es lo que hasta ahora habíamos escuchado y en consecuencia, con lo que habíamos alimentado a nuestra alma en forma de creencia; por esto, ahora con el Espíritu Santo en nosotros, necesitamos conocer y aprender quién es Dios, porque esto es desconocido para nosotros hasta este momento, porque nos fue negado.

El Espíritu Santo es como una semilla que hemos recibido y que requiere crecer dentro de nosotros para que se produzca el cambio que estamos buscando, el cual no es otro que: entrar en comunión con Dios, escuchándole y siguiendo la guía que nos ofrece.

El Espíritu Santo en quien desea mejorar y terminar con malos hábitos y recibir intensamente de Dios, por ejemplo, hará todo lo posible por llevarnos a conocer de Dios, de Jesús y de la palabra escrita, porque si no lo hace, la persona siempre estará dominada por el alma, que lo único que ha conocido hasta ahora, el mensaje del mundo, que constituye sus viejas creencias y vieja personalidad mundana.

De esta forma, cuando el Espíritu Santo, crece y se hace fuerte y sólido, dominando a la vieja persona, entonces es allí donde se produce esta transformación progresiva, de la que hablan las personas que han sido tocadas por el Espíritu Santo, sacándolos de situaciones tan extremas como la prostitución, el robo, el abuso o crueldad, lo cual se evidencia con un cambio sorprendente de actitudes y conducta.

Pueda que el divorcio, enfermedades y pobreza entre algunos otros problemas que enfrentamos sean, o no, un mal de familia, por pecados heredados y eso lo sabemos cuándo se repite en diferentes generaciones; sin embargo, en este caso con

Jesucristo encontramos la posibilidad, no sólo de redención o liberación de sus efectos y consecuencias en nosotros y en los nuestros, sino la renovación en un futuro completamente nuevo e inédito que, además, es bueno porque viene de Dios. Así, entregándonos a Cristo y recibiendo el Espíritu Santo, es como comenzamos a conocer, sin prisa, a Jesús y a Dios. En esta nueva relación, no hay intérpretes o intermediarios sino un contacto directo entre Dios y tú, de manera individual y específica, es decir, de tú a tú.

La verdad de Dios es suprema y amorosa. Jesús es la puerta que, al abrirse, nos permite entrar en contacto con Dios y cuando esto sucede, independientemente de nuestra condición de divorciados, Él nos recibe y comienza a hacerse cargo de nosotros, tal como lo hace un padre con sus hijos. Dios nos mira por dentro y no le interesan las etiquetas que la sociedad o el mundo nos coloca para acabar con la esperanza de muchos.

La victoria que comenzamos a conocer con Dios, por Jesús, no es como el mundo nos la describe o vende, llena de pobreza y sufrimiento, desolación y muerte, sino todo lo contrario, está llena del amor más grande, verdadero y sincero que solamente Dios puede dar. Muchos aún tienen la idea de que si Dios existiese, la vida sería perfecta acá en el mundo y todos tendrían éxito material, joyas, lujos, ausencia de la muerte, y demás, sin hacer ningún esfuerzo en la relación con Dios, que debe ser primero y que debía anteponerse a cualquier otro deseo; sin embargo, buscando primero el reino de Dios *(Ver Mateo 6:33)*, hallaremos en Él la satisfacción de todas nuestras necesidades, de manera amorosa y no como el mundo desea que lo hagamos, con esclavitud y sumisión.

El amor de Dios no nos satisface por un ratito nada más, sino que trasciende el tiempo y su medida, así como todo su contenido.

No hay nada que tengamos por dentro o por fuera, que no le debamos a Dios. Sin embargo, ahora entendemos que no hay por qué preocuparnos, si para lo que podemos comprar, podemos hacerlo gracias a los sueldos que ganamos con nuestros trabajos o inversiones y eso lo debemos disfrutar inmensamente, porque valoramos las cosas que provienen de nuestros esfuerzos y ganancias honestas, y esto nos alegra a todos. Sin embargo, entendamos que Dios es para lo que no podemos adquirir, superar, lograr, ni vencer por nuestros propios medios; aquello que, por ende, implica un gran reto, frente a lo que fuimos débiles y nos hicieron ver como inalcanzable, pero que Él ahora retoma, viendo nuestra fe, nuestra entrega y la renovación consistente y verdadera de nuestra persona, y entonces nos proporciona aquello que Él mismo nos entregó como sueños y anhelos, sin la necesidad de hacernos esclavos y sin comprometer la pureza de nuestra nueva persona e integridad.

Bíblicamente hablando, aprendemos que los deseos puros y limpios de nuestro corazón fueron puestos allí por el mismo Dios, por ello, al regresar a Él en Espíritu, su deseo es restituirnos y colocarnos en el lugar en el que siempre debimos estar, para al fin poder alcanzarlos. La victoria con Dios está en Jesús y es llena de paz, gozo y amor, y todo esto acontece por dentro, sin que nadie se percate de lo que te está ocurriendo en el interior, sino tú y el mismo Dios. (Ver *Salmos 21:2*)

Yo recibí su mano salvadora y fue como encontrar un cielo azul en el ojo del huracán, allí me encontré y comenzó a llenarme de paz, provisión y satisfacción de toda lo que necesitábamos mi hijo y yo. Es por ello que a mí me resulta imposible dejar de compartir esta experiencia con todo el que pueda, porque Dios sí existe y ésta es una verdad que deseo anunciar.

De manera paradójica, a partir de aquella comunión espiritual, comencé a experimentar una fortaleza que sobrepasaba la tristeza que normalmente me hubiese invadido, a raíz de un hecho tan doloroso como el divorcio. Para muchos, tal vez esto es incomprensible, pero para quien lo vive es un hecho contundente que, en Cristo, esto es posible.

Muchos divorciados padecemos del dolor que produce la soledad y la sensación de pérdida de futuro, pero frente a esto es bueno alegrarnos porque, para el que esté dispuesto a conocer a Cristo, le deparan los mejores días de su vida. El poder de Cristo en nosotros, detiene el efecto que tiene la opinión irreverente de otros, las predicciones de muchos y, lo más importante, lo que nosotros mismos pudimos haber pronosticado que sería nuestro destino, después del divorcio o cualquier otra experiencia traumática o cruel, por haberle creído al mundo sin Dios. Dios estuvo allí, vio por lo que pasamos, y los motivos que movieron a algunos a desencadenar lo que acabó en divorcio - o lo que fue - lo cual amerita para ambos (víctima y victimario) perdón y arrepentimiento, respectivamente. En Cristo, el futuro es victorioso y se comienza a perfilar como el mejor regalo que nunca hubiésemos podido imaginar recibir, independientemente de nuestras circunstancias, edad, y todas otras razones, ya que no depende de nuestras manos imperfectas sino de las de Dios, quien sabiamente conoce lo que mejor nos corresponde, de acuerdo a quienes en realidad somos, pues no olvidemos que Él nos creó y nos formó dándonos vida (*Salmo 139*).

Muchos descartan la posibilidad de encontrar el camino con Dios y nos aconsejan aprender de los fracasos, como si se tratase de una regla matemática infalible para evitar nuevos errores en la materia del amor. Esta idea o mensaje, puede inclusive hacernos pensar que no somos lo suficientemente inteligentes o capaces para mantener un matrimonio, como si esto no se tratase del trabajo de dos.

El aspecto importante acá es recordar que, en las relaciones interpersonales y de pareja donde deba estar presente el elemento amor, no hay otras reglas ni principios que lo hagan funcionar sino las del amor de Dios. Si Dios no está presente, existen debilidades latentes y riesgosas en esas relaciones y cualquier remedio fuera del amor de Dios, será como un parche que durará muy poco, porque carece de base sólida que evite que aquella estructura colapse nuevamente. Sin Dios, el mismo error vuelve a producirse y sucederá tantas veces como sea posible, muy seguramente por los mismos motivos.

El asunto del amor es materia que le concierne sólo a Dios, Él lo creó, y es el único que lo puede dar o proveer, pues está escrito, no hay duda y no hay método diferente al suyo que lo haga funcionar. Porque así como te creó a ti, como ser humano con un cúmulo de necesidades específicas de amor, - por ejemplo y esto que te sirva de esperanza que se hace verdad - de la misma manera también creó a tu compañero o media naranja, y Él solamente sabe quién es, dónde está y cómo hacer para acercarte a Él, si ese es el plan que Él tiene para ti; de allí, el peligro de entrar en el matrimonio sin Cristo, sin oración ferviente y sin su guía, porque nos vamos a equivocar, muy seguramente.

Lo que nos enseñaron en nuestros hogares acerca del matrimonio y el divorcio en general, fue importante y marcó nuestras vidas porque con ese cúmulo de información salimos de casa rumbo al matrimonio, pero, tal vez, al divorcio también. Hasta aquel momento, éramos niños guiados por el conocimiento y la experiencia de quienes tenían autoridad sobre nosotros, incluyendo maestros, ídolos de los medios y otros adultos influyentes. Si veníamos de un hogar cristiano, Jesús fue la cabeza de nuestro hogar, si no, fueron todos los que alejados de Dios, tenían autoridad o influencia sobre nosotros, y de ellos aprendimos todo, lo bueno y lo no bueno. Sin embargo, ahora somos adultos y, por las razones que sean, podemos y tenemos el derecho de elegir a Dios, especialmente si estamos experimentando las consecuencias de situaciones difíciles, o del divorcio, porque esa fue la opción que tomamos para resolver o disolver nuestros fallidos matrimonios, aunque ésta del divorcio Dios no deseaba; sin embargo, así como nos equivocamos antes, aún tenemos la facultad de dar los pasos para enderezar el camino que una vez fue torcido.

Cuando éramos niños no teníamos la capacidad de discernir entre lo bueno y lo malo. Muy poco conocíamos del significado de las intenciones de las palabras, especialmente cuando no coincidían con lo que observábamos. Cuando fuimos niños aprendimos por modelaje, de modo que lo que vimos y oímos fue lo que aprendimos, y eso nos marcó. Nos atrae lo que conocemos porque allí nos encontramos a gusto, por ser lo normal para nosotros y constituir nuestro hábitat natural; por eso por ejemplo, que no nos extrañe que un hijo de un alcohólico termine casado con un alcohólico también y/o siendo alcohólico, o que alguien que haya sido instruido en la independencia económica para enfrentar un matrimonio fallido, termine divorciándose porque para eso fue preparado. Sin embargo, en realidad, ninguna de estas, son las causas del divorcio − y esas las veremos en el siguiente capítulo - pero sí contribuyen mucho a la superficialidad sobre la cual se construye el matrimonio que fracasa. Porque no es necesario que se produzca legalmente el divorcio para poder decir que un matrimonio fracasó; muchos esposos de matrimonios fracasados permanecen juntos hasta el fin, a pesar de ser el lugar donde estos cónyuges no encuentran el amor, la amistad verdadera y el apoyo necesario para el crecimiento de ambos, como estaba planteado.

Nuestros padres o cualquier persona que ocupó esta posición en nuestras vidas, son nuestros primeros modelos, hayan sido cultos o no, educados o no, conocedores de la verdad de Cristo o no. Cada uno en su momento, tanto ellos, como nosotros, recibimos el gran regalo de modelar la vida de nuestros pequeños y esto es una gran responsabilidad y un verdadero reto que, con Dios, no amerita grandes esfuerzos y sacrificios, sino amor.

La buena noticia es que Dios envió a Jesús para llenar éste y cualquier otro vacío que, la ausencia de padres, de orientación, información o el desamor, nos haya causado. Todo padre y todo hijo pueden encontrar en la palabra de Dios la primera ciencia, que está por encima de cualquier otra ciencia. Cualquier hogar y persona, de cualquier nivel educativo, clase social y económica, o de cualquier país, tiene en la palabra escrita el máximo conocimiento y la escuela de la verdad, para ser usada en lo personal y también para educar y formar a sus hijos con amor, solidez, firmeza y conducirlos hacia la victoria y el logro. Lo que debería suceder en el sentido ideal, es que cada hogar enseñase la fe en Cristo como el Hijo de Dios, para evitar que los pequeños salgan de casa sin protección espiritual, primeramente.

Junto a los padres, la familia, los grupos sociales a los que pertenecemos, las amistades que escogemos, los niveles educativos que alcanzamos, las tradiciones que practicamos, las fuentes de ayuda a las que recurrimos, los ambientes culturales en los que nos desenvolvemos y medios de comunicación y entretenimiento que escogemos para nuestra diversión, influencian nuestros modos de pensar, actuar y resolver problemas. No obstante, el asunto más importante es que muy comúnmente en ninguno de ellos está presente la verdad de Dios, la cual ahora es parte de nuestra escogencia, como producto del libre albedrío del que gozamos como adultos, y que siempre estará con nosotros, porque ni siquiera habiendo recibido al Espíritu Santo, Dios nos encadena, ata u obliga a actuar según su sabiduría, sino que insta a que siempre ejercitemos nuestra libertad, como un acto de amor y no coercitivo.

Somos el producto de un bombardeo de información que nos ha penetrado y separado de Dios, como por ejemplo la que se ha tejido alrededor del libre albedrío, según el cual el mundo nos hace pensar que consiste en escoger entre dos opciones igualmente alejadas de Dios, cuando en realidad, el albedrio se produce cuando estamos frente a una opción que es buena y agradable a Dios y otra que es mala porque nos separa de recibir lo que Dios tiene dispuesto para nosotros.

El mundo argumenta que cuando escogemos entre dos opciones mundanas o malas, cualquiera que escojamos es buena, porque proviene del libre albedrio y como el libre albedrio proviene de Dios, entonces es Dios quien nos proporciona estas dos malas opciones, y esto es un engaño. Por ejemplo, Dios no nos presenta la corrupción y el robo como las únicas opciones para llevar el pan a nuestra mesa, pues en ese caso, esas son las únicas dos opciones que esa persona puede ver, porque alejado de Dios, las ve fáciles y además seductoras, cuando de seguro en algún otro lado muy cercano, esta otra opción que es buena y por tanto de Dios, porque es en sí buena, y trae, buenas consecuencias. Por ello la necesidad de esta nueva comunión y de la oración en Cristo, para que se nos abran los ojos del Espíritu Santo para poder ver esta opción y hallarla, ya que de lo contrario, y usando este mismo ejemplo, Dios no desea la cárcel para nadie, ni que vivamos en nuestras propias prisiones mentales.

El libre albedrío es la libertad que nos da un Dios amoroso, que no desea traer a nadie hacia Él a la fuerza y que nos entrega en cada posibilidad dos opciones: una buena y una mala, es decir, una, para recibir su bendición y la otra que tristemente nos aparta de la posibilidad de ser bendecidos, porque Dios respeta nuestro libre albedrio o libertad de selección.

Donde Dios nos presenta una sola opción, no hay libre albedrío, ni selección, sino que nos presenta la alternativa que debemos tomar y aceptar, porque ya la decisión está pre-determinada. No dejemos que el mundo nos manipule más, en relación a nuestras decisiones y las opciones que Dios nos entrega.

Como punto siguiente, resulta interesante mencionar que, gracias a la gracia del Espíritu Santo viviendo en mí, en aquellos temas donde no tenía ni encontraba fortaleza dentro de mi ser y por tanto me resultaban imposible vencer, convirtiéndose en empinadas montañas, dificultades u obstáculos, ahora en mi nueva relación con Dios, gracias a la acción del Espíritu Santo obrando dentro de mí, la obtengo; y esto es clave para quienes buscan la manera de superar hábitos o adicciones dañinas que tal vez los llevaron al divorcio, o para cualquier otra necesidad, porque donde Dios está presente hay logro, victoria y dominio sobre cualquier aspecto que nos sea dañino y nos limite hacia nuestro desarrollo y bienestar. El Espíritu Santo dentro de nosotros, es una persona que actúa a través de nosotros según el amor de Dios, de modo que nos recuerda y así nos lleva a buscar el modo que le satisface a Dios, porque esta de acuerdo con su amor.

Dios nos conduce a alcanzar nuestro máximo potencial porque es un regalo que viene junto a la llenura del Espíritu Santo, sin tomar en cuenta nuestro pasado, estado civil y nuestras anteriores equivocaciones o quienes fuimos. En todo asunto, nos guiará a escoger la opción de Dios, pero no porque sea buena para Él, porque Él siempre está bien, sino porque es buena para nosotros, o para mí, en mi caso particular como individuo.

Entendiendo que Dios es omnisciente y que todo lo conoce, desde la causa hasta el efecto, ahora me parece una pérdida de tiempo y esfuerzo valiosos, tratar de inventar la rueda y no aceptar su supremo amor. De esta manera, comenzaron a nacer en mí nuevos hábitos que me hacen más cuidadosa en todos los aspectos donde yo tengo la libertad de selección, como por ejemplo, cuando veo la televisión, escucho música, visito lugares, frecuento amistades, escojo mis lecturas, las palabras que utilizo para expresarme y muchos más. A través de mis lecturas bíblicas fui comprendiendo que hay asuntos en los que sólo Dios tiene potestad y esos se los entrego a Él, mientras que también me entrega la libertad de hacer mi elección en muchos otros, y también allí prefiero la opción que le place, y eso lo disfruto muchísimo también, porque me trae bien a mí y es sabio.

Lo que en verdad cuenta es que Él nos ama y desea ahorrarnos más problemas y contratiempos, por ello, quienes llegamos a Él a través de Cristo, somos conducidos por un camino que aunque no luzca fácil, lo es, porque es efectivo y nos ahorra el tener que regresarnos al punto inicial para comenzar de nuevo y/o evita que tengamos que hacer contínuas correcciones. En todo, las correcciones que hacemos son sobre nuestra persona, mas no sobre el camino que Dios ahora escoge para nosotros, porque Dios es perfecto, nosotros no.

Mi búsqueda de Dios, desde siempre, se debió a una necesidad muy grande de llenar un inmenso vacío de amor en mi corazón y encontrar mi verdadero valor como persona, es decir, el amor que ameritaba recibir y el que no podía procurarme a mí misma, porque uno no produce amor, porque Dios es la única fuente de amor. Yo fui una gran pecadora y, entre otras razones, por eso no supe a dónde dirigirme en esta búsqueda desesperada, mas sin imaginármelo encontré la respuesta en Jesucristo y no en nadie más. Nadie, ni siquiera mi hijo, tenía la capacidad de curar las heridas dejadas por otros en mi corazón, ni de subsanar mis culpas. Lo que sucede es que mi corazón requería haber sido llenado de amor mucho antes del matrimonio, inclusive antes del momento de la selección de pareja.

En Jesús, toda persona independientemente de su condición, puede encontrar - como me pasó a mí - una vida nueva después del divorcio, cosa que tampoco me imaginé y ni siquiera soñé, cuando no conocía a Cristo.

Encontré no sólo el valor de Dios sino mi propio valor y comencé a amarme, a reconocerme y a perdonarme y esto inclusive me hizo mejor madre, profesional y amiga. No me canso de reconocer y de agradecerle porque en El encontré y encuentro lo que necesito con su guía amorosa para todo lo que emprendo y necesito, porque Dios es mi Padre, quien hizo esto posible, a través del regalo que recibí, cuando me llenó con el Espíritu Santo.

En mi soledad de mujer divorciada puse a Jesús como cabeza de mi hogar, como mi esposo y como el Padre de mi hijo y mío, a pesar de que para muchos, yo no tenía derecho ni autoridad para hacer algo así, porque el mundo me condenaba siendo una mujer con dos divorcios a cuestas; por eso, frente a la belleza y dulzura divina que recibía, me era mas fácil poner a un lado lo que otros decían, mientras concentraba mis oídos y mis ojos, en lo que aprendía acerca del amor de Dios en Cristo, y les aseguro que valió la pena, porque cuando le hablé, me escuchó y así sigue siendo hoy. ( Ver *1 Corintios 13:11*)

A pesar de las condiciones y circunstancias duras por las que atravesé a raíz de mi último divorcio, me mantuve firme en mi fe mientras que comenzaba a ver tangiblemente la multiplicación de las bendiciones y guía divina que recibía, con la cual yo no estaba muy familiarizada, al principio, pero que al extenderse y continuarse, me confirmaban que Dios esta vez, sí me estaba escuchando y actuando para mi bien; lo que sucedió es que yo había hecho un pacto con Dios trayendo a Jesús a hacerse el dueño y Señor de mi vida, y así yo tenía que comenzar a recibir, pues lo que Dios ofrece lo cumple.

Basada en esta nueva confianza que recibía del Espíritu Santo, se incrementaba esta nueva fortaleza que no me dejaba decaer sino, por el contrario, continuar con mucha esperanza, sabiendo que las cosas ahora cambiaban para bendición mía y de mi hijo; así me esmeré teniendo gran cuidado en todo, incluyendo en la educación de mi hijo, mi tiempo libre, trabajo y mi tiempo con Dios, que era y es fundamental, para mi crecimiento y madurez en la fe que me dan fuerzas para vivir, y sueños para alcanzar.

A pesar de todo este aprendizaje y mi nueva vida en Cristo, me he dado cuenta, sin embargo, que ni siquiera el hogar más cristiano es perfecto, porque ni unos ni los otros, podemos vivir apartados del mundo y porque Dios no nos pide eso, ni tampoco ser perfectos, sino caminar hacia la perfección, siendo la sal y la luz del mundo, y un ejemplo de cómo podemos serlo es, demostrando que es posible traer y dar amor, viviendo en la paz de Dios, siendo renovados con un nuevo ser en el Espíritu Santo, y esto se ve y se nos nota.

Entonces, como madre divorciada, soltera y cristiana ahora, esta nueva identidad me procuraba las herramientas y la información sabia para compartir con mi hijo lo que ahora entendía y así prepararlo para lo que enfrentaría afuera más tarde, cuando le tocase salir a la calle sin mi presencia, sino en su independencia y con Jesús en su corazón. Porque mi hijo ciertamente, había recibido a Dios antes que yo, pero yo había caminado por este mundo peligroso mucho antes que él. No perdí, ni pierdo oportunidad de mostrarle los efectos y consecuencias, tanto positivas como negativas, de decisiones de toda índole, haciendo uso de los ejemplos que el mismo mundo y los medios me proporcionaban y mi propia experiencia en el mundo me suministró.

Lo más importante que recibí como madre, fue la capacidad de amar a mi hijo, no tanto como podía, sino tanto como no hubiese podido, si no hubiese recibido el amor incondicional de Dios, y de ello me asombro.

Si deseamos un cambio, es necesario sincerarnos y revisar nuestros orígenes y lo que nos ha influenciado, para traerlo a Cristo en su momento y así poder re-comenzar con un bono adicional, el de poder presentarle a nuestros jóvenes una alternativa diferente basada en el amor de Dios. Sin embargo, nada de esto podemos hacer, ni entender, sino estamos bañados del amor del Espíritu Santo.

Lo que deseo es que nos hagamos conscientes de nuestro pasado, de aquello dónde pusimos nuestros ojos y atención e identifiquemos las palabras, mensajes y consejos que intentaron - y aún tratan - de desviarnos del plan amoroso de Dios para nuestras vidas, a fin de poder descubrirlas, ponerlas de lado y prestarle atención sólo a las palabras que traen vida y reconstrucción, porque tienen verdadero poder, avivamiento y resurgimiento, como el que cualquiera desea recibir y que nada mas ofrece nuestro pacto en Jesucristo.

Los traumas pasados dolorosos hay que traerlos a la memoria presente pero solamente para entregárselos a Jesús, en arrepentimiento o perdón y orar profundamente hasta que se perciba y note la sanación del corazón; una vez que percibimos esta liberación, no debemos regresar a ellos sino para bendecirlos con amor, reconociendo que aquellos en verdad fueron pasos que Dios usó para traernos al momento tan hermoso que de seguro hoy, como es para mí, o tal vez mañana para ti, podrás comenzar a disfrutar grandemente, pues todos y cada uno de los diferentes regalos que Dios te suministra a partir de tu vida en el Espíritu Santo, los recibirás cuando Dios decida que estés listo para recibirlos y valorarlos, pues cada uno será muy preciado.

Imaginemos por un momento a dónde podemos llegar, si ahora renovados, somos como un niño que apenas comienza a dar sus pasos por la vida con Jesús en su corazón, quien no lo deja solo en ninguna circunstancia por la que atraviesa, y que va con él acompañándole a cualquier lugar del mundo, lo cual es verdad, en el sentido y significado estricto de esta declaración.

Jesús nos entrega el Espíritu Santo y con Él, encontramos la oportunidad de salir de la prisión en la que fuimos encarcelados, debido a las falsas ideas que el mundo nos entregó, convirtiéndonos en víctima o victimario del divorcio. En otras palabras, si el divorcio se produjo por nuestra cuenta o responsabilidad, el Espíritu Santo nos presenta frente a Jesús, quien nos perdona, nos trae a la libertad y nos exime de las consecuencias por esas faltas, previniendo a nuestros hijos de sufrirlas a causa nuestra. Si este es el caso, de manera sorprendente experimentarás cómo Cristo repara y deja sin fuerza el tormento o eco resonante de la culpa y las palabras hirientes que no merecías, o que merecías tal vez, y que buscaban condenarte y enterrarte vivo.

Descubrí que Dios nos ama mientras que el mundo no, porque nos utiliza; por ello, es un asunto muy serio a los ojos de Dios, que lo busquemos con gran necesidad (hambre de amor y de justicia) entregándole nuestra fe para que Él comience a actuar y nos saque de las circunstancias negativas donde nos encontramos, es decir, sufrimiento, pobreza, ignorancia, desesperanza o depresión, o cualquier otra situación donde haya carencia de bendición, puesto que bendición es precisamente lo que Jesucristo en realidad representa para cada uno de nosotros y es lo que quiere darnos. (Ver *Mateo 5*)

Muchos han sido convencidos y así intentan persuadir a otros, de que todos por igual tenemos acceso a Dios, independientemente de lo que hacemos o de, en quién o qué creemos, mas no es así. Dios no quebranta su orden y su promesa, contradiciéndose a sí mismo y llamando hoy bueno algo que antes llamó malo, o dando a todos por igual, tengan o no, fe en Él y en el sacrificio que hizo por amor. Esta es la tesis de los hombres mas no la de Dios; sin embargo, Él entendiendo nuestra naturaleza caída, simplemente envió a Jesús para que a través de Él pudiésemos vivir de la manera en que se vive dentro de su Reino.

Dios conoce las razones por las cuales tu matrimonio y los de otros se disolvieron, aún a pesar de tus intentos por salvarlo, si lo hiciste. Él sabe que no lo conocías y muy probablemente tampoco tu ex-esposo o ex-esposa, no es desconocido para Él la razón por la que decidiste darte por vencido y los motivos por los cuales no hallaste fuerzas para continuar o, tal vez, por la que no te importó nada más y no hallaste otra salida, siendo tú o tu ex, el causante de la destrucción de tu matrimonio. En Jesucristo, todos encontramos el nuevo camino, en el cual, bajo el Espíritu Santo, Dios nos muestra que en esta nueva relación, nuestro futuro está lleno de un amor diferente que nunca recibimos antes de parte de nadie, y con el cual, también aprendemos a amar, pero de una manera nueva, que nunca antes habíamos entendido, ni sentido, ni comprendido, ni conocido, porque es el amor que nos es como inyectado desde el cielo por Dios en nuestro corazón y que viene dentro de lo que se llama Espíritu Santo.

El Espíritu Santo es el amor de Dios viviendo dentro de nosotros y nadie puede entregarlo sino Dios, y esto es un regalo que no deberíamos desperdiciar. Sin Dios, ninguna relación que exija amor puede prosperar, entendiendo que debe estar en verdad llena de paz, confianza absoluta, crecimiento, entrega total y compromiso auténtico. Y no me refiero a que este amor es solo al amor de pareja o romántico, sino al que se produce dentro de toda posible relación afectiva.

Más adelante explico con mayor detalle el significado de este amor, que es muy parecido al amor *ágape* o amor absoluto e incondicional, sin embargo, ahora aclaro que éste es el verdadero amor, tanto para quien lo da, como para quien lo recibe, del esposo a la esposa y de la esposa al esposo, de los padres a los hijos y viceversa, entre hermanos y entre socios, entre vecinos, entre amigos, entre ciudadanos y compañeros de trabajo, entre los miembros de grupos e instituciones, e inclusive hacia aquellos que por alguna razón, se nos hacen difíciles de aceptar. Esto, solo es posible practicar, cuando Dios nos entrega en el Espíritu Santo, esta misma capacidad de amar de la manera que Él nos da su amor por nosotros, es decir, su amor personal y directo hacia mí como persona, o para quien recibe el regalo de Jesús. Y esto explica por qué nos envió a Jesús, porque a pesar de no gustarle vernos haciéndonos daño a nosotros mismos y entre nosotros, Él aún nos ama y desea re-establecer nuestra relación con Él, y ser llenados de su gran amor.

La sociedad, la familia, los amigos, la televisión, las canciones, las estrellas de cine, la gente con más experiencia, los intelectuales, los filósofos, los políticos, los profesionales, los curas y pastores, los vecinos, la mejor amiga, todos en general, pueden decir y tener diversas opiniones - unas muy lógicas, otras muy simples, unas muy elaboradas, otras muy revolucionarias y hasta simpáticas - pero cuando Dios dice, como lo ha dicho con su palabra, que ciertos asuntos como el adulterio, la mentira, el abuso, el abandono, el aborto, la violencia, la ofensa, la ventaja, el interés, las borracheras, la homosexualidad, no son buenas para nosotros, ahora podemos escucharlo y entenderlo, porque Él sabe lo que dice y esto no lo afecta a Él, sino que nos afecta a nosotros, debido a las heridas profundas que todo esto, sin lugar a dudas, nos deja y se extienden a los nuestros, y no pueden ser sanadas sin Él.

Sin embargo, para resistirnos a todo ello, necesitamos de su ayuda y para ello nos entrega el Espíritu Santo, porque sepamos que definitivamente, solos no podemos, porque no tenemos esta capacidad o fortaleza, que el mundo desea vender y/o frustrar a muchos que están buscándola sin poderla encontrar. Es muy difícil que alguien que no crea en el sorprendente poder de Jesucristo, entienda que la homosexualidad, por ejemplo, puede ser erradicada únicamente entregándonos a Dios en

Cristo, porque Él, a través del Espíritu Santo tiene el poder de cambiar nuestra existencia y re-hacerla sin duda, trayéndonos a una experiencia de amor donde nos hace comprender, cómo esto es producto, primero del amor que no recibimos, tal vez en la forma de abuso sexual o primera experiencia en desamor, y segundo y en consecuencia, a nuestro desamor hacia nosotros mismos. Pero mas allá, lo que sucede con éste, como en cualquier otro caso de vacío de amor o grieta dejada en nuestro corazón, es que es rellenado, por este amor de Dios, en el Espíritu Santo, cuando entra en nosotros y esto lo hace de manera insólita. El único aspecto necesario aquí, es que esto sólo se produce cuando, por ejemplo, el homosexual realmente insatisfecho, infeliz y que padece profundamente con esta situación, desea un cambio rotundo y radical y para ello busca a Dios, poniendo su fe en Jesús, entregándose completa y totalmente a Él, haciéndolo el Señor de su existencia, cuerpo, presente y futuro y permitiéndole actuar; a partir de aquí el trabajo de transformación que se inicia, está en las manos del Espíritu Santo que recibe.

Si lo dejamos, el mundo, a través de la sociedad, impacta nuestras emociones hasta que consigue lo que quiere: nuestro fracaso o éxito - a medias - y según sea el área débil o más crítica de nuestra vida (matrimonial, paternidad, profesional, salud u otra), hasta hacernos pensar que todo está perdido y que no existe un jardín de rosas. Frente a esto, Dios se levanta como trueno que retumba y con la voz más poderosa nos dice que tenemos la más grandiosa oportunidad de restauración, enviándonos a Jesucristo para rescatarnos, lanzándonos una cuerda firme desde arriba, para que al asirnos de ella, no nos hundamos, subiéndonos al esplendor de una vida realmente maravillosa.

No somos lo que el mundo sin Dios nos dijo que éramos, ni tampoco nuestro futuro tenía que ser dibujado por otro diferente a Dios, porque el mundo simplemente nos encasilla y define, basados en la pobreza de su escaso conocimiento acerca de nosotros, el cual es absolutamente superficial y nos llevó a crearnos un falso auto-concepto, que nos lleva a vivir vidas marginales, escoger parejas equivocadas y perder la capacidad de esperar algo mejor, resignándonos a tomar lo que nos llega, como si eso era lo que en realidad nos correspondía. Ahora, sabiendo que el mundo no nos determina sino Dios, es necesario que le permitamos a Él tomar las riendas de nuestro destino y darle un giro determinante a nuestra vida.

Cuando nuestra autoestima está tan dañada por multitud de circunstancias, entre las que se encuentran el hecho de haber sido golpeados física o emocionalmente por cónyuges, padres, amigos u otros que no nos amaron o por múltiples razones y vivencias registradas de nuestra niñez, y buscamos ayuda en el mundo sin lograr realmente el cambio que anhelamos, o cuando simplemente nos damos cuenta que no hay manera de alcanzar nuestros sueños por nuestros propios medios, entonces llegó el momento preciso para que le demos paso a Cristo y le invitemos y dejemos hacer eso que no podemos hacer nosotros solos por nuestra cuenta.

No hay garantía de éxito fuera de Dios. Si te mantienes escrutando excusas para no buscarlo, gastando tu preciado tiempo y recursos, te advierto que cuando ya esos medios, recursos y fuerzas estén agotados, Jesucristo aún estará allí esperando por ti y nadie como Él tiene la efectividad de intervención que permita transformar tu ser interior como lo requieres, para permitirte salir victorioso de tus batallas; aunque a mayor tiempo, el trabajo será mayor, porque tal vez tu corazón tenga mayores grietas que ameriten ser reparadas, sin embargo, nada es imposible para Él.

Si deseas abrirte a tu victoria, sin precedentes ni límites, te entrego la clave, se llama Jesús. Lee a continuación lo que Dios nos dice a todos los divorciados, seamos culpables o inocentes.

Respira profundo y recibe el amor más grande de la manera más simple y sencilla posible, dicho por el mismo Jesús. Así quedó escrito en el libro de *Juan 3:16-17*

[16] *»De tal manera amó Dios al mundo, que ha dado a su Hijo unigénito, para que todo aquel que en él cree no se pierda, sino que tenga vida eterna.* [17] *Dios no envió a su Hijo al mundo para condenar al mundo, sino para que el mundo sea salvo por él.* *(Reina-Valera 1995, RVR1995)*

Puede que te resulte un poco difícil comprender estas palabras, especialmente, si no has celebrado el convenio con Dios de creer en Jesucristo, entregándonos a Él. Por esta razón, voy a adelantarte algunos comentarios de lo que ellas significan.

En principio, como sabes, aún hoy día, después de dos mil años de su resurrección, nadie puede negar que Jesucristo es el único hombre - hasta ahora reconocido a nivel mundial - que ha vivido sin mancha de pecado alguno y esto incluye libre de toda falta, inclusive de la mentira. Esto significa que cuando Él dijo estas palabras, tampoco estaba mintiendo. Así vemos en estos versos de Juan, que Jesús se proclamó a sí mismo como el Hijo de Dios, lo cual tiene que ser verdad, porque Jesús no miente y resulta importante entender esto. Con la autoridad que tiene por ser el Hijo de Dios, nos informó que fue enviado acá por decisión de su Padre, Dios, quien ama a este mundo porque es su creación, y eso incluye a la tierra, todo lo que existe y vive en ella y que nos envuelve a ti y a mí. Vino, además, con una misión a cumplir, la de salvarnos.

Cuando Jesús dijo que había venido para que todo aquel, o - como aparece en otras versiones - "para todo el que" o "para cualquiera que", no utilizó estas palabras vanamente, sino que en realidad lo hizo sabiendo la importancia que denotaban, pues Jesús vino para todos sin hacer distinciones de ninguna clase o naturaleza en la humanidad, como lo hacemos nosotros. Entender esto es vital para recibirlo, porque cuando Jesús habló en su paso por el mundo, no lo hizo como nosotros hablamos, ni con nuestros corazones, ni con nuestras intenciones sino que cuando Jesús habló, lo hizo con verdad, honestidad y amor, dándole peso a cada palabra pronunciada, las cuales tienen el mismo valor que un contrato - o promesa - firmado con sangre.

Jesús dijo en este verso, que venía para toda persona aún con vida en este mundo, no importando quién sea, cómo se llame, qué estudió, cuánto dinero tiene en el banco, cuáles son sus características y rasgos de personalidad, apariencia física, edad, raza, credo, nacionalidad, belleza, talentos - o ausencia de ellos - su pasado, historia ni estado civil. En otras palabras, Dios no exigió ni exige requisito previo para ser uno de los tantos miembros de este mundo para los que vino Jesús. Es decir, Jesús nos dijo que vino para ti y para mí, independientemente de quienes fuimos y somos, si solamente - y éste es el reto - creemos en que Él es el Hijo de Dios, y que fue enviado por el Padre.

Ese fue precisamente el motivo de su visita, rescatarnos y salvarnos. Pero si te estás preguntando - cómo lo hice yo - ¿salvarnos de qué, si yo no necesito ser salvada?, la respuesta es breve, pero profunda; y aquí comienza la parte más compleja. Jesús dijo que venía a salvarnos de la muerte y de perecer, pues creyéndole nos regala la vida eterna. Me puedo imaginar lo difícil y complicado que esto te puede resultar, pero permíteme continuar y clarificarte.

Recordemos que antes me referí a que cuando traemos a Jesús a nuestras vidas, Él nos entrega lo que ofreció, el Espíritu Santo y de esa forma volvemos a nacer, dándose en nosotros lo que se entiende como un renacimiento espiritual, que se produce en nuestro ser interior. Cuando esto sucede, evidentemente, estamos vivos y funcionando en este mundo, de manera que en esta vida terrenal podemos ser bautizados por Dios, cuando le creemos a Jesús, para que el Espíritu venga a vivir dentro de nosotros. Una vez que tomamos esta decisión, en plena consciencia adulta y en ejercicio de nuestro libre albedrío, recibimos este renacer, nacemos de nuevo pero en espíritu, es decir, en uno que no teníamos antes. Así, la salvación o rescate se da en el plano espiritual, y en ese despertar espiritual - es como si - muriésemos al mundo y naciésemos de nuevo, solo que ahora con Dios, y así es como se produce, nuestra conexión con Nuestro Padre Celestial, es decir, por Cristo recibimos a Dios en nosotros (en el Espíritu Santo).

Es así como nacer en Cristo, significa lo mismo que renacer en Espíritu. Sin embargo, como a todos, nos llegará el día de nuestra muerte y nuestra carne perecerá, mas el Espíritu que hemos recibido de Dios, y con el cual hemos andado por un tiempo acá, y que gracias al cual, hemos logrado vivir en amor, llevándonos o guiándonos a lograr nuestro cometido u objetivo en la vida, este Espíritu no fallecerá, sino que regresará al Padre, porque de Él vino, y allí es donde comenzará lo que se conoce como la eternidad. Nuestro segundo renacer trasciende hacia la resurrección, es decir, el Espíritu que Dios nos da, sale de nuestro cuerpo y se va a vivir con el Padre.

Lo que ocurre cuando recibimos a Jesús y dejamos de ser muertos de espíritu (por su carencia) y pasamos a ser nacidos espiritualmente, renacidos o "verdaderamente cristianos", es que este nuevo ser que viene de Dios, entra a habitar dentro de nosotros llenando todo vacio, que solo el amor puede llenar, en contraposición del mundo concentrado principalmente en el materialismo y en la superficialidad, que generan angustia, depresión, miedo y acciones destructivas, que buscan arruinar las posibilidades de una vida en paz y llena de logros sin precedentes.

Con el Espíritu Santo que recibimos por nuestra entrega a Jesucristo viene la paz, el gozo, la paciencia, el amor, la satisfacción, el auto-control, la bondad, la fe, lo cual se conoce como los frutos del Espíritu Santo que fueron descritos en *Gálatas 5:22-23*. Y esto es solo una pequeña parte de lo que recibimos, cuando renacemos porque aceptamos el regalo de Dios. Me es muy fácil entender que, en principio, por toda la información que tenemos almacenada en nuestras mentes, esto, de primer plano, pudiese sonar ilógico y falto de toda cordura, sentido e inteligencia posible, como lo dijo el mismo Pablo en *1 Corintios 1:21*; empero, allí está el reto. Te invito a que dejes caer por un momento tu racionalidad y dejes de definir a Dios a tu manera, o como tú quisieras que Él fuese, porque te lo aseguro: es mucho mejor de lo que te imaginas.

Jesucristo vino para todos, es decir, para cualquiera de nosotros con necesidad de amor. Así, Él es el que llena todo vacío donde existe permanente depresión, adicción, soledad, tristeza, dolor, luto, enfermedad, pobreza, abandono, desesperanza, ruina, frialdad, endurecimiento de corazón (incapacidad de tener piedad hacia otros), materialismo desmedido, prisión mental, necesidad de mentir y pretender, incapacidad de dar y recibir amor, desvalorización, auto-concepto negativo, baja autoestima, obesidad, miseria, abandono o rechazo por parte de los padres de carne, efectos de padres dominantes, controladores y castrantes, celos sin fundamentos e incontrolables, ciclos repetidos de tragedias familiares - de generación tras generación -, imposibilidad de encontrar sentido y significado a la vida, huecos afectivos, ignorancia, dependencia (esclavitud) hacia sustancias, acciones, personas o instituciones, necesidad de aprobación de los otros, consecuencias del divorcio y la viudez, entre otros.

El único requisito indicado por Jesús, en Juan, fue creerle a Jesús. Dándole a Cristo el crédito que merecen sus palabras, comprendemos que Dios nos envió a Su Hijo porque nos ama y desea darnos amor, así como protegernos de todo mal, mientras duren nuestros días de vida en este mundo. El mensaje es simple, si logramos creerle a Jesús esta gran verdad y con todo nuestro corazón, entonces se abren las puertas del cielo para nosotros desde el momento en que lo hacemos aquí en la tierra y para siempre, porque Jesús representa la entrada al cielo desde ahora mismo. Jesús dijo que no venía a condenarnos, ni a juzgarnos, criticarnos, culparnos o a hacernos sufrir u obligarnos a pagar castigos, multas o penitencias, como tal vez lo merecemos; por el contrario, como Dios es amoroso y perdonador, si venimos a Él, nos acepta y nos perdona. A Jesús no le importa quiénes fuimos y aún somos, sólo nos invita, sencilla y simplemente, a creerle para tener la garantía de su amparo, protección, defensa, seguridad y abrigo para siempre, porque vino a salvarnos, es decir, a ayudarnos, redimirnos, liberarnos, justificarnos y, en definitiva, a amarnos.

Te invito a que imagines por un momento la posibilidad real de que Dios, ciertamente, envió a Jesús para que tengas en Él: el consuelo, el amor y la guía de parte de - nada más y nada menos - que del mismo Dios; en ese momento, partiendo de esta verdad maravillosa, puesta en bandeja de plata para que la tomemos, pregúntate: ¿si Jesús es la puerta que me permite entrar en el majestuoso Reino de Dios desde este mismo momento, qué sentido tiene despreciarlo y rechazarlo, dejando pasar esta gran oportunidad?

Acceder a vivir guiados de la mano poderosa de Dios, en Cristo, produce un éxtasis que podemos sentir en nuestra simple humanidad.

Imagínate una vez más y sólo por un momento que con Jesús en tu corazón, puedes gozar de la protección de Dios, quien está por encima de todo y sobrepasa los límites de acción de toda nación, estado, gobierno, institución, ciencia, tecnología, hombre, fuerza - física o animal - , así como de todo lo demás que te puedas pasar por la mente, porque suyo es el cielo, la tierra y todo lo que hay en ella. Entonces entérate que esto es la simple y pura verdad y es tuya si la quieres. ( Ver *Salmos 24*).

Cuando damos el paso para recibir su amor traducido en salvación, protección y guía, es cuando se inicia su trabajo y Él entra a actuar en ti, sin esperar un solo segundo. Cuando Dios ve a Jesús residiendo en nuestros corazones por la fe, que supone ser como niños otra vez y simplemente creer en Él, entonces, se toma el trabajo de comenzar a reconstruir nuestras vidas para hacerlas nuevas. Todo sucede por dentro, por ello me refiero al ser interior, ése que no se puede ver por fuera porque habita solamente dentro de nosotros. Me refiero al Espíritu Santo tomando el control sobre nuestra alma o persona, en este proceso. La verdad es que no somos lo que otros simplemente ven al mirarnos.

Nuestra apariencia física no describe quienes realmente somos, porque no somos simplemente altos, gordos, rubios, morenos, bonitos o feos. Tampoco somos según lo que poseemos, el vehículo que conducimos o la casa donde habitamos. Las generalizaciones que intentan encasillarnos, no nos describen, no somos todos de la misma manera, ni fuimos producidos al unísono ni en serie como en una fábrica y eso tú internamente lo sabes. No todos lo de la clase alta son descorazonados, no todos los norteamericanos son rubios y de ojos azules y no como dicen algunas mujeres, todos los hombres son malos, o viceversa. De toda generalización nos convence la sociedad, y así contrarresta nuestro valor individual y exclusivo y, en muchos casos, lo logra. Sin embargo, es Dios exclusivamente el que tiene la capacidad de reconocernos como seres únicos, porque Él sí posee la capacidad de mirar al ser que vive en nuestro interior; por tanto, cuando acudimos a Él en verdad, en nuestra íntima necesidad y privacidad, inmediatamente nos entiende y nos cree - cuando en verdad somos sinceros y sabiendo que a Él no podemos mentir. Es entonces, cuando llamamos a Jesús, que podemos percibir todo lo que Dios comienza a hacer, cuando a partir de ese momento, recibimos de Él un trato, no sólo específico, que suple nuestras muy particulares necesidades, sino también especial, porque hemos regresado al Padre quien es el Rey, quien sabe todas nuestras necesidades y urgencias, porque Él nos creó junto con ellas, para buscarlo. Ten la seguridad de que mi historia con Dios será diferente a la tuya, aunque en todas estará presente Jesús, el Espíritu Santo, la palabra y su verdad.

Hay cosas que nos suceden y están a la vista de todos y, de acuerdo a ellas, nos marcan o etiquetan, así pues unos somos conocidos por nuestra apariencia, según sea el caso; pero no todo lo que nos sucede por dentro está a la vista de todos, por eso se hace tan difícil de creer cuando un cambio tan avasallante, como el que genera la llegada del Espíritu Santo que Jesús nos entrega, tiene lugar.

Ésta es una de las razones por las cuales, cuando muchos de nosotros comentamos algo de esto a nuestros seres más queridos y cercanos que nos conocen de toda la vida (antes de nuestro renacimiento espiritual) y saben quienes fuimos sin Dios, les cuesta entender el proceso de transformación divina que comienza a ocurrir dentro de nuestro ser. Nadie puede ver nada y, por tanto, se sigue manteniendo el mismo concepto que tenían de nosotros, porque se remiten a nuestras historias y apariencias. De manera que, para convencerse de que algo especial y divino nos está ocurriendo, algunos necesitarían ver en nosotros a una persona diferente, tal vez rodeados de un aura de luz brillante, quizá llevando alas de ángeles en la espalda, ejecutando actos sobrenaturales en público, convirtiéndonos en millonarios de la noche a la mañana, como símbolo de éxito (mundano) y algo que para ellos, según su propio concepto de Dios, signifique que la presencia de Él es cierta en nosotros, o algo por el estilo.

A Jesucristo le pasó igual cuando le pidieron que demostrara ser quien decía que era, en el momento en el que estaba en la cruz, cuando le insistieron en usar su poder o autoridad para liberarse de aquella condena, como quien invita a un mago a hacer un acto de magia o como quien reta a Dios a demostrar lo que en verdad puede hacer, para que entonces le creyesen, basados en el miedo y no en la fe y el amor. Sin embargo, si Jesús se hubiese escapado y salvado del dolor que padecería en la cruz (como cualquiera de nosotros hubiésemos hecho), nosotros, los que necesitamos a Dios imperiosamente, hubiésemos perdido la oportunidad de recibir el regalo del Espíritu Santo y así conocer a Dios. Evidentemente, Dios no iba a aceptar el reto de dejar de amarnos en ese momento, porque Jesús debía completar la misión que vino a cumplir, porque para ello envió a Jesús. El asunto es que, aparte de sus discípulos, no le dijo a nadie más que a eso, era a lo que precisamente había venido, para que así, creyendo en el sacrificio de Dios, nosotros pudiésemos recibir su amor en nuestro ser interior, a través del Espíritu Santo.

Imagínense ustedes que los mismos discípulos no podían entender completamente, lo que en principio Jesús les entregaba como enseñanzas y lo que les anunciaba que sucedería; de manera similar nos sucede a nosotros como les sucedió a ellos, que fue solo después de recibir el llenado del Espíritu Santo, que pudieron comprender, lo que en verdad había sucedido. El trabajo de los discípulos de Jesús es traer su verdad a todo el que la necesite para que reciba de Dios el amor que nos entrega, a través de la fe.

Cuando recibimos la llenura del Espíritu Santo, todo sucede por dentro colmándonos de un amor jamás antes experimentado, es decir, el de Dios hacia nosotros y nada se compara a esto. Quien llame a Cristo en fe y lo desee con todas las fuerzas de su corazón y sus entrañas, lo recibe, no hace falta más ni menos sino anhelarlo con todo nuestro ser y esto es fundamental para aquellos que atraviesan el sufrimiento del divorcio o de otra terrible naturaleza.

Cualquier acto o acción que ejecutemos con el objeto de recibir a Dios, su favor o su perdón, no sirve de nada según nos lo aclara la palabra bíblica, porque las obras no nos otorgan la gracia de Dios en esta vida, ni salvación después de la muerte. De manera que las ofrendas, donaciones, promesas, sacrificios, llevar rostros ajados y tristes, rasgarse las vestiduras y otras acciones realizadas con la intención de obtener algo de Dios, como quien compra un favor o hace un trueque, no sirven de nada y son infructuosas. Nada vale, a menos que le creamos a Jesús con el corazón, quien nos otorga el placer de dar por amor únicamente y sin segundas intenciones. *(Ver Efesios 2: 4 - 10)*. La única vía, puerta y camino para llegar a Nuestro Padre Celestial, se llama Jesucristo. (*Les recomiendo leer el libro de Juan*).

Lo que ahora es nuevo en nosotros, ahora cuando recibimos a Cristo, y con Él, al Espíritu Santo, es el amor. Y tengamos muy claro que éste es otro tipo de amor y no el que antes habíamos pensado que era. Esto tal vez explique por qué se produce el divorcio en la mayoría de los casos. El amor perfecto de Dios, que no busca recibir sino dar, es el mismo con el que Dios nos llena, cuando con la inocencia de un niño, regresamos a Él, creyendo en las palabras sinceras y piadosas de Jesús, quien vino a entregar su sangre; pero esto, resulta inaceptable para los más racionales e intelectuales, lamentablemente.

Muy seguramente lo que causó nuestros divorcios, fue que nos casamos basados en el amor mundano que está determinado por los sentimientos, es decir, lo que sentimos; en otras palabras, es un amor relativo y condicional, porque los sentimientos mundanos son circunstanciales, variantes, temporales y situacionales, por ello están afectados por muchos factores, externos e internos, como por ejemplo, la belleza, la atracción, el tiempo (la disponibilidad, la hora del día), la temperatura, los estados de ánimo y emocionales, la correspondencia (si recibimos), el cansancio o la energía, las ganas, la necesidad o el deseo, la situación económica personal (el dinero o el sueldo), el trabajo (y sus efectos), los logros, la diversión, el interés, el auto-concepto, la percepción hacia los demás, los planes, la situación del país, y en fin; así cualquiera se divorcia, porque se ama según se siente, y si no se siente, entonces no se ama, o se buscan sustitutos.

Mientras que con el amor de Dios, el cual recibimos por nuestra fe en Cristo y gracias a la llenura del Espíritu Santo, recibimos una nueva capacidad o facultad totalmente diferente y que determina la posibilidad de amar en verdad, en todo momento, sin importar las circunstancias, y que garantiza la experiencia más hermosa y ésta es: la de practicar el amor. Es decir, recibimos de Dios, la capacidad de escoger aquellos sentimientos que residen dentro de nuestra alma y que se corresponden con el amor de Dios (que ahora somos capaces de identificar en Cristo), y los ponemos en práctica, porque han recibido la fuerza de la llama del único, y más poderoso amor, que tiene la facultad de darles vida dentro de nosotros, para que se produzcan; esos sentimientos amorosos, reciben de Dios, la vida que necesitaban, para poder ser practicados, y puestos en acción, tomando un lugar preponderante, superior, por encima y dominando aquellos otros sentimientos aprendidos, que buscaban aniquilar la práctica del amor de Dios, y por ende, no podíamos antes, recibirlo ni darlo, hacia Dios, nosotros mismos y hacia otros y viceversa, para cada caso. Esto es solo posible, cuando el Espíritu Santo de Dios está en comando gobernando nuestro ser, de lo contrario, es imposible hacerlo en un ciento por ciento, o movernos hacia esta proporción.

Por supuesto que no me estoy refiriendo a la represión o dominio sobre la atracción física y sexual, hacia nuestros cónyuges, NO; sino que en este proceso, estos sentimientos cobran vida, cuando existe el verdadero amor de Dios, que es comprometido, y que en este caso, debe nacer y crecer en la unión matrimonial. Lo que estoy explicando es que, el amor se practica con acciones, actitudes y palabras que nacen de un corazón que desea hacer esto por la satisfacción de hacerlo y de entregar este amor a quien ama. El amor verdadero no espera nada, porque de lo contrario no es amor y no significa nada, como bien se explica en *Corintios 13.*

Este nuevo amor de Dios en nosotros, ciertamente, produce un cambio muy notorio, no porque cambia el color de nuestra piel o manera de caminar - y no quisiera decir esto muy categóricamente, porque no puedo limitar a Dios quien es todopoderoso - sino porque una nueva actitud comienza a fluir desde adentro de nosotros hacia afuera, reflejando la existencia de un nuevo ser, excepcionalmente amoroso. Se trata de una actitud diferente y llena de amor hacia Dios, el nombre de Jesús (el cual dejamos de despreciar), hacia los otros, y hacia nosotros mismos; siendo este último, un amor sumamente importante, que debe renacer y crecer, para que esta nueva experiencia de amor tome lugar.

El amor de Dios que ahora llevamos dentro responde al estímulo externo, pero no como lo hacíamos normalmente antes sino, para nuestra sorpresa, con pensamientos internos, comportamientos y una comunicación exenta de falsedad totalmente, pero sí impregnada de genuina gentileza, bondad, apreciación, agradecimiento, desinterés en lo propio, valoración e interés en el bien del ser amado *per se (Dios, los otros y yo);* capacidades éstas que conociéndonos, sabemos que antes no las poseíamos. (Ver *Mateo: 22:37-39*)

La llenura del Espíritu Santo, o del amor de Dios dentro de nosotros, suple cualquier necesidad de amor que tengamos en relación a nuestra propia persona, y vence cualquier adicción que busca satisfacer esa necesidad de amor, que antes no encontraba en ninguna parte.

Éste es el verdadero cambio en nuestro ser que produce el ser llenados y movidos por el Espíritu Santo de Dios, que se manifiesta en acción y que puede ser observado cuando se produce alguna oportunidad de interactuar. Lo más importante es que quienes se sorprenden de este cambio de actitud, somos primeramente nosotros mismos, porque nadie como nosotros para conocernos bien y darnos cuenta de que hay algo nuevo que nos está sucediendo y que nos impide sentir, pensar y, en consecuencia, actuar como lo hacíamos antes - buscando nuestros propio bien y sin importarnos los otros que viven alrededor, al menos de esta forma y de esta magnitud.

Nosotros somos los únicos que tenemos la facultad de oír las voces que resuenan en nuestro interior y ahora poder escuchar una voz nueva que nos guía hacia el amor. Vemos casos de muchísimas vidas restauradas, entre ellas las de adictos que comienzan a disminuir sus dosis hasta ver desaparecer las esclavitudes que los ataban. También quienes eran conocidos como mentirosos, avaros o corruptos y hasta prostitutas, comienzan ahora a hablar y a actuar en verdad, con honestidad y compartiendo lo que tienen con un profundo sentimiento de dolor frente a lo que hicieron, y de cómo vivieron sus vidas y en fin, con una autentica acción de gracias frente a esta salvación o resurrección; y esto queda perfectamente explicado con la parábola de las bodas.

Sorpresivamente, muchos se incomodan frente a estas muestras de amor, porque involucra el tema de Dios y el nombre Santo de Jesucristo; mientras que los seres más cercanos, que antes padecieron, hoy se regocijan percibiendo estos cambios como una verdadera bendición.

El asunto es que Dios nos llena de su amor, que es la capacidad verdadera de amar al mismo Dios, percibir su amor hacia nosotros, amarnos a nosotros mismos y amar a los demás, y lo demás, todo ello de manera real, tangible y activamente.

Particularmente, cuando recibí a Cristo, yo había vivido muy separada de Dios por muchísimo tiempo ya que estaba a punto de cumplir cuarenta años de edad y aunque quise borrar muchos episodios de mi pasado, inclusive recientes acontecimientos y faltas, no pude hacerlo valiéndome de mis propios recursos personales, porque nadie puede; pero llena de fe, después que lo recibí fui tan llena, que elegí confiar en que Cristo sanaría esas faltas cometidas y heridas que me ocasionaron y me ocasioné a mí misma y así fue. En Él, podemos tener confianza, seguridad de que cumple su palabra y amor, a su tiempo (Ver *1 Corintios 13:13*). A Él podemos traer los hechos más bajos y repudiables que hicimos, así como toda herida, de manera sincera, porque en Él recibiremos perdón, paz y lavado de corazones, experimentando un infinito agradecimiento.

Las acciones y esfuerzos que hacíamos antes, sin Cristo, con miras a lograr algo, y que siempre nos habían resultado difíciles e imposibles, convirtiéndose en una especie de batalla campal o lucha contra el propio ser o destino, dejan de tener sentido. Un ejemplo sencillo de esto es cuando intentamos vencer los miedos, superar los retos u obstáculos, lograr objetivos difíciles y que anhelamos obtener en nuestro tiempo, a nuestra manera y en el lugar donde lo deseamos, llevándonos a la frustración, e iniciando nuestra lucha en contra de la voluntad de Dios.

El fenómeno que sucede con Cristo es que estas batallas ya no ocurren, porque Él es quien las libra. De esa forma cuando Dios ha puesto un sueño en nuestro corazón, que puede ser de amor - y, al que tal vez habíamos declinado durante el tiempo de nuestra separación de Él - tengamos la seguridad de que en Jesús lo vamos a lograr ver terminado, porque su mano a través del Espíritu Santo, reordenará la dirección de nuestros pasos, la brújula en el camino y el GPS de nuestra vida, para que entonces salgamos a decir, sin duda, ni titubeo, sino con gran firmeza que, ciertamente, Dios es el Rey de la Gloria.

Nuestro Dios y nosotros en Cristo, seguimos el camino de acuerdo a la visión, porque es Él quien muestra y señala la vía, toma la acción, determina la decisión, lucha las batallas y pelea los combates; de manera que, realmente, lo que nos queda a nosotros no es más que andar y caminar en ese camino que nos muestra. Por esta razón es que es tan importante para muchos de nosotros entregarnos a su amor absoluta y radicalmente, haciéndolo a Él, el Señor de nuestras vidas y dejándonos guiar por Él, a través del Espíritu Santo y el discernimiento que nos entrega con su palabra. Yo aprendí que lo que es de Dios, es de Dios, y lo que Él tiene para mí, es para mí y ni siquiera yo misma puedo ir en contra de eso; y eso es así, aunque yo me equivoque en algún aspecto de mi vida y a pesar de lo que he aprendido que le place y no le place a Dios. Cuando regreso a Él buscando su perdón y subsanando mi falta porque, así como nos enseña el apóstol Pablo, por mi fe en Cristo, he sido bendecida y eximida de las consecuencias y esto, simplemente, es grandioso y yo lo tomo. (Ver *Romanos 7:6*)

En la vida del divorciado, viudo, soltero, hijo rechazado o abandonado, o del que haya sido objeto de cualquier tipo de abuso, esto es fundamental comprender, porque esta intervención de Dios ocurre en todos los aspectos de nuestra existencia y todo es parte del trabajo de reconstrucción y reorientación que le permitimos a Él hacer con sus nuevos hijos, adoptados sólo por haber creído en la sangre de Cristo. Esto es que, la intervención de Dios en Cristo opera por dentro, y como dije antes, añadiendo un nuevo ser dentro de nosotros que genera un cambio drástico en el entendimiento de Dios, nuestras actitudes y acciones; pero un aspecto bien asombroso de este fenómeno, es que también ocurre por fuera, pues Dios lo controla todo, inclusive las circunstancias que nos rodean, porque de Dios es todo y el mundo todo le pertenece, y lo mueve haciendo favores a sus nuevos hijos, aquellos que le creyeron a Cristo Jesús.

Todo lo que viene de Dios es divino, es efectivo, viene en paz, sin traumas, sin dolor, sin brusquedad, suave, firme, lento, perdurable y es bueno para nosotros, para quienes dependen de nosotros y para los que nos rodean, y esto es clave mantenerlo presente como principio de discernimiento. Nada que viene de Dios genera destrucción, divorcio, desunión, guerra, sangre, violencia ni efectos negativos. Nosotros somos la generación del amor de Dios en Jesús, por eso las batallas y las conquistas sucedieron antes, en los tiempos del Antiguo Testamento y las colonizaciones del nuevo mundo, mas no deberían existir hoy en el nombre de Dios.

Quienes recibimos a Cristo experimentamos este cambio fundamental en el centro de nuestro ser y todo lo que antes ameritaba gran esfuerzo, según la historia y particularidades de cada quien, deja de tener sentido, porque Cristo en nosotros se toma el trabajo necesario. Él inicia su labor rehaciendo y pegando los pedazos rotos y sueltos de nuestra vida, sobre una personalidad que también comienza a restaurar. Ya no es un trabajo que tenemos que hacer, contando con nuestras propias habilidades y destrezas, o que tenemos que desarrollar adquiriendo nuevas pericias para lograrlo; y es porque una vez que te entregas a Jesucristo, ahora es la responsabilidad de Dios cumplir sus promesas y devolverte al camino de las oportunidades que tienes, sólo porque te has reconciliado con Él por tu propia decisión, haciendo uso de tu libertad de escogencia o albedrío.

De manera que, cualquiera que sea el área de tu vida en la que necesites de Dios, Él podrá darte su ayuda y amor porque le creíste a su Hijo Jesucristo, quien no nos exige obras duras o difíciles, sino fe y esto es la verdadera cristiandad, que no se trata de una religión. La cristiandad se centra en Jesucristo y la sangre derramada por Él en la cruz, para entregarnos todos estos regalos de los que hemos venido hablando, es decir, amor, vida y resurrección (desde aquí y ahora).

Sin Dios dentro de nosotros, tampoco podemos tener el matrimonio que Él desea entregarnos, si este fuese el caso o el

Plan de Dios para ti. Sin embargo, con Cristo, vamos seguros y garantizados en que recibiremos una capacidad nueva que nos permitirá esforzarnos para poder ser esposos amorosos, fieles en el matrimonio, mejores padres de familia, capaces inclusive de amar a nuestros hijastros, tanto como a nuestros hijos, y hacer todo lo posible para evitar que exista ningún tipo de división o ruptura. Sin Cristo, nos falta esta fortaleza y fallamos.

Como dije antes, ninguno de nosotros: divorciado, viudo, casado, virgen o promiscuo, es mejor o peor a los ojos de Dios, porque ninguno de nosotros puede cambiar siquiera su pasado, con sólo quererlo y tampoco borrar las consecuencias con apenas desearlo, como se intenta hacer con el uso de pastillas y drogas de diferentes tipos. La ley exige, impone miedo, castigo y penitencia, cada vez que la infringimos o nos equivocamos, pero no tiene el poder o la fuerza para cambiarnos en la profundidad de nuestra esencia, como la tiene el Espíritu Santo.

La religión, como tradición y código ético para los pueblos, es como parte de su identidad, de su cultura, e involucra expresiones de toda índole: artísticas, culinarias, productos regionales y demás. Entretanto, que Jesús nunca debe ser desestimado o desconsiderado, pues Él es quien representa el enlace entre el hombre de cualquier procedencia y origen, con Dios, no importando su geografía, pasado, nacionalidad, tradiciones y expresiones culturales; y por la gracia que recibimos, solo El Padre, El Hijo y el Espíritu Santo, deben ser nuestro centro de atención y adoración.

Quien está buscando a Dios en verdad y no lo consigue, viendo que su vida transcurre vacía y llena de desatinos, pierde el goce y sufre por ella, debe saber que hay tradiciones culturales que interfirieron en el aspecto religioso, creando confusión y separación de Dios, en los necesitados de amor y pobres de espíritu, pues ni Jesús ni Dios son, por lo general, el centro de estas adoraciones.

El problema de las tradiciones de los pueblos es que generan un mar de dioses que traen gran desconsuelo a sus gentes.

La tradición no debería desplazar el significado de la cruz ni mezclarlo con nada más, pues si esto se hiciera, puedo imaginar cuanto júbilo pudiese traer a Dios, quien vería que la sangre de Jesús no fue derramada en vano. Muchas tradiciones nos han robado el derecho de adorar a Dios en Jesús.

Lo que intento transmitir con todo esto, es que quien desee ser llenado con el Espíritu Santo, tendrá irremediablemente que renunciar a otras prácticas y aprender a serle fiel a Dios, depositando su fe en el sacrificio de Jesús, de lo contrario, no recibe esta gracia.

En el libro de *Mateo, capítulo 5* donde quedó registrado el famoso sermón del monte de Jesús, se nos dice claramente que la Ley y los mandamientos de Dios están vigentes, pero más significativamente también nos explica que, la ley de Dios no puede ser cumplida por ninguno de nosotros, a menos que tengamos el Espíritu de Dios en nosotros. Regresando al hoy y al mundo en el que vivimos, cabe preguntarnos ¿cuál es el beneficio de tener a Jesús?, ¿es sólo acaso recibir el Espíritu Santo para poder acatar la ley? Siguiendo el hilo de lo que aquí explico, la respuesta evidentemente es NO. La necesidad de conocer a Dios es para no desperdiciar la vida, sin experimentar el amor de Dios, intentando nuestros propios modos que, por ser carentes del amor de Dios, son dañinos y nos llevan a separaciones, divorcios, abortos, locura, miedos, sufrimiento, pobreza, desesperanza, soledad y muerte espiritual, en general. Jesús es el Buen Pastor, Él cuida de su rebaño y lo pastorea, procurando la satisfacción de todas nuestras necesidades y, confiando en esto, no hay manera de que Dios no cumpla lo que ofrece, sin embargo, amerita un profundo esfuerzo de alimentar nuestra fe, siendo que vivimos en un mundo que busca someternos, distraernos y divertirnos para no permitírnoslo.

Necesitamos un Ayudador que opere desde adentro de nosotros para avanzar en la vida y esto puede hacerlo únicamente Jesucristo, con el Espíritu Santo Él nos ofrece la mano que necesitamos, sin costo alguno, ni interés económico, para lograr hacer aquello que no podemos hacer por nosotros mismos. Así que, alegrémonos, vino Jesús y con Él la liberación de las obligaciones y el ejercicio verdadero del amor, porque con su amor seremos capaces de ser quienes en realidad vinimos a ser, es decir, el buen esposo, padre y profesional, que actúa honradamente, que es puntual, que cumple con la palabra dada y el compromiso adquirido, que es responsable, protector, paga las deudas, educa, da ejemplo, y administra adecuadamente el hogar. En fin, con Él en ti, será Él quien hable por ti, quien te lleve y te traiga, quien se encargue de criar a tus hijos y todo ello lo hará a través de ti y a pesar de las circunstancias, las cuales todas le obedecen. Jesús te proporciona calma y reposo, te pastorea dentro de la tormenta o la oscuridad, hasta traerte a pastos verdes y arroyos de aguas tranquilas. (Ver *Salmos 23*)

Lo que es importante es tomar el paso de traerlo y dejar que nos guíe, para recuperar nuestra identidad, el camino, la esperanza y que, además, podamos reclamarle a Dios las promesas que nos hace y que perdimos a raíz de nuestra separación consciente o inconsciente de Él.

En un principio, cuando me entregué completamente a Cristo y comencé a ver su mano tocando aspectos reales y tangibles de mi entorno, comencé a percibir su gran cuidado, aún cuando yo sabía que no lo merecía en lo absoluto. Oraba intensamente y le pedía incrementar mi fe en Él, sobre todo cuando me sentía bombardeada por las culpas, los comentarios, mis faltas, mis desatinos, mis carencias, mis incompetencias, las tentaciones de afuera y mi gran cantidad de problemas no resueltos por muchos años. Así, concentrándome en conocerlo y creerle, me entregó la posibilidad de traer su amor al plano físico y ejercitarlo obteniendo sobrados logros, guiada de su mano pura y poderosa.

Dios nos dice en *Juan 3: 16-17* a los divorciados, viudos y, en general, a cualquiera, causantes o víctimas, que pongamos toda nuestra fe y confianza en que el propósito que vino a cumplir Jesús es el de acercarnos a Dios y así lo va a hacer, de esta manera y como regalo, veremos ocurrir los cambios positivos más inesperados, tanto por dentro como por fuera de nosotros. Dejemos que Él se haga cargo de todo, pues ahora sí estamos en las buenas manos de quien es nuestro verdadero Padre, el que no es como nuestros padres de carne y hueso que son muy queridos en algunos casos, pero no perfectos.

Yo te invito a que recibas a Jesús ahora, para que tu divorcio deje de ser tu límite o punto de estancamiento y sea más bien la palanca que te acerque a tu mejor y más hermoso destino con Jesucristo y, para que lo logres, te entrego la llave en los siguientes párrafos, los cuales son en sí, los más significativos de este primer capítulo.

Como ya te habrás dado cuenta, he insistido en que el asunto de las voces y las palabras pronunciadas que llegan a nuestros oídos o que resuenan dentro de nuestro ser interior, es un tema sumamente delicado y serio. Todo lo que decimos en voz alta se convierte en un decreto, crea resonancia y se produce en el plano material, va y regresa a nosotros, de una manera u otra; esto es ley de Dios, pero otro tipo de ley, no como la de los mandamientos o las de los pueblos, sino un principio como la ley de gravedad o de recoger lo que se siembra, las cuales son creación suya también. Yo no deseo desarrollar y extenderme en este preciso aspecto de Dios aquí, sino más bien hacer la observación de que tengamos gran cuidado con lo que decimos, pues todo genera una consecuencia o un efecto que puede ser positivo o negativo, según la carga e intensidad del amor de Dios o la carencia del mismo, con la cual se digan.

En consecuencia, si aceptas la invitación que te hago de unirte a Dios porque deseas entrar en su reino, a través de Jesucristo, quien es el único camino entregado, te propongo que lo hagas - de verdad - es decir, no basta con que lo desees y lo pienses, como tal vez lo has hecho antes, manteniéndolo dentro de la oscuridad de tu ser, en el mismo lugar donde tal vez se encuentran tus dudas y tormentos. Esta invitación que tú le harás a Jesús, si así lo deseas, y cuando lo desees, necesita recibir un rayo de luz ahora mismo para que Jesús, Dios y tu propia persona lo escuchen, porque el Espíritu Santo aún no vive dentro de ti y, por tanto, sin Él no nos responde. (Ver *Romanos 10:11-13*).

Por ello, si deseas conectarte con Dios es necesario que lo invoques y lo declares, invitando a Jesús a hacer morada dentro de ti, pronunciando con voz clara e inteligible y a un volumen en el que puedas escucharte, que deseas traer a Jesucristo a tu corazón y vida para que te guíe por los caminos perfectos que Él tiene preparados para ti, porque confías y deseas creer aún más y más, que Él es quien dice que es: el Hijo de Dios y que, por esa razón, tiene potestad para hacer todo lo que ofrece y entregar toda clase de bendiciones para ti y que tú así lo recibes.

Para este propósito de bendición, para ti y los tuyos, por todas las generaciones posteriores a ti, te entrego una simple oración que, si así lo deseas, la puedes decir con todo tu corazón, en la tranquilidad de tu privacidad y en voz alta. Esta es la oración:

*Jesucristo,*
*Te reconozco como el Hijo de Dios,*
*Gracias por tu sacrificio en la cruz,*
*el cual hiciste para que yo creyese en ti y*
*recibiese el amor que Dios tiene para mí,*
*Ven, te necesito, hazte mi Señor y toma el control de mi vida,*
*guía mis pasos, me abro a recibirte,*
*hazte cargo de mí porque sin ti, no puedo, nada sé, y nada veo,*
*perdona mis pecados,*
*permanece en mi corazón por siempre,*
*y haz de mí conforme a tu sagrada voluntad,*
*Amén y amén.*

Me gusta muchísimo siempre aclarar, que esta oración es sólo una guía o sugerencia que te entrego, porque la mejor y más verdadera oración es la que dirás con tus propias palabras y que sale del fondo de tu acongojado corazón, porque si hay algo que Dios conoce y escudriña, son los corazones, y el tuyo lo conoce perfectamente también, siendo que Él te creó.

Haciendo esta oración, pudiese decirte ahora mismo que, el objetivo ha sido cumplido y que ahora el trabajo le toca a Dios, procurándote el esfuerzo y guiándote en tu conocimiento de quien es Jesús en principio.

Ya no hay nada más que yo pueda decirte que supere lo que está dicho en su palabra y más aún, lo que recibirás desde hoy en adelante, a través del Espíritu Santo de Dios, que hará residencia en ti, haciendo justicia y redención, con tu condición de persona divorciada o quien quiera que seas, y esto lo sé porque ésta es parte de mi propia historia. Sin embargo, tengo muchos deseos de seguir compartiendo contigo para tu mejor comprensión acerca del proceso por el que pasarás, pues yo también lo viví y, gracias a la gracia de Dios y mi compromiso con Él, ahora comparto mi experiencia, como no me cabe duda de que tú también lo harás, de acuerdo a como te será entregado el día que recibas la bendición y posteriormente la unción de Dios, en Cristo.

*A pesar de haberme divorciado,*
*Dios no me condenó, más bien me amó,*
*nunca había dejado de amarme*
*y sólo esperaba que en Él*
*yo pusiese mi confianza,*
*para encontrar la paz y el amor*
*que siempre anhelé,*
*y también la vida que siempre soñé...*

Te invito entonces a que revisemos juntos en el próximo capítulo, lo que Dios opina del divorcio, porque no es lo mismo que lo que Dios opina de sus amados divorciados, y esto es bueno saberlo para tu nuevo caminar por la vida de la mano de Dios en Cristo Jesús.

# II.

# El matrimonio, el divorcio, Dios y yo

[30]Y amarás al Señor tu Dios con todo tu corazón, y con toda tu alma, y con toda tu mente, y con toda tu fuerza
[31] El segundo es éste: Amarás a tu prójimo como a ti mismo. No hay otro mandamiento mayor que éstos.

**Marcos 12:30-31**
**La Biblia de las Américas (LBLA)**

Si bien es cierto que Dios ama a los divorciados - y de ello no me queda la menor duda - también es necesario que sepamos que con esa misma intensidad, Dios aborrece el divorcio, y paradójicamente, esto es así, debido a su gran amor, porque todo lo que no nos trae bien, es detestable y abominable a sus ojos. Dios nos ama porque somos parte de su creación y con ese mismo amor creó su orden para garantizarnos el bien. Ese orden - o ley superior - fue hecho para regir por encima de todo aquello que gracias a Él tiene vida o existe en el universo, el cual es suyo, incluyendo al hombre y a esta humanidad a la que entregó el mundo para trabajarlo y multiplicar sus frutos, pero no para hacerlo por encima de Él sino por debajo de Él, como pudiese ser graficado en una escala u organigrama de autoridad, dentro de cualquier organización o sistema.

Cuando logramos aceptar la posición superior y de suprema autoridad y sabiduría de Dios, se nos hace más fácil entender las advertencias que nos entrega a través de su palabra, la cual no tiene objeto que refutemos, porque haciendo esto no ganamos nada. En realidad, nosotros simplemente debemos acatar sus instrucciones como hijos obedientes frente a un Padre sabio, todopoderoso y protector; sin embargo, por naturaleza y modelaje mundano, no desarrollamos esta humildad de corazón que nos impide admitir que Él es quien tiene la razón, porque es dueño absoluto de la verdad. Adicionalmente, nos resulta aún más difícil reconocerlo en la figura de Jesús, quien no se parece, en lo absoluto, al concepto de los héroes del cine y los reyes de los cuentos a los que estamos acostumbrados. Así, comenzamos a andar por un camino de rebelión que nos prepararon para que no recibiésemos a Dios, quien es bueno, perfecto y, por ello, no deberíamos buscar más opciones, porque ninguna otra funciona con su integral perfección y provisión.

Dios ama a la humanidad, pero de modo específico e individual, es decir, con atención hacia cada ser humano como ser único y especial sobre el cual desea derramar su ilimitado amor, bendición y paz; por ello, repudia todo lo que la misma humanidad - o ciertos hombres - crea o hace retando su sabiduría suprema en materias de su entera especialidad, como lo son el amor y el bien. En consecuencia, cuando actuamos de acuerdo a conceptos o filosofías de hombres que nos invitan a traspasar los límites de Dios como un acto de rebeldía, entonces allí, fuera de Él, no tenemos garantizada la seguridad, la expansión, el crecimiento, la bendición y tampoco el cielo. Ir en contradicción con el orden amoroso creado por Dios para nuestro bien único y exclusivo, es riesgoso porque, irremediablemente, enfrentaremos las consecuencias que Dios deseaba ahorrarnos.

Dios creó el matrimonio, pero no creó el divorcio porque su idea es que la unión del hombre y la mujer en matrimonio, perdure para toda la vida. Dios nos hizo para vivir casados y no para vivir divorciados. Él creó el matrimonio para amarse, complementarse, multiplicarse, crecer juntos y para ver al núcleo familiar desarrollarse como una especie de sociedad amorosa; pero porque no hay amor desde el principio, no lo hay tampoco dentro, haciendo que el matrimonio fracase y sobrevenga el divorcio. De tal manera, la ruptura surge como consecuencia de que la unión no se edificó sobre la base del verdadero amor y compromiso respondiendo al plan divino de

Dios, por ello, la entrega entre los cónyuges ocurre en desamor, es decir, en forma limitada, egoísta, interesada o superficial, por la sencilla razón de que Cristo no fue invitado a participar desde el comienzo de esa relación.

El matrimonio, según los hombres o el mundo, está diseñado para dos: hombre y mujer, a pesar de que hoy se acepta lo que sea, para reafirmar nuestra rebelión, aunque todos sabemos en el fondo, que toda ley apartada de Dios aunque sea legal, no es buena, por sus efectos en nosotros; mientras que el matrimonio para los cristianos en Jesús, se produce entre tres: el hombre, su mujer y Dios como cabeza de la relación y de ese hogar en el que vendrán los hijos.

Cuando Jesús entra a hacer residencia dentro de nuestros corazones, es cuando tenemos la facultad de conocer el amor más grande que prevalece sobre toda otra relación, es decir, en el momento de nuestro enlace con Dios a través de Jesucristo, es cuando se produce el primer o más elevado nivel de matrimonio o comunión posible, el cual es primero con Dios, y nos facilita el cumplimiento de su petición de amar a nuestro cónyuge, tanto como nos pide amarnos a nosotros mismos. En un sentido, el amor de pareja se produce, se administra y se manifiesta de acuerdo al compromiso que hemos adquirido primeramente con Dios, quien es la única tercera persona envuelta en esta unión y ésta es la clave del éxito del matrimonio cristiano.

Basta que uno solo de los cónyuges no esté comprometido en el matrimonio, entregándose a sí mismo y por completo - por la razón que sea - para que allí no exista un matrimonio de verdad y fracase, pues uno solo no es suficiente para estar casado y sostener la estructura y el peso de un matrimonio; de esa forma, sólo será una relación legalizada donde habrá ventajas y donde las obligaciones que exige el verdadero matrimonio no podrán ser cumplidas, no porque no se quiera sino porque no hay amor, ni equipo, ni trabajo en conjunto. En un ambiente así, nacen muchos hijos en el mundo que tampoco pueden ser amados adecuadamente, porque quien no tiene amor no puede darlo, sea a quien fuere, incluyéndose a sí mismo.

Sorprendentemente, en el matrimonio cristiano, el amor no surge a partir del romance o enamoramiento, como lo entiende el mundo, ya que éste surge después, porque - como he dicho - en realidad comienza cuando amamos a Dios. Cuando amamos a Dios y podemos percibir su amor gracias a Jesucristo en nuestro Espíritu, es cuando nace la primera y más clave relación entre el Padre Celestial y nuestro ser, por la gracia de la fe en Jesús. Cuando esto ocurre, vamos guiados de su mano a recibir el amor de pareja que Él nos procura - si es ésta su voluntad - y, con sumo cuidado, dedicamos tiempo y oportunidades para conocer a esta persona y su entorno primero y suficientemente, hasta validar que ciertamente viene de Dios, antes de dar cualquier paso hacia el enamoramiento. Y esto es importantísimo y además sabio, pues en el enamoramiento, lo que ponemos en juego es nuestro corazón, al que debemos proteger fervientemente. No saben cuánto quise haber sabido esto antes.

Con esta seguridad, reconociendo quién es esa otra persona y lo que representa, pasamos a valorarlo como si se tratase de lo que es, un tesoro muy preciado, porque podemos reconocer que Dios mismo se tomó el trabajo de llamarlo, escogerlo y traerlo a nuestras vidas. Dentro de un ambiente así, lleno del amor y aprecio por la pareja, nacen hijos a quienes se ven como lo que son también, auténticos regalos que el mismo Dios formó dentro de nuestras entrañas, a quienes nos confía para su cuidado y tutela, lo cual se resume en amarlos. Amamos a nuestros hijos porque ahora reconocemos que cada uno de ellos viene de Dios, y de manera muy particular, porque mis amigos queridos, no podemos hacer más que el amor, para luego recibir la gran sorpresa de saber que traeremos un hijo al mundo; quien siempre representará una prueba de amor y de lo que tenemos en el corazón.

No es mi intención en este momento tocar el tema de la paternidad y la auto-estima del cristiano, aunque me interesan muchísimo, pero ahora me conformo con que esto que comparto contigo, te abra muchos horizontes sobre estos aspectos que son tan fundamentales, especialmente para nosotros los divorciados, en este nuevo camino hacia la victoria en toda relación que comienza con Dios, para luego pasar a la relación íntima con nosotros mismos y, por último, con los demás.

Aún cuando el divorcio le pone fin a la mentira, es decir, a la unión matrimonial que se produjo sin amor - por lo cual algunos pudiesen considerarlo bueno - en realidad no lo es, porque en lugar de solucionar un problema lo que logra es generar muchos más y muy complicados, lo que está en contradicción a lo que ocurre dentro del reino de Dios, donde ningún paso ni ninguna alternativa guiada en verdadera cristiandad, puede generar efectos dañinos ni siquiera a cien mil kilómetros de distancia y en esto Dios es radical. Sin Jesús andamos por nuestra cuenta, tomamos nuestras decisiones y solucionamos nuestros problemas a nuestro modo, y cuando es así - sin lugar a dudas - no hay bendición ni obtenemos buenos resultados. Idealmente - y este es mi deseo - la experiencia del divorcio debe servirnos y llevarnos a buscar a Dios a través de Jesús para que, entonces, reflexionando (ayudados del Espíritu Santo), dentro de una perspectiva realista - o en blanco y negro como digo yo - acerca de aquello en lo que fallamos, nuestras culpas y sentimientos dañinos que ocasionaron este terrible desenlace, podamos arrepentirnos y reconciliarnos con Dios en Cristo, e iniciar ese camino espléndido que ahora nos depara, y en el que podremos caminar junto a nuestros hijos, si los tenemos.

Aclaro que cuando menciono la expresión "en Jesús" o "en Cristo", lo hago porque dentro del argot bíblico, esto indica que la acción física o mental es ejecutada por alguien que lleva a Jesús vivo dentro de sí, porque lo ha aceptado y lo ha invitado a tomar las riendas de su vida y corazón y por tanto esta guiado por el Espíritu Santo que reside dentro de sí. También es bueno aclarar que cuando uso la palabra "bueno", me refiero en esencia, no a lo que es bueno para mí o según mi criterio, sino a lo que se ajusta a las muchas, sabias y amorosas peticiones que Dios nos hace y que han quedado selladas en el texto bíblico.

En principio el hombre creó el divorcio para liberarse de las ataduras y celebrar nuevas uniones matrimoniales. Desde el tiempo de Moisés existió el divorcio y, como dijo el mismo Jesús, surgió debido a la dureza en los corazones de los hombres, que fueron guiados por sus necesidades egoístas, es decir, por su falta de amor y afecto verdadero. El divorcio fue aceptado por la ley de Moisés, pero no es parte de la ley de Dios, la cual no puede contradecirse, porque la Ley de Dios fue hecha por Él con la intención de protegernos, en particular, en cuanto al tema que nos concierne acá, de la promiscuidad y del adulterio. La Ley de Dios trae bien y es para el bien de unos y otros, pero no para la ventaja de algunos sobre otros.

Nosotros nos divorciamos por las mismas razones que nos casamos. Cuando vamos al matrimonio por razones superfluas, nos divorciamos por razones superfluas y cuando lo hacemos por razones de peso, también nos separamos por razones de peso. Hay quienes se casaron enamorados y se divorciaron porque el supuesto enamoramiento se desvaneció o se esfumó, lo que - en definitiva - significa que no nació ni creció sobre bases sólidas, no tenía raíz ni fundamento en Jesús. Es muy interesante observar las diferentes excusas que nos damos frente al divorcio: que ya no me gusta, que ya no siento mariposas en el estómago, que no hay admiración, que se acabó el amor, que el exceso de control, que la incompatibilidad sexual, que hay alguien más interesante merodeando por allí, que hay mucho más que ver allá afuera, que ya no pensamos de la misma manera, que sus objetivos son diferentes a los míos, que no andamos en la misma dirección, que me he superado y mi pareja no se ajusta a mi nuevo nivel, que tengo mucho atractivo y merezco a alguien que me proporcione mejores cosas y me luzca como un trofeo, que soy mejor que él o ella, que estoy cansado de lo mismo y quiero variedad, y así continúa una larga lista de razones y justificaciones que nos llevan a evidenciar que el egoísmo se impuso porque - en realidad - el amor siempre estuvo ausente.

Existen algunos casos más intensos donde la pareja, a pesar de haber intentado lo posible para salvar un matrimonio carente de amor, termina separándose por situaciones extremas, porque éstas afectan y ponen en riesgo la salud física y mental de los miembros de la familia. Dios detesta el divorcio tanto como detesta cualquier forma de abuso, opresión, crueldad, servilismo, hipocresía, violencia o maltrato físico y/o verbal, manipulación, agresión, engaño, infidelidad, homosexualidad, ofensas, irresponsabilidad en el hogar, alcoholismo y otras adicciones, burla o minimización hacia la persona, incesto, el abandono o maltrato de los hijos, o darles dañinos ejemplos. Todas ellas, son sólo algunas de las tantas abominaciones que distan del amor.

Dios no ha puesto a ningún ser humano a ejercer dominio o control sobre otro, ejerciendo la autoridad amorosa que sólo le pertenece a Él, ni siquiera porque alguno ocupe una posición situacional de poder o privilegio. Nuestro Señor Jesús, siendo absoluto y todopoderoso, nos dio el mejor ejemplo de amor, servicio, justicia y perdón, sin devolver siquiera con la misma moneda el perjuicio, daño y persecución que recibió.

Todos somos creación de Dios, por tanto, ninguno, bajo banderas hipócritas o de falso amor, debería ejercer dominio y control sobre otro ser, mucho menos si se encuentra en una posición situacional de ventaja. No nos quede duda de que toda ocasión es usada por Dios como una oportunidad para observar lo que hay en nuestros corazones, lo cual Él hace muy fácilmente, por su naturaleza omnisciente, que todo ve, todo oye y todo sabe. Basta con recibir a Cristo y leer lo que nos dice la Santa Palabra en la Biblia, para que podamos enterarnos de cómo ocurre esto y, además, podamos verlo en el mundo real, sin parches, ni velos cubriendo apariencias sociales, porque donde está el amor de Dios, todo está lleno de amor, y no hay espacios vacios.

Por más que lo deseemos, queramos encubrirlo o nos hayan dicho lo contrario, la verdad es que en un hogar donde se producen ese tipo de situaciones, evidentemente, Dios no cohabita. Sin embargo, nunca es tarde y aún un hogar como éste puede ser salvado, si los esposos se ponen de acuerdo e invitan a Jesús a tomar control de ese hogar y a entrar en sus corazones. En este caso, no tengo la menor duda que tendrán éxito, si lo hacen en total sinceridad, sin restricciones mentales o razonamientos mundanos y trabajo intenso en el corazón.

Dios es justo y conoce nuestras circunstancias y las situaciones por las que atravesamos cuando estábamos en sumisión al mundo y sus matrimonios irreales, donde sólo uno de los cónyuges había realmente adquirido el compromiso, mientras que el otro permanecía viviendo para sí mismo, o tal vez donde ninguno de los dos lo asumía. Someternos y castrarnos, entregando el regalo de nuestra vida a seres que no miran hacia fuera de sí mismos y no aceptan ayuda, especialmente con Jesucristo, es un abuso y quien lo acepta, actúa con servilismo e idolatría, siendo todos abominación, pues nadie más que Dios debe ocupar supremacía en nuestros corazones y en nuestro hogar. Dios entiende de dónde venimos y el caos manifestado antes y durante el matrimonio y aún cuando no es esto lo que nos esperaba en su regazo, todavía nos entiende y nos consuela cuando llegamos a Él, al descubierto y sin caretas.

Aceptar maltratos hacia nosotros o hacia nuestros hijos, sin realmente hacer nada y bajo la bandera del falso amor, es un asunto grave que atenta contra nuestra salud física y mental, siendo indicador de la carencia total de Dios, su desconocimiento y falta de fe y desconfianza en su provisión y protección para recomenzar de nuevo o mientras la situación se corrige en Cristo. Estas situaciones ocurren debido a un sinfín de causas, entre las cuales están la ignorancia de La Palabra y, en consecuencia, la ausencia o nula autoestima, que nos conducen a la idolatría de quien nos somete y de pecado sobre los hijos, a quienes se les trunca el futuro entregándoles una triste realidad como vida, cuyos efectos les toca sufrir tarde o temprano. Este asunto es muy delicado y si no tomamos la decisión necesaria en su momento, es muy probable que lo que aprenden de estas experiencias todas las víctimas (cónyuges e hijos), se repita en cadena, de generación en generación, padeciendo porque otros anularon sus derechos de disfrutar del plan amoroso de la vida en paz que Dios, sin lugar a dudas, tenía preparada para cada uno de ellos. Esto es como un renunciar al amor de Dios y sujetarse al desamor como una posibilidad de subsistencia, lo que significa no vivir.

Y tú te preguntarás si estoy de acuerdo con el divorcio, a pesar de haberlo vivido dos veces, y yo te digo: ¡NO!, rotundamente no lo estoy, aunque reconozco muchas de las razones por las cuales sucede y las puedo entender, te aseguro, como mujer cristiana y convertida por la gracia de Cristo, que este horror, sencillamente, no debía suceder.

Sin embargo, Dios nos insta a no quedarnos atrapados en nuestros errores. Para superar y aprender de la terrible experiencia del divorcio y no repetirla, necesitamos reconocer las condiciones, actitudes, expectativas y creencias con las que entramos en el matrimonio, siendo el asunto más serio el hecho de que no teníamos amor por Dios. Queramos aceptarlo o no, Dios es recíproco, es decir, Él no nos provee si nosotros no lo buscamos, si no se lo permitimos y no recibimos su regalo de salvación, verdad, amor y consejo. Sin Dios, no podemos ser capaces de entender el amor, ni siquiera el amor por nosotros mismos, mucho menos ser capaces de comprender el amor especial de alguien que nos considera valiosos y de alta estima, cuando esta persona llega a muestras vidas para bendecirlas.

Nos divorciamos porque fuimos obstinados y padecimos las consecuencias del desacato que aprendimos. No supimos que fuimos rebeldes, sino que aprendimos a pensar que Dios no existía, que no nos hacía falta, ni valía la pena o que si existía no teníamos que involucrarlo en el área del amor, la atracción y la pasión, sino únicamente el día en que nos vestíamos de blanco y traje para encontrarnos con Él en la ceremonia, pues ni siquiera para la fiesta fue cordialmente invitado. Así, desestimando a Dios, entramos en el matrimonio a la carrera, apurados y sin esperar conocer a quien nos uniríamos de por vida, como nos enseña este mundo caracterizado por la rapidez, empezamos experiencias que, en nuestros casos resultaron fallidas y terminamos divorciados. No conocíamos a Dios sino que oíamos al mundo y con esa misma actitud, no confiamos en Él sino en nuestro poder y capacidad de arreglar las cosas y a los esposos o esposas si las cosas comenzaban a ir mal. Llegamos a pensar que haciendo uso de una especie de inteligencia superior y especial que suponíamos poseer, junto a la implementación de técnicas y recetas de cualquier origen y consideradas infalibles, íbamos a poder resolver los problemas y a vencer los obstáculos, pero no fue así. Yo de hecho llegué a pensar que tenía una capacidad o habilidad especial para cambiar a la gente y modelarla de acuerdo a mis necesidades, pero en Cristo pronto supe que no era así.

Nadie cambia a otra persona, por la sencilla razón de que no tenemos el poder que solo el Espíritu Santo puede ejercer dentro de ellos, ya que el cambio proviene siempre de adentro y se refleja hacia afuera y no se da por imposición de otros, mucho menos cuando no nos han demostrado el amor de Dios. La ciencia implementa sus tratamientos y trata de controlar la carencia de amor - traducida en depresión, ansiedad, pánicos, miedos y otros estados emocionales - con el uso de químicos y terapias, mas no tiene la cura ni resuelve el problema porque, en definitiva, ninguna medicina o técnica tiene la facultad de llenar los vacios profundos que ocasiona la carencia de amor que padece el ser humano, según es su experiencia muy particular, en cada una de las facetas de su vida (familia, matrimonio, profesión u ocupación, vida social, recreación, deportes).

El amor que verdaderamente satisface nuestra necesidad de ser amados y de amar, es no sólo extremadamente necesario para nuestro equilibrio como individuos, sino que además es posible cuando lo hemos recibido de arriba, porque será como el amor de Dios y no como el amor según nosotros o lo que hemos aprendido que es el amor fuera de Él.

Todo individuo necesita recibir y dar amor; el punto es que de alguna manera pareciese que estamos sólo entrenados para recibir amor y no para darlo; mucho menos para darlo, pero no como pago, obligación o con interés, sino como un indiscutible atributo con el que nacemos. Este aspecto es fundamental y sólo comprensible desde la perspectiva del amor de Dios, porque esa necesidad de amar y ser amados viene de Dios, es decir, nos la da desde que nacemos, y como nunca es satisfecha como Él solo puedo hacerlo, esto se constituye en la fuerza que nos conduce a esta búsqueda tan vital, de Dios; recordemos que Jesús nos dice que, bendecidos serán los hambrientos y sedientos de amor y de justicia, porque ellos podrán encontrar a Dios.

Las secuelas dejadas en nuestro corazón por recibir amor de baja calidad - que es igual a no recibirlo - determinan nuestra auto-estima y auto-concepto; de igual manera, la baja o nula calidad de una respuesta positiva frente a nuestras muestras de amor, también repercuten en nuestro propio concepto y estima. Así, según son las experiencias de amor o desamor que obtenemos desde que somos bebés, hasta que nos convertimos en adultos y nos hacemos viejos, nos marcan y nos permiten dar o no dar amor. Si recibimos el amor de Dios, lo podemos dar multiplicado, porque es un amor que nos nutre, rellena y rebosa. Por el contrario, si no recibimos el amor de Dios, sino según el mundo, esto nos impide entregarlo con calidad, porque nos fue entregado limitado, condicional o pobremente y así, inadecuadamente alimentado, creció distorsionado y fallo, por lo cual no funcionó. Hoy tenemos en Jesús el único vínculo posible para poder llenar todo surco y todo vacío de amor en nosotros, a consecuencia de nuestra ruptura con Dios, el cual es posible sólo recibiendo a Jesús y su significado y con Él su máximo regalo, el del Espíritu Santo, porque lo entendamos o no, la verdad es que el amor es un asunto de vida o muerte.

Porque entramos al matrimonio sin el amor de Dios, éste fracasó y se disolvió porque fue falso, ya que el amor nunca se acaba ni muere, como dice *Corintios 13*, porque para el padre que tiene amor es imposible dejar de amar a los hijos, pues sabemos que este amor se entrega de manera incondicional y de por vida, no importando lo que suceda, hagan o en quienes se conviertan; de igual modo, no se puede dejar de amar a un esposo o esposa o ex-s, que alguna vez se amó, porque el verdadero amor no muere, como no muere Dios. Entender esto nos ayuda a comprender las cicatrices que llevamos en el corazón, quienes tenemos el privilegio de tenerlas y, además, de subsanarlas con la gracia de Dios; pero yendo más allá, esto también nos permite entender el amor incondicional e inmortal de Dios hacia nosotros, porque éste puede irse si es despreciado, pero al no ser como nosotros, porque en verdad nos ama, regresa apenas se da el paso de llamarlo, a través del único enlace que nos ha entregado con el sacrificio amoroso de Jesús.

No se malinterprete aquí que estoy intentando decir que debemos regresar con el ex esposo o ex-esposa, porque me estoy refiriendo es a Dios, quien es el que regresa a nosotros, aún cuando lo habíamos despachado a causa de nuestro desconocimiento, rebeldía y/o desobediencia, quien al ver nuestro arrepentimiento y súplica de perdón verdadero por la fuerza de Cristo, no lo duda y nos rescata de nuevo; sin embargo, si fuese el caso de lo ex-esposos, esta re-unión tendría que producirse después de una comprobada demostración de que Cristo ha entrado a hacer residencia en ambos corazones y se ha generado una renovación cierta (lo cual es únicamente probable de saber por Dios y los involucrados), y siempre que no se hayan contraído nuevos matrimonios.

Toda experiencia afectuosa nos marca, y nos afecta en todos los ámbitos, porque necesitamos la presencia del amor en nuestro hogar, en el colegio, la universidad, el trabajo, en nuestras amistades, círculos sociales y de negocios y, muy especialmente, en nuestra relación conyugal. Por supuesto que estamos hablando del mismo amor, pero en sus distintas tonalidades. Cada una de estas áreas de la vida nos proporcionan y obtienen de nosotros una muestra de amor que nos hacen ser quienes somos, pudiendo llegar a hacernos hasta duros y despiadados cuando crecemos recibiendo lo que ofrece el mundo carente de Dios, que no cree que en Nuestro Creador está la provisión del amor, o mejor dicho, que es el sinónimo mismo del amor, manifestado en todas sus formas.

Ese cúmulo de experiencias determina nuestras herramientas para interactuar con otros a cualquier nivel, por tanto, ¿cuán victorioso será un joven nacido y criado en un hogar donde el amor en Jesucristo es sólido y, además, la guía para ejercer los demás roles amorosos dentro del hogar que son los más básicos, sabiendo que cuando sale al mundo lo hace bajo el paraguas del amor protector de - nada más y nada menos que - Dios? En este aspecto, tengo un ejemplo muy cercano y se trata de un joven virtuoso en el que se ha desarrollado, no sólo un gran sentido del auto-valor y respeto hacia el valor de los demás, sino que, además, es amoroso, piadoso, perdonador y confiado en Dios, con la capacidad para vivir disfrutando el hoy con gran agradecimiento y mirando hacia un futuro sin fronteras de ninguna naturaleza, más que las que el mismo Dios decida poner y así lo acepta porque sabe que será para su bien, y él hace bien asumiendo esta actitud, porque nosotros lo que podemos hacer es organizarnos, tomar acciones y ejecutarlas, mas quien decide es Dios.

Conociendo a Jesucristo, los que antes nos consideramos tontos o ilusos, dejamos de serlo, pues con Él ganamos una especie de sabiduría nueva que no teníamos, que ahora nos permite ver la luz donde ésta alumbra y la oscuridad donde hay ausencia de luz, logrando también desarrollar la capacidad de llamar a las cosas por su nombre, de amar a todos los seres humanos por encima de las diferencias y de entender los errores como lo que son, aceptando con agrado que no somos perfectos, ni crecimos en lugares ideales, así como que tampoco hay errores mejores que otros.

Antes, no pudimos hacer nada con respecto a la responsabilidad que tenían quienes debían amarnos y, en consecuencia, enseñarnos también a amar; tampoco pudimos hacer nada más que orar (si lo supimos hacer), cuando los vimos enfrentar las consecuencias de esta carencia en sus propias vidas. Nada más que arrepentirnos es lo que podemos hacer respecto al pasado, debido a las decisiones equivocadas que tomamos nosotros mismos cuando actuamos sin Dios, basados en las creencias que habíamos aceptado desde antes. Todo individuo adulto ahora, es responsable de su relación con Dios, por tanto, cada uno de nosotros no podemos hacer más que dar cuenta de nuestras propias vidas. Sin embargo, sí podemos hacer muchísimo con respecto a nuestro futuro y en caso de que vayamos a un nuevo matrimonio, entonces lo que podemos insistir en evitar ahora es, casarnos sin previa preparación en Cristo. Los invito a leer la parábola de la casa sobre la roca, en *Mateo 7:24-27*.

Sin Cristo, la verdad está encubierta por un velo que no nos deja ver la realidad; es algo así como la mujer casada con el infiel o el hombre mentiroso que la engaña una y otra vez y ella le cree todas las excusas que le da, aún cuando por dentro sabe que las cosas no andan bien, pero no hace nada porque le cree al mentiroso. Es también como el que piensa que haciendo un negocio tomando ventaja o robando, se va a hacer próspero y con ello va a lograr comenzar una vida buena y bendecida, porque se creyó la historia del vecino o de la película que vio en el cine, cuya fantasía duró hasta que cayó en el juego e hizo los trámites de su negocio, para así encontrar el fin de su paz y el comienzo de su esclavitud.

El renacimiento con Jesucristo viene con todo, con despertar del alma y apertura de ojos a un nuevo panorama que se abre y donde la verdad comienza a vislumbrarse y a descubrirse, sin nosotros hacer grandes e imposibles esfuerzos. Uno de los regalos más hermosos que recibimos es la nueva y fresca posibilidad de amar en realidad y de poder descubrir cuando somos o no amados, según el concepto de amor divino. Recordemos que Dios es amor y también es verdad, en el sentido más puro de ambas palabras.

La mayoría de quienes venimos de hogares no cristianos en verdad, estamos más propensos a fracasar en el matrimonio y en las relaciones, que aquellos que vienen de hogares realmente cristianos; y digo más propensos y no exentos porque no hay garantía de éxito, pues también hemos visto divorcios y problemas produciéndose dentro de la comunidad cristiana, porque todos somos blanco del ataque de la maldad, es decir, del que no tiene a Dios, aunque ahora al demonio lo podemos descubrir muy claramente.

Dentro de un hogar verdaderamente cristiano, Jesús está puesto por las autoridades de esa casa como la cabeza, consuelo y guía. En este hogar, sin caer en extremos religiosos, innecesarios o como venidos de otro planeta, el amor que realmente prevalece es el amor de Dios, que no es como el mundo lo define, sino como Dios lo establece, es decir, dulce, cándido, bondadoso, completo, firme, sólido, estable, seguro, comprometido, compasivo, perdonador, instructivo, involucrado, y absoluto, que no tiene más requisitos sino la verdadera acción y práctica del bien y del amor.

A pesar de ser divorciados tenemos que insistir en el ejemplo del buen matrimonio para nuestros hijos, pues crecer viendo a los padres amarse cariñosamente, respetuosamente, orando, subsanando los problemas siguiendo el consejo bíblico e intentando en lo posible dar, por el simple interés del bien del compañero, son en general algunos de los muchos ejemplos que los hijos aprenden de manera ordinaria y que repetirán en sus vidas seguramente. Porque del modo en que somos tratados en casa y amados primeramente por nuestros padres, tutores o hermanos mayores, será lo que buscaremos y aceptaremos como nuestro estándar de amor más tarde en una relación matrimonial, de amistad, de negocios y de trabajo, principalmente. No aceptaremos nada inferior a lo que hemos visto y aprendido, pues para nosotros ése es el verdadero amor, el que conocemos, el que nos enseñaron, con el cual ya estamos familiarizados y esto aplica para todos y en todo.

Por esta razón es que es tan necesario reaprender y recomenzar, entendiendo que el amor es como una forma de valor (auto-valor y auto-concepto) que sólo Dios puede sanar actuando dentro de nosotros, para permitirnos vernos como esa persona que Él siempre quiso que fuésemos, antes de que las circunstancias y la mentira se empeñaran en destruir.

Dios nos llena por dentro y en respuesta a este llenado es que logramos amar a Dios primero, porque nos devuelve, entre otras bendiciones, el valor y las facultades particulares que nos dio al crearnos, en correspondencia con su propósito para nosotros. A pesar de nuestras vivencias, Él aún nos reconoce y nos acepta, porque venimos de Él y vamos a Él en Jesús. Es oportuno aquí mencionar el ejemplo del billete de cien dólares que, a pesar de estar manchado porque cayó en lugares sucios donde tal vez fue hasta pisoteado, cuando es recogido del piso, sacudido y limpiado, nos permite ver que sigue teniendo su valor original, pues no pudo ser despojado de su valor, porque nadie puede quitarle el valor que le fue atribuido cuando fue creado. Así mismo sucede entre nosotros y Dios, una vez que regresamos a Él, aceptando el regalo de Jesús, nos limpia y nos reviste como nuevos, porque Él conoce el valor que nos dio y, en consecuencia, nos rescata y nos da nuestra porción.

El divorcio debe ser menos factible en hogares cristianos porque en ellos existe el atrevimiento y los bríos de enseñar, tanto a niños como niñas por igual - a pesar del modernismo y el destape exacerbado al que todos estamos expuestos - que con Jesús tienen más del amor que necesitan y esto les da la capacidad de esperar hasta que llegue la persona especial que, con seguridad, Dios está preparando para ellos, con la cual se unirán en un matrimonio que, además, será para toda la vida.

A los jóvenes cristianos se les educa para el matrimonio y se les enseña cómo evitar el divorcio y además sobre las consecuencias del divorcio, las cuales logran observar con cuidado porque están llenos por dentro del amor de Cristo en el Espíritu Santo, que los colma de fe y seguridad de que Dios si está escuchando sus peticiones y trabajando para proveerlos, a la vez que les proporciona la capacidad de absorber muchas otras enseñanzas que los preparan para una vida en paz y completa, en general.

Permítanme una breve aclaratoria aquí. Una vida cristiana no implica convertirse en cura, monja o pastor de iglesia única y exclusivamente, porque esto se refiere a denominaciones de cargos o trabajos que algunos escogen ejercer, respondiendo a su vocación o llamado. Cuando me refiero a una vida cristiana, lo que esto involucra es la experiencia de tener a Dios con nosotros mientras desarrollamos nuestra vida en el hogar, en el trabajo, con las amistades, en el ámbito amoroso, social, cultural, educativo, económico y, en general, en todos y cada uno de ellos. Un cristiano, no porque lo escoge, hace lo bueno, sino que lo hace porque pone en práctica el amor y las enseñanzas que recibe y no porque lo haga, esto significa que sea perfecto o - como se dice en alguna parte – que sea más tonto que los demás, sino que el amor que recibe, el cual reside en su corazón, es quien toma la batuta y dirige su cotidiano andar por este mundo. Un verdadero cristiano vive su día ordinario lleno de verdades, es decir, sin miedo y hablando en sinceridad y si por hacerlo pierde algo, sigue su camino hacia aquello que sabe que el Padre le tiene preparado y para lo cual no amerita engañar a nadie; y en esa seguridad vive.

Cuando hablamos de la verdad en Cristo, no es de la verdad como el mundo la define, esa que es como defender y decir "la verdad de lo que se siente", que sólo por ser el reflejo de los propios sentimientos que pueden ser equivocados o falsos porque se carece del amor de Dios, ya deja de ser verdad, porque no se corresponde con este amor absoluto. Una cosa es decir la verdad y otra es decir "la verdad de lo que se siente", porque cuando esta no es amorosa, pero si personal y por lo tanto subjetiva, entonces amerita ser filtrada y limpiada, usando como tamiz o filtro, la verdad de Dios.

La verdad de Dios es, y aplica para todos de la misma manera, la sintamos o no, nos guste o no, la deseemos o no, la compartamos en acuerdo o no. En muchas ocasiones, la persona mundana ofende a otras usando calificativos y descripciones bajo la bandera de la sinceridad, que confunde con verdad, dejando huellas y efectos nefastos en el que la recibe, generándole además confusión y conflicto interno, porque siendo una mentira, el ser interno no la aprueba o acepta, creando todo un estado de conmoción que puede llevar al resquebrajamiento del sistema emocional.

El problema con el mundo y las alejadas verdades de unas personas sobre otras, o juicios, es que, por lo general, están basados en la simple observación, o contactos y acciones breves, lo cual es externo y superficial, o en todo caso, es solo un ejemplo que conlleva a las generalizaciones (buenas o malas). En el amor de Dios, hay integridad, es decir, consistencia entre lo que se dice, hace y habita en el corazón. Hay muchos que no sabemos restringir y controlar nuestras lenguas, ocasionando terribles daños en el corazón de otros, que aún son débiles porque no tienen la fortaleza de Dios en Cristo. Y este es el caso de las ofensas y atropellos faltos de amor, principalmente de quienes tienen cierta autoridad o influencia sobre otros, y que ocurren porque no están preparados en las enseñanzas de Dios para ejercer estos roles.

Pero también hay otro aspecto a considerar, y es el de los deseos desamorosos o mal intencionados hacia otros que nunca prosperan en quienes están cubiertos con la sangre de Cristo, porque humanamente hablando, nadie sino Dios tiene el poder de cambiar el curso de nuestras vidas. La fuerza de la maldad es un engaño que siempre opera hacia quien lo suelta, ya que todo daño que hacemos con ella es como un decreto que opera en contra de sí mismos.

Me explico: no hay efecto negativo en nosotros cuando llamamos rubia a una persona de cabello, ojos y tez clara, porque es verdad y es así frente a los ojos de todos. El problema viene cuando ponemos etiquetas a otros, basados en nuestro propio criterio, o en el juicio aprendido mundanamente de las apariencias, como si nosotros fuésemos los dueños de la verdad y jueces, cometiendo el grave error frente a Dios, de aniquilar la personalidad de otros que son también su creación; como lo que hacemos, cuando por ejemplo generalizamos al decir que todas las mujeres rubias no tienen nada en la cabeza, lo cual no es verdad.

Hay mujeres que son hermosas, pero que están imposibilitadas de ver su belleza porque nadie se los dijo cuando eran pequeñas (que es cuando se forma el auto-concepto), o porque recibieron opiniones diferentes, según el gusto de quienes no tenían el amor de Dios, cuando sus padres o tutores no les ayudaron a formar su verdadero o un sano auto-concepto, el cual siendo débil o inexistente (porque no conocía su identidad en Cristo, y esto es un tema bíblico), terminaron creyéndole a los primeros que les hablaron, proporcionándoles información de cómo se veían o lucían en su apariencia, porque no fueron vistas con los ojos del amor, que son los ojos del Espíritu Santo.

Lo mismo aplica para la identificación sexual y esto es un tema bien delicado e importante, porque quien le presente primero el tema de la sexualidad a un pequeñito, éste crea el impacto e inyecta la creencia, por ello es peligrosísimo no hacerlo desde la perspectiva del amor de Dios y por supuesto de mano de los padres primeramente y a muy temprana edad, para fijar conceptos sanos y adecuados, los cuales deberán ser reforzados con el temprano modelaje y la orientación adecuada; pero este no es el punto en el que deseo concentrarme ahora mismo.

El mundo, según sus muchos objetivos alejados del amor, habla sin pensar, hace cosas que hieren, y también define perfiles y modas con objetivos comerciales, cerrando de esa forma nuestras opciones y encasillándonos, porque si no nos ajustamos, y entramos en esos estándares y colores predefinidos, nos hacen sentir fuera de grupo, lo cual nos importa porque todos buscamos satisfacer nuestro sentido de pertenencia, solo que en este caso es manipulado, porque nos impone la necesidad de parecernos a lo que el mundo ha definido como aceptable, y aquí caemos todos.

La tendencia y lo que desea el mundo es enseñarnos, desde muy jóvenes a perder la identidad individual. Esto lo evidenciamos cuando, sin saber, nos dirigimos a adquirir sus recetas, trajes y posturas para parecernos y ser gustables para otros que, también sin saberlo, han caído en este juego y absorbido estos valores. Y esto sucede con la belleza, la inteligencia, las capacidades, los talentos, las cualidades, las facultades y, en fin, el destino o propósito en la vida que, lamentablemente, puede verse mermado si no se trae a Dios a tomar la batuta como director de esa gran orquesta donde cada músico es dirigido según la parte que le corresponde interpretar en cada pieza del concierto.

Cuando vivimos según el mundo, lo que hacemos en realidad es reflejar hacia los demás o hacia afuera, lo que el mundo nos ha enseñado. Muchos de esos aprendizajes son como fantasmas en la cabeza, porque imposibilitan la práctica del amor verdadero e incondicional que sólo se manifiesta a través de la relación con Jesucristo. Algunos vierten hacia otros esos fantasmas o sentimientos descorazonados, como quien se mira a sí mismo en un espejo; la diferencia es que la verdad del cristiano, no es la verdad propia sino la verdad del amor de Dios, que está escrita y que no acepta la mentira, por ejemplo, no mentir, significa decir la verdad.

El cristiano verdadero es absoluto en relación a sus principios y valores e intenta actuar en concordancia con esa verdad que está relacionada al tema de la honestidad, responsabilidad, respeto e igualdad en todo ámbito. Un cristiano tiene cuidado de sus palabras y se comunica en consonancia para edificar, por ende, hay ausencia de obscenidades, durezas, y palabras hirientes o destructivas.

En realidad, un cristiano es una persona que se divierte y disfruta cada día de la vida como lo que es, un regalo especial que viene de Dios, gozando y amando a su familia, amigos, juegos, deportes y actividades de cualquier naturaleza, y en absoluta libertad, lo que esta caracterizado por la ausencia de exhibicionismo, nudismo, pornografía, soledad, gula, arrogancia, drogas, ebriedad y otros falsos conceptos de la diversión, porque tiene al Espíritu Santo viviendo dentro de sí. No niego que hay muchos queriendo ser verdaderamente cristianos, que aún se encuentran batallando estos males, porque lo que requieren es, no solo ser creyentes de Cristo, sino darse por vencidos de sus propios medios para ganar esas batallas, y entregarse a sí mismos completamente y sin ataduras a Él, entregándole el control total de sus vidas, lo que lo hace su Señor y Salvador, para luego pedirle ser llenados del Espíritu Santo.

Para quien no conoce este tipo de vida de cristiana, esto suena horrible, aburrido y un tormentoso reto a nuestra arrogancia, como me pareció a mí misma que sería, antes de comenzar a vivir esta hermosísima aventura, en la que no hay nada mejor, que colocar la cabeza en la almohada cada noche en la paz del amor, y sabiendo que hoy sembramos con bien y que, al día siguiente, recogeremos lo mismo que sembramos el día anterior.

Yo insisto en decirles que no pretendo pintar falso perfeccionismo en seres humanos, porque no existe la mínima posibilidad de perfección en ninguno de nosotros. Tampoco esperemos ver perfección en los cristianos, para luego desilusionarnos de Dios y Jesús cuando notamos apenas un pequeño, o un muy importante resbalón o equivocación en sus vidas, que intente convencernos de que la cristiandad es nula, o que más bien nos sirva como excusa, porque en realidad estamos viendo el tope del iceberg. Dios no es lo que vemos que le ocurre a los hombres, cuando los que vemos, no tenemos, ni creemos en Jesús en verdad; en este caso el aspecto más crítico de todo este asunto es, no mirar hacia afuera o hacia los demás y lo que hacen, sino mirarnos hacia dentro de nosotros mismos, que es donde la verdadera cristiandad tiene posibilidad de ocurrir. No está fuera de Dios, el amor, la perfección, el orden, y la inteligencia absoluta, de manera que con Jesús, lo que si se nos permite es entrar en esa área, que solo es dirigida y gobernada por Dios, y donde nosotros nos beneficiamos.

La cristiandad no supone recibir la perfección de Dios, sino recibir el amor de Dios, según Él y por toneladas, gracias al sacrificio hecho por Jesús; eso es todo. No seamos crueles con un Dios tan bueno, que observa todas las fallas posibles y existentes en nosotros, pero que cuando ve nuestra fe en Cristo, se alegra tanto que se toma el trabajo de reconstruirnos y no descansa hasta vernos totalmente restaurados. Busquemos ser cuidadosos de no juzgar a personas sino las faltas o situaciones, según lo dice la palabra de Dios; porque la falta es mala, toda vez que limita y aparta a quien la comete de recibir el regalo de Dios, quien nos ama.

Es muy satisfactorio inclusive ver que ni siquiera quienes se dedican a Dios y a ayudar a otros como trabajo a tiempo completo, son ni llegan a ser perfectos por las acciones que practican, porque ya lo vimos antes, no es posible no equivocarse, siempre se falla por dentro o por fuera, un día de una manera y otro día de otra y en asuntos diferentes; porque así hemos sido hechos y ninguno podemos jactarnos de ser perfectos, ya que somos simples seres humanos, gracias a Dios, porque por ejemplo en mi caso, ya yo no deseo ser perfecta, de hecho antes lo intenté y me generó mucho estrés y angustias innecesarias, por eso en esta nueva relación con Dios, me quiero y me acepto en mi simple imperfección y equivocándome y buscando en mi Padre Celestial la luz para andar en el camino que me trae bien a mí.

Sin embargo, lo que sí vale la pena mencionar, es que existe un único detalle que marca la diferencia en el asunto de la perfección y el error, y es que cuando un verdadero cristiano comete una falta según Dios, ésta lo acerca más a Él, ya que sabiendo que no hizo bien, por omisión o sin percatarse, recurre a Él con humildad, arrepentimiento y buscando en Jesucristo al gran ayudador que es el Espíritu Santo, para evitar cometer faltas iguales o parecidas. Recordemos que el cristiano ama a Dios y sabe que la falta o desamor, en verdad hiere a Dios y ¿quién, que en verdad ama, desea herir a su amado?

Lo que hemos revisado hasta aquí nos permite entender nuestra naturaleza en contraposición a la nueva persona que deseamos ser los que buscamos a Dios, porque necesitamos de su gran ayuda para comprender de dónde venimos, las causas del divorcio y porque la necesidad de reconciliarnos con Dios para recibir de Él, la posibilidad de rehacer y restaurar nuestras vidas y dejarlas como nuevas.

En este sentido y retomando el tema del matrimonio, seamos sinceros y reconozcamos que no es lo mismo llegar al matrimonio en oración pidiendo que dure de por vida, con discernimiento, y con todo el deseo en acción de hacerlo especial y funcionar, que entrar contrariados en un matrimonio porque nos enganchamos sexualmente con alguien, porque quedamos embarazadas, porque no llegó nadie mejor, porque vislumbramos ciertos problemas o luces de alerta y aún preferimos seguir ignorando el asunto de acuerdo a nuestro anterior, fallo y falso concepto del amor y, lo que es peor, por la carencia de amor hacia nosotros mismos.

Cuando buscamos entrar al matrimonio por razones amorosas, según el amor de Dios, nuestro Creador nos otorga el privilegio de recibir la capacidad de esperar, sopesar y medir cada uno de nuestros pasos en nuestro camino hacia el matrimonio, debido a tres razones fundamentales: la primera, es que ahora podemos ver nuestro valor como persona; la segunda, porque ahora vemos el preciado valor de todo lo que Dios está logrando en nosotros y no lo deseamos perder; y, en tercer lugar, porque si tenemos hijos o familia en general, éstos son tan amados para nosotros que, en resumidas cuentas, no podemos arriesgar este tesoro que nos ha sido entregado.

Seamos cuidadosos, meditemos y recapacitemos en torno a lo que nos ha traído problemas a nosotros y a otros, pero no para quedarnos allí sino para avanzar; para ello es fundamental y tremenda herramienta de información la que encontramos en la Biblia, donde podemos entender que no debemos entrar en el matrimonio imponiéndonos castigos como prueba de amor, obligándonos a enfrentar dificultades y resolver problemas que traen las personas desde antes, porque se nos va la vida sin lograr resolverlos, por la sencilla razón de que no siendo nosotros los que originamos esos problemas, su solución está fuera de nuestro alcance. No es aconsejable entrar en el matrimonio sabiendo que existen problemas no resueltos, pues ellos pueden desencadenar en divorcio. La pareja en el matrimonio es un complemento, mas no es un bastón o una justificación para encontrarle sentido a la vida, ni una sala de terapia fracasada porque no se toman en cuenta las recomendaciones o peticiones amorosas.

De manera sorprendente, dentro de un hogar verdaderamente cristiano se enseña, tanto a niñas como a niños, el preciado valor de esperar hasta el matrimonio, y estos niños criados con profundo amor, crecen y llegan a ser jóvenes que no detestan a sus padres por esto, ni tampoco consideran estas enseñanzas como un acto criminal de padres controladores y despiadados que desean atentar contra su libertad y naturaleza humana, pues cuando crecen, son ellos quienes deciden mantener esta conducta, haciendo uso de su libertad y convicción, sabiendo los resultados que esto les traerá en el largo plazo. Estos jóvenes aprenden a proteger sus emociones y corazón y los de los otros, lo cual en conjunto consideran valiosísimo. Ellos reciben el amor de Jesús desde muy temprana edad y lo viven en sus casas, aceptando que esto es parte de ser cristianos, de manera que entienden la trascendencia que tiene unirse en el acto sexual con la única persona con la que desean quedar sellados en cuerpo y alma, por el resto de sus días en la tierra.

En el sentido puro y del deber ser, los cristianos que lo son en verdad no ven en el divorcio una solución sino un problema, por sus consecuencias y de esta manera son educados tanto jóvenes como adultos. Así, los jóvenes cristianos van con la idea de resolver juntos los problemas que se puedan presentar y con un verdadero compromiso en el corazón de cumplir con la promesa matrimonial, porque esos votos tienen en la realidad cristiana, el mismo peso de hacerlo ante Dios. De hecho, el matrimonio es un pacto con Dios, pues he dicho que los matrimonios cristianos se hacen entre tres, porque primero se casan con Dios, a través de Jesús, de manera que el primer compromiso de amor es hacia Dios y es en esta relación donde ponen el mayor esfuerzo para lograr que funcione, y como es con Dios, es con el cónyuge y luego con los hijos y así sucesivamente. En el matrimonio cristiano no se entra con la idea de buscar algo para sí mismo, sino con la idea de darse a sí mismos para construir algo juntos, porque se entra con todo lo que se tiene, que es amor y con aquello que proviene del amor de Dios.

Como dije antes, el aspecto sexual es uno de los más delicados de nuestra vida, porque en este acto se compromete el alma y el Espíritu Santo. El alma es nuestro ser interior no bautizado por Dios y el Espíritu Santo es el ser que nos entrega Dios y que viene a hacer residencia dentro nosotros cuando recibimos a Jesucristo. El texto bíblico indica que Dios creó el hombre y luego a la mujer como su compañera y ayuda, tal como dice *Génesis 2:18 (LBLA)* acerca de la formación de la mujer: [18] Y el Señor Dios dijo: No es bueno que el hombre esté solo; le haré una ayuda idónea[a].

Ambos, hombre y mujer se desprenden de sus padres para convertirse en una sola carne a los ojos de Dios, una vez que se juntan en el acto sexual. Esto en sí, es lo que Dios nos entrega como matrimonio, es decir, para Él es importante que nosotros no transgredamos la ley de los hombres como parte que somos de este mundo, y por eso debemos casarnos según la ley, en un acto civil; pero en el mundo espiritual, el matrimonio se produce en tanto y en cuanto le entregamos nuestro ser entero a otra persona, es decir, cuando nos damos en cuerpo y alma. En este aspecto deseo que no me malinterpreten, pues no pretendo desmerecer la legalidad necesaria que debe existir en la unión conyugal, porque a los ojos de Dios es necesario que toda pareja que se ame, se case, porque dentro del círculo mundano en que nos movemos, esto protege tanto a los cónyuges como a los hijos, en relación a sus derechos y privilegios, aunado a que el hombre coloca a su mujer en una situación social donde su reputación está protegida y éste es el valor fundamental que veo en el matrimonio legal en la vida mundana y civil, desde la perspectiva cristiana y a groso modo; sin embargo, en el reino de Dios, los asuntos no se manejan de la misma forma.

Para Dios, donde se toma una decisión tan importante e íntima como la entrega de los cuerpos, ésta debe hacerse por el amor sublime que Él ha diseñado para nosotros, ya que allí y en ese momento se produce una comunión de almas o verdadero matrimonio para Dios, por esa razón, el matrimonio legal o civil debe estar presente. Lo que intento dejar claro es que Dios no desea que nos expongamos y perdamos privilegios y oportunidades porque entramos en este ámbito sin la protección que requerimos, especialmente las mujeres, quienes en realidad somos las que decidimos si esto ocurre o no en el tiempo del matrimonio.

No es nada nuevo para nadie, el hecho de que en el acto sexual se producen intercambios de todo tipo, de sangre, de fluidos, de salivas y, como sabemos ahora, de almas. Un pedazo de nuestra persona o alma se va con la otra, apenas termina el encuentro y un pedazo de esa persona se queda en nosotros, a través del mismo encuentro. Para los más perspicaces, olvídense de que esto se pueda prevenir con el uso de condones, porque esto no detiene el contacto interno y la entrega más privada posible que un ser humano pueda experimentar, aunque el mundo intente convencernos de que nuestro cuerpo y nuestra intimidad no tienen valor alguno y que funcionamos como máquinas.

Hay una parte de nuestra alma donde nace y se alberga nuestra necesidad de amar, que es lo mismo que nuestra necesidad de Dios y por eso lo buscamos. Esta necesidad está presente en nosotros desde que nacemos, cuando somos adultos, y cada vez que iniciamos toda relación que amerita amor. Toda persona necesita ser amada, aunque no sepa que Jesús existe y que Dios es el origen y el proveedor del amor. De esa manera, si esa necesidad de amor, no es satisfecha con el amor absoluto de Dios a través de Cristo, entonces es llenado con el amor mundano, el cual es pobre, imperfecto, superficial y relativo. Este desamor, es algo así, como un poco de cariño, un poco de atención, un poco de algo que se da, si se puede y si se tiene, si es conveniente, si tenemos ganas, si nos provoca, si se ajusta a nuestros gustos y planes, si nos trae bien a nosotros, y demás.

Es decir, todos nacemos con una carencia de amor, que si es llenada con el amor de Dios crece hasta hacerse completa y plena, y si no, entonces se rellena con el amor mundano, que "depende de muchos factores y situaciones". Pero si en vez de recibir alguno de estos dos tipos de amor, ese espacio, recibe odio, rechazo, rencor o sentimientos similares, entonces el odio suple al amor en estos casos.

Veamos algunos ejemplos, como el caso del pequeño que nace dentro de un ambiente amoroso, donde recibe una dosis contínua de afecto con la cual crece y se desarrolla, recibiéndolo y dándolo; de esta manera, esos afectos impactarán su vida y la de los que estén a su alrededor, como expliqué antes. De forma similar, pero totalmente adversa, le ocurre al pequeño que nace sin haber sido deseado y que, en consecuencia, es recibido con frialdad y considerado una carga y, como tal, es tratado o abandonado a su suerte, aún cuando algunos de ellos vivan con sus padres o en alguna comunidad. Estos niños que no conocen el cariño porque no lo recibieron, no saben lo que es un abrazo, un beso, una sonrisa, la alimentación materna, una palabra amorosa, la ternura, el cuidado, la guía, la protección, el consejo, la firmeza, la solidez, la atención, el contacto físico madre-hijo, la seguridad del hogar que necesitan, tanto como el alimento para subsistir; entonces en consecuencia tienden a desarrollar sentimientos asociados al odio y desamor, en otras palabras, lo mismo que recibió desde pequeño, y que además fue reforzado con un cúmulo importante de experiencias duras, creando el ambiente perfecto para tener un corazón de piedra, y según eso, es lo que pueden ofrecer después en diferentes grados, porque donde el amor tenía que crecer, creció su opuesto. En estos casos, se desarrolla desdén, menosprecio, repulsión, desesperanza y otros sentimientos similares que comienzan a predominar en ese ser, no dejando espacio para el amor, hacia sí mismo y a otros, porque el odio y el amor no pueden coexistir en un mismo corazón. En un extremo como éste, muy típico en situaciones de gran pobreza, se desarrolla el perfil del delincuente o asesino, que es capaz de asesinar a quemarropa sin sentir en el acto ningún sentimiento o emoción cercanos a la piedad o misericordia, que son elementos contenidos y provenientes del amor. Es imposible que una persona que tenga el amor de Dios pueda hacer daño a otros seres deliberadamente.

Y en el ejemplo del amor mundano, puede darse el caso del pequeño que, sin recibir muestras contundentes de amor, y que recibe cariño pobremente, este busque rellenar sus carencias de amor, a través de las drogas, el alcohol, algún otro tipo de adicción, promiscuidad, unido a una necesidad de probar continuamente que tiene valor como para ser amado. También he visto el caso del joven muy inteligente, que fue amado con el amor mundano, y que sabe cómo cuidarse, y no hacerse daño con tóxicos y otras actividades destructivas, sin embargo, asume que el amor no existe, y rellena este espacio, con muchas actividades, trabajo, y demás, como si se tratase de una maquina que no necesita afectos, porque no los ha experimentado adecuadamente. Así encontramos el ateísmo y gnosticismo como respuesta, donde se rellena esta necesidad de saber qué es el amor con conocimiento, seleccionando el concepto o filosofía, que mejor le ayuda a defender su tesis de que el amor no existe, lo cual le ayuda a subsistir frente a esta carencia. Así, un día escuché decir a un ateo a quien quiero muchísimo, que el amor para él, es el sentimiento que se produce frente al sentido de la pérdida de eso que se ama, es decir, él sabe que ama algo cuando se pregunta qué pasa si lo pierde, rompiéndole el corazón a quienes lo aman, mientras acribilla su propio derecho a ser amado y a dar amor. De hecho, en este caso y a pesar de negarlo, lo que en realidad refleja esta búsqueda de la teoría, del saber y del pensamiento acerca del amor, es en sí, una muestra de esa necesidad, de descubrir dónde se halla el amor, que todos estamos buscando.

Permítanme hacer una aclaratoria aquí, porque antes dije que Dios ama y también que detesta con la misma intensidad; igualmente expliqué, que amor y odio no pueden coexistir en un mismo corazón. Y no se trata de una contradicción, sino de Dios amando inmensa e incondicionalmente a toda su creación incluyendo la humanidad, de la cual somos parte, y por otro lado, detestando con esa misma intensidad todo lo que le hace daño y no le trae bien a su creación. Porque en todo caso igual debería ser con nosotros, no detestando personas por lo que hacen, sino las acciones que producen o que potencialmente pueden producir dolor, ruina y mal en otros.

Dios no odia al hombre que hace el daño, porque lo conoce, mas repudia el daño que el hombre hace, porque éste encuentra con esto las consecuencias negativas que Dios no desea para quienes ama; toda acción dañina trae consecuencias negativas y toda acción benigna trae efectos positivos, que son los que desea Dios para nosotros. De manera que Dios no juzga al hombre porque sabe que es víctima del mundo, mas si juzga la acción, la cual debe ser corregida, evitada y prevenida, porque ama tanto a victimario como a víctima, y para ello, usa los medios que sean necesarios para asegurarse que hay aprendizaje tras cada falta.

Y esto es necesario recordarlo, porque somos parte de su creación y, sin embargo, queremos competir con Él, usurpando su nivel, cada vez que inventamos sistemas de creencias y reglas para contradecirle; y no me refiero a inventos como la luz, o el teléfono, sino al divorcio, el aborto, la pena de muerte, el ejercicio de la homosexualidad, el engaño, entre otros, porque aún cuando éstos sean aceptados y algunos legalizados, traerán sus consecuencias.

Todo ese sistema anti-cristiano que nosotros creamos y que, además, regularizamos por encima de su ley para conferirnos el permiso de violar su orden superior y perfecto, es lo que Dios detesta y aborrece; mas no detesta nuestro dominio sobre el mundo creado por Él, el cual estamos llamados a multiplicar, para alimentarnos de él, vivir en él y desarrollarlo, porque eso fue, precisamente, lo que nos pidió cuando nos entregó la inteligencia, para que la usásemos para nuestro bien y bendición, y no para ir en nuestra contra. Este tema es apasionante y extenso, pero no deseo desviarme del tema principal.

Amigos, éste es el plan de Dios para todos, que recibamos su amor para salir hacia la luz y ser mejores personas, en este mundo que necesita tanto amor y al que llenaremos con más de ese abundante amor de Dios.

Para Dios, el sexo no es un chiste ni un pasatiempo, ni la única o más importante expresión del amor de la pareja, o como el mundo que intenta hacernos creer que se trata de algo que podemos hacer cuando queremos divertirnos o cuando y con quien nos apetece y que, además, debe ser manejado como cualquier otra necesidad fisiológica; tampoco como es visto en el extremo religioso y puritano como un pecado cuasi mortal porque lo consideran sucio y malo, o solo para procrear, como intentando robarnos el derecho de disfrutarlo en su plenitud.

Todo esto es, a nivel general, parte de lo que aprendemos, sin abarcar muchas otras creencias y prácticas desatinadas acerca de este tema. El cristiano lleno de amor no ve el acto de amar como si se tratase de satisfacer el hambre que puede aguantar durante un límite de días, sino como algo especial y sublime, aunque sea regular y cotidiano, porque es la expresión del amor entre dos seres que se consideran especiales, que se tratan con consideración y respeto y que, además, no piensan o desean estar con otras personas, sino con ellos mismos.

Dentro del plan de Dios está, que quedemos fusionados con nuestro cónyuge y compañero de por vida; por ello, quienes tienen a Jesucristo, son tan cuidadosos al escoger sus parejas, a pesar de las burlas sin sentido y las dudas del mundo frente a esta manera cristiana de vivir, la cual encuentro admirable, sana e inteligente, porque requiere de gran madurez y de una personalidad poco común y especial, sin duda alguna.

Diga lo que diga el mundo, es un gran error tener primero sexo con alguien y después tratar de conocer a esa persona, porque lo más probable es que terminemos descubriendo que nos compenetramos y entregamos nuestro ser tan preciado, a alguien con quien no podemos compartir nuestra vida, y esto es triste porque ya hemos comprometido el alma y ahora sabemos las consecuencias.

Sin querer extenderme en este tema, alguna de las consecuencias, de no conocer nuestro valor en Cristo como individuos y entregarnos en encuentros sexuales sin compromiso, es el de la promiscuidad, y según mi punto de vista, lo más grave de la promiscuidad en nosotros es que nos roba la posibilidad de enamorarnos, de asirnos a una sola persona y por siempre, en un matrimonio sano y en paz. La promiscuidad ocurre cuando la persona en edad adulta, físicamente sana y con apetito sexual, practica el sexo con diferentes individuos, debido a que no tiene una pareja y por ello pierde progresivamente su capacidad de comprometerse en una relación exclusiva con una sola persona, porque no tiene y no consigue en sí misma, las herramientas para lograrlo.

La promiscuidad, que es la búsqueda indetenible del amor de pareja mundano, es decir, un breve momento de amor, puede deberse a muchas razones, sin embargo, las que he visto, tienen que ver con la baja autoestima que se expresa como una necesidad de encontrar valor en sí mismo, el haber sido educado dentro de un ambiente promiscuo o que ínsita a la promiscuidad (por temor a la homosexualidad), la presión social y cultural, y el amor al dinero o egoísmo, porque se teme perder en el matrimonio los bienes alcanzados, porque en ellos se coloca el valor como persona.

En definitiva, la promiscuidad se practica porque no se recibió el amor de Dios, sino el mundano y, por tanto, no se puede amar adecuadamente; de manera sorprendente, escogen la arrogancia y el hermetismo como escudo protector, aunque en verdad sufren en el fondo, porque su práctica lleva al individuo a tratarse a sí mismo y a los demás, como objetos sexuales que no merecen ser amados, cuando lo que hay en ellos es un vacío muy grande de amor, en otras palabras, de Dios.

Las consecuencias de la promiscuidad incluyen, aparte de los riesgos de contraer enfermedades de transmisión sexual, la pérdida progresiva del auto-valor, prácticas variadas de sexo, la soledad, los hijos abandonados, el aborto, la incapacidad de escoger pareja, la constante lucha por probarse a sí mismos, la adicción al sexo, drogas o alcohol por la depresión que también produce, el riesgo de establecerse - al final del camino - con una pareja inadecuada, que puede conducir a la insatisfacción matrimonial o al divorcio, porque sin haberse entregado a Cristo, el hábito de la infidelidad persistirá. No hay diferencia entre la promiscuidad y la prostitución más que unos cobran y otros no. La promiscuidad es como una enfermedad o bola de nieve que requiere del trabajo, que sólo el Espíritu Santo en acción puede detener, pues Él es quien puede sanar toda enfermedad causada por la carencia de amor verdadero.

Quienes practican la promiscuidad se aferran a un sistema de valores que los justifica y del cual obtienen significancia y permiso. Por ejemplo, yo conocí uno de ellos, quien aún cuando tenía una familia, esposa e hijos, me confesó que lo más importante en su escala de valores era primero el dinero, después el sexo y luego el poder, es decir, aquel hombre dominado por el mundo, no podía sopesar el valor de una esposa que lo amaba y de sus propios hijos que eran adorables, como para darles algún lugar dentro de su jerarquía de intereses y afectos en la vida. Esto lo llevó a actuar en congruencia y más tarde al divorcio, con una lista larguísima de relaciones de pareja que no prosperan.

Yo le aconsejo a toda persona promiscua, que ponga su vida en las manos de Jesús porque esto es una enfermedad del corazón y, sin lugar a dudas, sólo en Él podrán encontrar su curación y sanación, además del regreso al punto inicial donde les espera un gran regalo de Dios; mientras tanto, a mis amigos lectores les aconsejo que busquen a Jesús para que, por la gracia de la fe, tengan mucho cuidado con aquellos individuos que practiquen la infidelidad o promiscuidad y que estén imposibilitados de reconocerlo, para no se expongan a situaciones peligrosas, que pongan en juego sus corazones y el regalo más preciado que poseen hoy: sus propias vidas y las de los suyos.

Adicionalmente, les pido cuidado también con estos consejos mundanos de la teoría de la compatibilidad sexual, que para mí es otra estrategia o excusa que usa el mundo para engañarnos y llevarnos por el camino de la promiscuidad, para así fusilar nuestras esperanzas de una vida en paz y con una sola pareja.

Cuando la mano de Dios está presente, no hay manera de que exista alguna equivocación en la orden de entrega, toda vez que hemos puesto en sus manos nuestra petición; me refiero a que orando en Cristo y confiados en que nos escucha, la posibilidad que puede ocurrirnos, viniendo de Dios, es que recibamos demás (en exceso), superando y colmándonos en bendición y nunca limitados, porque así no obra Dios.

El reto mayor es para nosotras las mujeres, porque el mundo nos ha inyectado suficiente tóxico como para hacernos pensar que nuestro más grande valor está en la belleza física y la sensualidad, y con esto nos han arruinado las oportunidades, no sólo a las mujeres, sino también a muchos hombres, de casarse con mujeres de gran belleza interna y externa candidez, que valen más que el oro puro. Muchas mujeres, creyéndole al mundo, descuidan su belleza interna y se asumen a sí mismas como objetos que deben entregarse al mejor comprador; mientras otras, también hermosas, son desechadas porque son juzgadas como malas por su apariencia; y otras, se han dado por vencidas y no han cultivado ninguna de las dos bellezas, pensando que no vale la pena, porque eso no tiene ningún valor para nadie o porque piensan que, simplemente, nadie va a descubrir su valor, porque perdieron la esperanza en Dios, no sabiendo que el centro de toda esperanza radica en Jesús. En todos los casos, Jesucristo no fue invitado a esos corazones.

Comenzar el matrimonio juntos, como quien emprende un largo viaje, lleno de aprendizajes y experiencias nuevas para ambos, conduce a la consolidación de la unión matrimonial, haciéndola tan fuerte como el acero o tan sólido como nuestra gran roca amorosa de Jesús. El cristiano ora por este crecimiento compartido en bendición y, además, pide a Dios que crezca o incremente el amor entre ambos día a día, con la confianza y seguridad de que lo recibirá de su Padre Todopoderoso, quien los ama y todo lo puede.

En el caso cristiano, los padres piden diariamente en oración por la provisión de un buen esposo para los hijos y estos, por su parte, hacen sus solicitudes de manera específica, romántica y de acuerdo al gusto de cada quien. Dios provee y Jesús en Espíritu proporciona la guía para que esos encuentros se produzcan con bendición, si esa es la voluntad de Dios.

Y la voluntad de Dios es otro aspecto muy importante en todo esto, pues el verdadero cristiano no se antoja con apetito carnal lanzándose al ataque como en una cacería voraz sin límites ni treguas, como vemos muy popularmente. Con ello, no estoy diciendo que depende de la personalidad del cristiano que algo así ocurra o no, lo que digo es que alguien bautizado con el Espíritu Santo que se ha entregado a Jesús en verdad - lo cual lo hace cristiano - no actúa de la misma manera como el mundo lo enseña e invita a hacer, y es porque también ama al mundo en el cual vive. Ciertamente, se sienten atraídos según sus gustos, pero oyen al Espíritu de Dios, el cual los lleva a medir sus impulsos, para no entorpecer el proceso de reconocimiento, antes de dar pasos mayores, porque ellos mismos son los interesados en que así ocurra; esto es lo que se llama discernimiento en acción o sabiduría.

Cuando han recibido respuestas en oración y junto a sus padres - quienes también son involucrados - se sienten más seguros y están preparados para iniciar los más cándidos y románticos idilios. He visto algunos de estos noviazgos donde he quedado muy sorprendida por algunos detalles que nunca habría podido imaginar, como el de una joven y muy buenamoza pareja, con edades entre veinticinco (25) y veintiocho (28) años de edad, que asisten a la misma iglesia que yo, de quienes supe que aún después de dos (2) años de noviazgo, sus besos son cortos y sin abrir los labios, para no caer en tentaciones que puedan arruinar sus planes de llegar castos y puros al día de su matrimonio, para el cual se están preparando para celebrarlo con gran dicha y felicidad; lo cual es aún mas sorprendente, dado que estos jóvenes recibieron a Jesucristo después de haber experimentado el sexo, siguiendo el modelo que el mundo les había presentado como opción.

Nunca me he preguntado acerca de la intimidad de nadie, sin embargo, cuando supe esto me llamó la atención, ya que a simple vista se trata de dos jóvenes universitarios y trabajadores, muy atractivos, que se visten a la moda, que disfrutan, ríen y que, además, son muy simpáticos y chéveres (como diríamos en Venezuela); en otras palabras, lo que estoy tratando de decir, es que a pesar de lo que hacen, ellos lucen y llevan vidas normales, porque son normales, además de especiales. Yo les traigo este ejemplo como referencia, porque no puedo dejar de admirar y aplaudir esto, pues dejar que Jesús nos guíe es divino, y lo es, porque viniendo de arriba, se nos hace simple y fácil, aunque el ambiente externo perciba esto como innecesario, imposible, estúpido o anormal. Es como retar e ir en contra de este mundo, cuyo objetivo es que consumamos pastillas anticonceptivas, compremos condones, nos practiquemos abortos y nos casemos con las personas equivocadas para llegar al divorcio y sufrir de la consecuente depresión y demás problemas.

Dios no creó el divorcio porque no está de acuerdo con él, porque sabe que nos conduce al adulterio o promiscuidad, tarde o temprano, ya que, por lo general y en condiciones de salud favorables, nuestra capacidad y área sexual no acaban ni mueren automáticamente con el divorcio. Dios nos creó para disfrutar del sexo como adultos dentro del amor y del compromiso del matrimonio. En definitiva, no cuestionemos más a Dios, el divorcio como el adulterio por ejemplo, no son buenos para nosotros, porque nos destruyen, y Dios quien está más arriba que nosotros, y que por ende, todo lo sabe y lo conoce, desea el bien para nosotros. (*Ver Éxodo 20 y Mateo 19:1-12*)

Cuando nos casamos sin el amor de Dios, el matrimonio - y así funciona en todos los casos - se cae, no perdura (aunque se mantenga por las apariencias o intereses económicos) y así sucederá a menos que recibamos a Jesús. Algunos insisten en decir que tienen buenos matrimonios sin necesidad de Dios, porque una cosa es hablar y defenderse, sin pleno conocimiento de lo que en realidad ocurre, y otra cosa es la verdad.

Por eso, aconsejo mucha cautela al divorciado que realmente desea reconciliarse con Dios y empezar una nueva vida, para que no se deje llevar por lo que habla la gente sin Dios, que ya de eso tenemos bastante y hemos padecido las consecuencias. Reconozcamos delante de ellos que, aunque ellos no, nosotros sí necesitamos de Dios y eso que les baste.

Hasta aquí, hemos tocado el tema del divorcio y del matrimonio desde las perspectivas mundana y cristiana, hemos visto que tal vez ha sido más fácil para quienes fueron cristianos desde siempre, porque nacieron en hogares cristianos y crecieron con la fe en Jesús, quien les dio la fortaleza, protección y guía para lograr que buenos matrimonios duren toda la vida y según el plan de Dios, pero entonces ¿qué pasa con nosotros los nuevos cristianos que apenas ahora, cuando nos entregamos a Jesús, es que lo conocemos y lo recibimos? ¿cómo y qué puede hacer Dios en la realidad, para arreglar un camino torcido de grandes equivocaciones y experiencias amargas y desenfrenadas que hemos vivido? ¿cómo vamos a cambiar nuestro pasado de manera tal que nos encontremos en la misma condición que cualquier otro verdadero cristiano, como para recibir ese nuevo amor que Dios tiene y siempre tuvo planeado para nosotros, si es que esto es posible y si esa es su voluntad? ¿cómo Dios va a lograr hacernos nuevos como lo promete en la Biblia a todo aquel que reciba a Cristo?

Pues bien, nada de lo que he dicho antes ha cambiado, pues es verdad que al entregarnos a Jesucristo hemos sido redimidos de las consecuencias de nuestras faltas a la ley de Dios, y esto incluye toda falta y las que cometimos cuando fuimos al matrimonio por razones equivocadas. Lo que sucede es que viviendo sin Dios, el divorcio u otras consecuencias, seguro iban a suceder de una forma u otra, y Él nos entiende ya que esto ocurrió, porque no fue invitado a participar y a gobernar antes; sin embargo, ahora en Jesús encontramos todo lo que necesitamos para salir del pozo oscuro y triste y empezar de nuevo en la brillantez de nuevos días. Al llamar a Jesús encontramos y recibimos, perdón y respuestas, guía, consejo, protección y hasta la sensación de que Dios ahora nos está consintiendo, cuando lo vemos tocar todas nuestras circunstancias internas y externas; es decir, comienza un proceso de depuración, gracia y transformación o resurrección completo y determinante que nos produce un estado intenso de júbilo interior, a veces indescriptible, que amerita ser compartido, todo lo cual recibimos junto un Espíritu Santo que viene a trabajar por dentro y a través de nosotros, sólo por creer o poner nuestra fe en Jesús como Nuestro Señor y Salvador. La sangre de Jesús lo limpia todo, no nos quede duda.

Entendemos así que, antes de Jesús, ciertamente los divorciados fuimos transgresores del orden divino, porque no cumplimos con nuestra promesa o voto de amor sincero y desinteresado que perduraría en las buenas y en las malas y hasta que la muerte nos separase; en esta línea, si permanecíamos sin Jesucristo, estábamos destinados a padecer las consecuencias de la infracción a la ley de Dios, las cuales iban a mantenernos dando vueltas dentro de un círculo donde hay estados de tristeza, depresión, esclavitud, adicción, pobreza, promiscuidad, más divorcios, mas relaciones inestables, soledad y, en general, de desgracia, que no es más que ausencia de la gracia o favor de Dios. Eso aplicaba a nuestra vida antes de Jesucristo, pero ahora cuando Él toma las riendas, todo cambia porque Él inicia un proceso de transformación profunda desde adentro, que es como pasar por un ciclo de lavado, enjuague y secado, que será más o menos intenso según Dios considere que cada quien necesita, pero para que esto se produzca, debemos dejarlo a Él obrar en nosotros y decidir.

Como he dicho antes, aceptando a Jesucristo lo que realmente hemos hecho es un pacto con Dios, porque respondimos a su llamado y nos entregamos a Él, nos arrepentimos de nuestras culpas, comenzamos nuestra lectura del Nuevo Testamento y empezamos nuestra conversación u oración diaria con Jesús y con Dios, buscando incrementar nuestra fe. A partir de este punto, ya no hay nada que podamos hacer de nuestra parte para tratar de enmendar las equivocaciones, pecados o nuestro pasado. Desde este momento, aún cuando seguimos haciendo con nuestra vida lo que tenemos que hacer (trabajar, educar a nuestros hijos si los tenemos, estudiar si es el caso, visitar a nuestros amigos, dedicar tiempo a los deportes, distraernos y, en fin, lo que hacemos normalmente), lo que sucede es que ahora lo hacemos diferente, es decir, llenos de amor y agradecimiento a Dios, a la vez que deseamos - y de hecho añadimos o incorporamos - tiempo diario con Dios.

Con esta simple, pero sentida y hambrienta nueva rutina de lectura y oración, percibiremos poco a poco los cambios, obtendremos las respuestas y seremos capaces de observar las mejoras en nuestras circunstancias, junto al cambio en nuestra actitud, la cual condiciona nuestras acciones, que ahora serán diferentes porque reflejan esta nueva personalidad de Dios que ahora está en nosotros. Nada con Dios ocurre traumáticamente y sin generar bien, tanto para nosotros como para los que nos rodean. Nada de esto se siente en el cuerpo, como una especie de dolor de piel o huesos, porque todo este cambio ocurre primeramente en nuestro ser interior, que llamo corazón; pero a pesar de eso lo reconocemos claramente, cuando se comienza a producir un estado de regocijo y paz interna nueva y diferente que nos llena, lo cual es amor - y así seguimos funcionando. Así me paso a mí, que recibí todo este amor y me dejé llevar por Él, y entonces, un día algo cambió el plan que yo misma me había hecho para mi vida, porque Dios tenía otro plan para mí.

A mí me gusta llevar récords de todas mis experiencias divinas desde que recibí la gracia de la fe, y uno de ellos tiene que ver con este evento que me ocurrió, muy poco después de haberme divorciado y entrado en esta comunión con Dios. Era un fin de semana tan cotidiano como los de siempre en el que me ocupaba de poner mi casa al día, cuando en mi corazón sentí que Dios me hizo una petición muy íntima, es decir, Dios me dio a entender que era necesario abstenerme de toda actividad sexual, poniendo mi cuerpo bajo su total cuidado. Por favor, no se inquieten tanto como lo hice yo en aquel momento, pues sé que esto puede sonar muy fuerte para algunos y en lo absoluto para otros, pero es que esto fue lo que me sucedió a mí y no tiene que ser estrictamente igual para todos, porque Dios conoce a sus hijos, y sabe lo que cada uno de ellos necesita; y para ello los hace pasar por un proceso de preparación, que si lo superan, garantiza que logren valorar los regalos que les tiene deparados, porque serán recibidos y celebrados como lo que son, grandes bendiciones.

Prosigo, primero me resistí rotundamente a esto, pensando que esta solicitud no podía venir de un Dios tan bueno que quiere lo mejor para nosotros y, usando mi natural y mundano razonamiento, estaba segura de que esta solicitud no era buena, porque esto era imposible para mí, porque me conocía lo suficiente como para saber que yo no iba a tener la capacidad de resistir y controlarme para lograrlo. Les confieso que esto me pareció una locura extrema y, como tal, esto me servía de excusa para descartar que esto pudiese provenir de Dios, pues Él no nos pide hacer cosas locas. Recuerdo que discutí con Dios en voz alta y le expuse mis razones e inclusive le pregunté que hasta cuándo me haría enfrentar pruebas tan duras y difíciles, y que si no le bastaba con todo por lo que había pasado y verme padeciendo emocionalmente las secuelas de mis dos fracasos matrimoniales, criando y levantando a mi hijo, con mucho esfuerzo, contando solo con su ayuda para continuar, como para también pedirme una prueba tan difícil de superar; en realidad no mantuve esa discusión con Dios y Jesús porque yo deseara otra pareja en ese momento, no, de ninguna manera, sino porque lo que me estaba pidiendo se traducía en una abstinencia total de cuerpo y de corazón. Se trataba de mí (una mujer mundana que ahora aprendía de Dios), discutiendo sobre lo que Dios le pedía, a la mujer que Él estaba transformando y renovando en mí, por la gracia divina.

Con mucha inquietud, y aún sin poder entender el por qué de esta petición que lucía tan extrema, la consideré con seriedad durante el mismo rato en el que no dejé de discutir con Dios, quien ahora entonces me mostraba otra respuesta. Tuve una especie de visión o imagen, como las tenemos todos, en la que pude percibir que la intención de esta petición era buena, indicándome que si tenía intimidad con otros hombres haciendo uso de mi independencia y libertad legal, perdería la oportunidad de ser considerada como una mujer de valor, en caso de que Dios un día, me presentase al hombre amoroso, como el que siempre soñé, para colocarme en el sitio que Él tenía dispuesto para mí, y así mi experiencia de amor fuese completa, antes de irme de este mundo.

A pesar de esta visión, dudé y la consideré un invento de mi imaginación por un buen rato, en el que seguí discutiendo con Dios, ofreciéndole innumerables explicaciones y excusas; pero de manera sorpresiva y sin darme cuenta, la huella de esta visión y de su voz me convencían, de que esto tal vez era lo mejor para mí en muchos sentidos. Comencé a reconocer, que tal vez esta solicitud sí provenía de Dios, porque recordé que había escuchado a algunos pastores hablar sobre este tema. Comencé a considerarlo como una opción, pero no quise tomar ninguna decisión drástica, así que intenté ponerlo de lado y darle paso a otros pensamientos, pero sucedió que su fuerza me llevó a pronunciar palabras con mis labios con las que declaraba que, en ese momento, le entregaba mi cuerpo como ofrenda a Dios, y decir esto con mis labios era algo que me ponía en un gran compromiso, porque ahora entendía aún mas, el valor de la palabra dada. Mi Espíritu habló, mientras todo mi ser temblaba porque tenía grandes dudas de poder lograr esto y, además, me inquietaba la idea de ofrecerle algo a Dios que no pudiese cumplir en realidad, pues ya había comenzado a amarlo muy profunda y sentidamente, tal y como se ama a un Padre Todopoderoso.

Ese día caminé temblando hacia mi habitación cuando hice esta declaración y luego, como para consolarme según mi vieja naturaleza mundana e ignorancia sobre Dios, pensé que este compromiso funcionaría perfecto para mí, ya que me ahorraría nuevas equivocaciones, dolores y traumas, toda vez que suponía cerrarme al amor de pareja que, además, nunca había funcionado ni existido para mí y esto era una especie de confirmación de que en realidad no existía, a la vez que me otorgaba la ventaja adicional de que, al fin, quedándome sola podría recobrar un poco mi integridad y valor que sentí que había perdido frente a mi hijo y así darle mi mejor ejemplo posible; es que apenas estaba dando mis primeros pasos tomada de la mano de Dios y desconocía su absoluto poder y amor por mí.

Cuando hice esta declaración, lo hice pensando que me iba a costar muchísimo, pues en aquel momento estaba en mi plenitud, iniciando mis cuarenta años, en excelente salud y condición física y con renovado atractivo.

Sin embargo, aquello quedó así, dicho y pronunciado, y mi vida continuó de manera rutinaria, me dediqué como ya lo venía haciendo a dedicarle tiempo a Dios, mi hijo, mi casa, mi trabajo, mi actividad física, mi vida social, con mis muy bien escogidas amistades, las cuales ocupaban el lugar de nuestra familia en aquellas tierras lejanas donde nos encontrábamos. Me concentré, en mi nueva relación con Dios a través de Jesús, en mi presente, y en ayudar a mi hijo a hacer sus planes de carrera, mientras progresivamente escogía mi entretenimiento más cuidadosamente y en llevar una vida simple y sencilla.

Comencé a tener cuidado adicional – o más bien nuevo - con lo que veían mis ojos, porque de la mano de Dios aprendía que lo que entra a través de ellos y por los oídos, alimenta nuestro ser interior y produce efectos, así que para mantenerme como lo deseaba comencé a ser más cautelosa. La verdad es que yo no me dí cuenta cómo transcurrieron esos cuatro años de gran goce en mi vida, exenta de ninguna necesidad de contacto sexual, hasta que aconteció mi tercer matrimonio. Yo estoy más que segura que durante esta fase de mi vida, Dios limpió mi alma y también mi sangre, me hizo nueva, renovada y, además, valiosa a los ojos de este hombre de Dios, que me hizo su esposa.

Soy honesta, también pasé por momentos en los que entré en gran duda porque la mente se me iba y soñaba con lo hermoso que se sentiría recibir apenas un abrazo sincero y cálido de alguien que me amase sin condiciones y en verdad, cosa que nunca experimenté en la vida real antes, ni tampoco vi en ninguna en parte. Entonces a veces, cuando mi mente volaba, yo simplemente la recogía de nuevo y la colocaba en las manos de Jesús, con mis necesidades y cuando necesité un abrazo protector se lo pedía a Él y que me cobijase en su regazo, tal como un Padre que consuela a su hija y así lo sentía, satisfaciendo toda la falta de cariño que sentí en aquellos momentos, pero rebosándome.

Sin embargo, nunca nos falta una prueba que superar, pero como ya había avanzado mucho más en mi conocimiento de Dios, estuve preparada para enfrentarla y superarla victoriosamente. Recuerdo que durante esa etapa de mi vida en la que me encontré sola, llegué a sentir cierta atracción por un hombre muy guapo al que comencé a ver muy a menudo, pues coincidíamos algunos sábados haciendo las compras en el mismo supermercado del nuevo vecindario al que me había mudado a raíz de mi separación. Yo no sabía mucho de él sino lo que todo el mundo sabía, pues era una figura con cierta participación pública.

A pesar del compromiso que había adquirido con Dios, no estaba en mis manos evitar que este hombre y su nombre siempre apareciesen por allí, por lo que empezó mi interés, curiosidad e inquietud en él, haciéndome pensar y dudar, pues yo no estaba al cabo de saber si este era el hombre que Dios me estaba presentando para re-establecer mi área de pareja, porque en el fondo, yo sabía que mi soledad no seria para siempre; no obstante, no tengo la menor duda de que Dios usó aquella atracción con dos fines: el primero, para mantenerme consciente de mi humanidad y de que aún el área del amor de pareja no había muerto realmente en mí, sino que se encontraba en proceso de sanación y cicatrización, como invernando y preparándose para lo que venía, como en realidad lo fue. El segundo objetivo, lo descubrí el mismo día en que aquella atracción se acabó. Eso sucedió cuando fui invitada a celebrar el cumpleaños de una de mis mejores amigas en un pop muy concurrido de la ciudad, donde aquel hombre también se encontraba. Aquella ocasión me permitió observarlo discretamente y desde la distancia, así y allí, pude notar actitudes y comportamientos que, ciertamente, me atraían y hasta me parecían muy familiares, por ello, al cabo de un buen rato dentro de mi meditación con Jesús - la cual estaba sucediendo dentro de mí y en aquel ruidoso lugar, cuando le preguntaba y pedía esclarecimiento en este asunto - pude advertir e identificar, que se trataba de un prototipo muy similar al de aquellos hombres con quienes mis intentos de hogar ya habían fracasado. De esa manera, aquella ocasión representó para mí, otro momento en el que este nuevo discernimiento que recibía, abría mis ojos para despertarme y mostrarme mi debilidad, pero esta vez consciente de la necesidad de proteger mi corazón - que estaba en proceso de recuperación y que ahora yo empezaba a considerar valioso - teniendo cuidado y manteniéndome alerta con aquello que me atraía de manera casi automática pero que podía causarme daño, como sucedió en mi vida antes, cuando estaba gobernada por mi vieja naturaleza, hábitos, gustos y ambientes en los que estaba apartada del amor y protección de Dios.

Ya no cabían mayores tonterías en mi vida, porque ya no estaba bajo mi autoridad en lo absoluto, sino bajo la voluntad de Dios. Me resulta muy interesante reconocer que, desde que conocí a Jesucristo, la verdad siempre se comenzó a hacer presente en todo aspecto y circunstancia de mi vida y, a pesar de que en ese encuentro tuve todas las posibilidades de un acercamiento porque hasta extendimos manos cuando un amigo común nos presentó, preferí alejarme y no insistir en quedarme como pude haberlo hecho, pues decidí oír y hacerle caso a la inteligencia divina que dirigía mis pasos y que había encendido la alarma de peligro para prevenirme.

Así pasaron cuatro años en los que Cristo hizo un gran trabajo en mi vida, porque a mí había que reestructurarme, rehacerme y renovarme completa, y profundamente. En este tiempo hice algunos planes relacionados a la educación de mi hijo, la posible compra de una propiedad y planear mi retiro, al tiempo que me sentía dichosa de mis logros, independencia y libertad en Cristo, en todos los aspectos; esto, me hizo sentir muy completa, como quien no necesitaba de ningún hombre en mi vida que pudiese echase a perder todo aquello que estaba viviendo, porque tengo que reconocerlo, comencé a temer de los hombres, porque no vi en ninguno amor. Sin embargo, disfruté inmensamente de la presencia de Dios en nuestro hogar, en nuestras vidas y esto sobrepasaba mis necesidades de amor, y aún más todavía lo es así hoy.

Lo que es importante recalcar acá, es que aquella visión o revelación que tuve y que me impactó al punto de tomar una decisión tan drástica como la de acceder y entregarle mi cuerpo a Dios y luego decírselo con mis palabras, fue fundamental, partiendo de que involucró muchos principios, que descubrí mas tarde; sin embargo, deseo destacar sólo algunos. Cuando tuve la visión, no tuve muy claro el objetivo, aunque supe que era bueno, es decir, la solicitud fue simple, pero el para qué iba a hacer esto se veía más bien borroso, porque podía ser o no para que Dios trajese a alguien a mi vida más adelante, pero en aquel momento, de eso, yo no tenía la mínima certeza ni garantía.

Cuando yo hice aquel voto, que en principio sonaba muy sacrificado, no lo hice con el objeto de obtener algo a cambio, porque de haber sido así, no lo hubiese logrado, pues como dije antes, nada podemos recibir de Dios a través de nuestras propias obras o sacrificios, ya que no podemos comprar su favor con ofrendas que ameriten un esfuerzo o un trabajo para alcanzar algo de su parte, que tiene su origen en nuestros propios y, a veces, egoístas o mundanos intereses, y esto es principio bíblico que no falla.

Cuando yo le ofrecí mi cuerpo en ofrenda de sacrificio, la solicitud vino con ese mensaje que me hacía entender que "era bueno para mí" porque tal vez alguien de valor podría llegar a mi vida, pero insisto, yo no tenía la mínima garantía de que alguien ciertamente iba a llegar a mi vida, ni tampoco de cuánto tiempo pasaría hasta que alguien de parte de Dios se presentase, si era que esto llegaba a suceder. Recordemos que apenas estaba iniciando mi conocimiento de la palabra de Dios, poniéndola en práctica y por ende a recibiendo sus bendiciones, todo lo cual era como parte de un sistema engranado. Pues bien, el asunto es que si Dios me hubiese dicho que serían cuatro años, de seguro hubiese tirado la toalla pensando que sería demasiado tiempo sola y que no lo iba a lograr, lo que tal vez, conociéndome, me iba a llevar a vivir en un mar de tristeza, contando día tras día, como quien vive en una prisión privada de su libertad, además de que me hubiese llenado de depresión y tal vez de inconformidad respecto a Dios.

Yo no tenía ni siquiera la certeza de que aquella ofrenda tenía algún punto final o fecha de vencimiento, pues pude haberme ido de este mundo sin haber llegado a la meta, si había alguna, y sin haber conocido lo que significaba ser amada en cuerpo y alma como lo deseaba Dios, para mi caso particular. El caso es que ninguno de estos pensamientos fatalistas y desesperanzados me cruzaron por la cabeza durante aquel tiempo. En realidad, no invertí - o más bien no perdí - tiempo o esfuerzos en pensar en aquello y sencillamente me moví por la fe y la confianza en Dios, junto con una fortaleza desconocida para mí, que comenzaba a recibir de Jesús y que hicieron de este tiempo uno de los más hermosos de mi vida, en compañía de mi amado hijo.

El punto que deseo destacar esta, en la diferencia que hay entre hacer un sacrificio para obtener de Dios algo a cambio, y hacerlo cuando es Él, quien nos solicita hacer un esfuerzo u ofrenda "porque desea prepararnos para algo que quiere darnos". Cuando esto ocurre así, lo coloca en nuestros corazones y, aunque nos parezca un gran reto al principio, podemos estar tranquilos porque viene acompañado de su ayuda divina, de su intervención, gozo y bendición, que impiden que lo que nos solicita hacer, se convierta en un sufrimiento o en un castigo. Cuando Dios nos pide hacer algo, nos equipa, nos provee, nos ayuda y nos llena de fortaleza y ánimo, alegrías, ocupaciones, tareas que hacer, preparación, viajes, paseos, proyectos, momentos hermosos y completos, y paremos de contar, porque Él nos ayuda para que logremos hacerlo y completarlo.

Yo no supe nada de esto en ese preciso momento, sino que atendí su llamado y me dejé guiar de su mano amorosa, como ya lo venía haciendo y practicando desde los asuntos más sencillos y cosas más pequeñas que me entregaba; porque lo que sucede es que cuando yo puse mi vida en las manos de Jesús, lo hice con el corazón en la mano y total entrega, de manera que hoy, cuando estoy casada con un hombre cristiano, que vio valor en mi a pesar de mis divorcios y me trata como si fuese mi primer esposo, tengo que agradecerle inmensamente a Dios, porque aquella solicitud que me hizo, me permitió recuperar mi valor, hacerme más madura espiritualmente, desarrollar el dominio sobre mis emociones y, además, ser vista como una joya para quien me llevaría al altar más tarde, y también así lo veo yo a él.

En este ciclo de mi vida, desarrollé aún más una hermosa relación con mi hijo, quien atravesaba los años difíciles de la adolescencia y que requerían mayor y especial atención, recuperé mi auto-estima en Cristo, y los traumas y heridas del pasado fueron sanados, comenzando a entender de lo que en realidad se trataba el matrimonio y la familia a los ojos de Dios, lo que siempre yacía como un sueño en el fondo de mi corazón y que yo no pude aniquilar porque venía de Dios.

De manera que, si en tu caminar de la mano de Dios, recibes una solicitud suya que tal vez te parezca un verdadero reto, es necesario que ores para que en Jesús obtengas claridad de la solicitud que te hace y le pidas fuerzas, manteniendo siempre en mente que el objetivo de esto, no es más que hacerte subir un escalón más en tu crecimiento espiritual o relación con Dios, para entonces proporcionarte eso que Él desea para ti, cuando considere que estás listo para valorarlo, apreciarlo y amarlo, porque viene de Él y Dios no pone algo preciado en manos de alguien por equivocación, para que sea desvalorizado o despreciado, y en este caso, un buen ejemplo es, lo que significa mi esposo para mí.

Cuando yo hice este ofrecimiento a Dios, lo hice porque mi corazón me indicó que venía de Él, y tuve una visión que me indicó que eso era lo que Él me estaba pidiendo hacer; lo que hoy claramente veo que fue para mi bien y para mi redención, es decir, para devolverme al lugar de esposa al que Dios deseaba regresarme. Yo atendí a su llamado y nada me faltó durante aquel período, pero pude lograrlo solo porque Él me lo permitió.

Habiendo recibido a Cristo, estoy segura de que hubiese dudado inmensamente haber recibido un mensaje indicándome que me diese por vencida respecto a mi sexualidad, la cual no tenía gran valor ya, y así me hubiese sugerido entregarme a cualquiera que se me presentase y que, simple y llanamente me pareciese atractivo, porque mis oportunidades de un matrimonio sólido se habían acabado y no había más nada que esperar porque ésta es la vida que comúnmente nos toca vivir después del divorcio, como queriendo decirnos que, nuestro valor es nulo o inferior al de la mujer casada, solo por serlo o porque lleva ese título. Un mensaje así, evidentemente, no viene de Dios ni de un amigo que nos ama.

Cuánto deseo que nadie se divorcie, porque yo que he vivido estas circunstancias en dos oportunidades y, gracias al amor de Dios hoy, me puedo conectar fácilmente con cualquiera que padece a causa de este profundo duelo y las consecuencias que él trae y afectan tanto a padres como a hijos, al ser innumerables y sólo pueden ser detenidas rompiendo el ciclo, aceptando a Cristo Jesús y trayéndolo a nuestro corazón y a nuestro hogar, sin importar cuán destruido o afectado pueda estar en ese momento. Así, a nosotros y a nuestro hogar le esperan nuevas perspectivas de reconstrucción y un futuro completamente sólido en las manos de Dios.

Traer a Jesús a nosotros, aún después del divorcio nos lleva a entender que el propósito de Dios no es la disolución del matrimonio sino intentar preservarlo usando todos los medios cristianos posibles, como lo son la oración viva y diaria, confiando a Jesús nuestros esposos e hijos y colocándolo a Él como cabeza de nuestro hogar, además de acudir a la consejería y terapia cristiana cuando sea necesaria, porque sabemos que en estos casos el consejo será basado en la perspectiva del amor de Dios y posible de llevar a cabo y poner en práctica con la fuerza del Espíritu Santo en nosotros. En principio, este modo de vivir puede resultar un poco difícil de entender cuando aún se está afuera de él, porque implica romper con viejas tradiciones e ir en contra de viejos y muy arraigados hábitos mundanos llenos de incredulidad, pero les aseguro que cuando la fe comienza a dar frutos dentro de nosotros, los cambios positivos se producen sin lugar a dudas, pues es palabra y promesa de Dios.

Como divorciados y nuevos cristianos, aprenderemos muchísimas cosas, siendo algunas de ellas, la necesidad de conocer extensa y extendidamente a la persona que se acerca al perfil que le hemos solicitado a Dios; también, que es solamente durante el noviazgo con ausencia de contacto sexual, que podemos realmente conocer y sopesar el valor de nuestro enamorado y el nuestro; y, que el valor de las personas no está basado en su apariencia física o sus pertenencias *per se,* sino en lo que llevan por dentro y por tanto pueden dar de sí mismas, lo que sabemos que sin tener a Dios, nos lleva a correr riesgos.

En mi caso particular, por haber conocido a Dios después de un largo caminar en la vida y muchas caídas, es ahora dentro de este renacer que recibo de Él y no antes, porque en un sentido espiritual yo viví la vida al revés, es decir, primero estaba muerta - cuando vivía según mis viejas creencias y hábitos - y luego nací en Cristo y, es por ello, que ahora siendo una pequeña en los brazos de mi Altísimo Padre en Cristo, es que estoy comenzando la vida y recibiendo lo que Él tiene para mí, como si fuese una jovencita, actuando como esa persona que solo Dios creó, aunque esto parezca una locura.

Ahora sabemos que tomar la decisión de casarse, debe hacerse con la intención genuina de que sea para toda la vida, pues lo contrario realmente es jugar con aquello preciado que Dios nos ha ofrecido y en lo que ya ha dado su palabra, porque es materia que le concierne ya que cualquier opinión que minimice o cambie su estatuto o principios, está realmente retándole e intentando tomar su lugar y esto es serio para nosotros, porque sabemos la debacle que ocurre cuando llegamos al divorcio.

Ahora entendemos que el amor se practica en acción, palabra e intención, proveyendo y dando cuanto más nos sea posible a cónyuges e hijos, excediendo la medida de cuanto nos procuraríamos a nosotros mismos, aún cuando en verdad no deseamos eso para nosotros, sino para el disfrute del otro y hacer esto nos trae verdadero gozo, sabiendo que estamos exentos, vedados o imposibilitados de pedirle a alguien que no sea Dios y en el nombre de Jesucristo, y esto aplica para cualquier área material e inmaterial, porque quien en realidad surte, satisface y excede nuestras necesidades, gustos y sueños, es nuestro Padre Todopoderoso, quien todo lo posee y quien de todo es dueño, porque Él es, inclusive, quien nos coloca estos deseos de dar y recibir en nuestro corazón.

Hoy sabemos que está bien tomar parte en la vida de nuestros hijos, bendiciéndoles constantemente y hablándoles en amor de lo que el matrimonio, el divorcio, lo que está bien y mal significan, según lo dice la palabra bíblica, porque no hacer esto es dejarlos salir desasistidos, sin aviso, ni advertencia, a enfrentarse a la batalla o guerra que este mundo en el que vivimos genera día a día, porque busca derrumbarnos a todos.

Los hogares verdaderamente cristianos, se toman muy en serio el sagrado matrimonio y no es que sean los padres quienes escojan los esposos de sus hijos, sino que en la familia cristiana se escuchan las opiniones de los padres amorosos, se toman en cuenta y se ponen en práctica, porque en realidad es la familia completa la que se casa, y por ello responde y se involucra cuando las cosas van bien y cuando hay inconvenientes.

En realidad, en el matrimonio dos familias se unen, pero en el caso de los matrimonios de divorciados, son cuatro, en el sentido del amor de Dios al que me refiero, porque hay que orar por todos y procurar amor a todos los que están involucrados, es decir: los hijos, hijastros, esposos, los ex-s, y, en fin, por todos; y entender esto es mas fácil, cuando podemos ver que todo suceso bueno o malo, impacta positiva o negativamente (según sea) a todo miembro de estas cuatro familias, traducido en la existencia o pérdida de estabilidad, armonía y paz, para todos.

En un hogar cristiano de padres divorciados, se ora, se perdonan las heridas y se pide al Padre por bendición de salud, fortaleza, buena economía y amor, tanto para ellos y sus hijos como para los hogares que han dejado atrás.

Quien tiene a Cristo en su corazón, tiene el amor de Dios y, a su vez, ama a Dios por sobre todas las cosas; por tanto se ama a sí mismo y ama a los otros. Quien ama a su hijo, ama a todos los hijos del mundo, porque cada uno es una vida, es decir, un regalo de Dios que viene de Él, y que de esa forma debe ser preciado y también "respetado", porque no es de nuestra propiedad sino la suya, entregada como muestra de su amor hacia nosotros, y como prueba del amor que estamos en capacidad de practicar, cuando nos hace padres, lo que se repetirá en sus propias experiencias y así sucesivamente. Puedo imaginar cuanto bien transformador podemos traer al mundo solo practicando el amor de Dios en Cristo.

Ahora en Cristo, sabemos que no podemos jugar a ser Dios juzgando a otros, porque todos tenemos igualdad de condición y estamos en el mismo nivel, aunque unos sean más prósperos o con mejor educación o mas belleza que otros, o por cualquier otra razón, porque ninguno de nosotros podemos llegar a ningún buen lugar si no recibimos ayuda y si no somos guiados con amor; porque ¿cuántos fueron abandonados aún estando acompañados?, y ¿cuántos fueron no amados, no recibiendo cuidado?, y ¿cuántos no lograron sus sueños, porque no recibieron el apoyo cuando lo necesitaron? y ¿cuántos fueron ignorados y no recibieron el buen consejo? ya que faltó el amor de Dios.

Conociendo la palabra, sabemos que necesitamos enjuagar nuestros corazones, lavándolos con la preciada sangre de Jesucristo porque Él es el único que nos puede conectar con

Dios, El Creador, aunque muchos insistan en que está en otra parte. Ameritamos hacer esto por el bien nuestro y de nuestras generaciones venideras, porque viniendo de hogares que no fueron cristianos y, por ende, moviéndonos en ambientes y circunstancias mundanas, corremos el gran riesgo de enfrentar consecuencias por nuestro egoísmo o terquedad, irresponsabilidad, complejo de superioridad o arrogancia, abortos, infidelidades, promiscuidad, actos corruptos, engaños, blasfemias, palabras y actos descorazonados, idolatría, complejos, intereses, pecado sexual, dentro de una lista infinita de motivos, y no queremos esto para nosotros ni para nuestros hijos.

Cuando Dios usó a mi hijo para comenzar a hacerme ver, que ya era tiempo de permitirme considerar la posibilidad de una nueva unión matrimonial, yo lo aceptaba convencida de que Dios era quien estaba abriendo mi corazón con la idea de rehacer mi vida; tuve temor, realmente, porque no deseaba que el dolor regresara a mi vida y por ello, oré con devoción pidiéndole que este hombre fuese, primeramente, cristiano, porque solo estaría dispuesta a entregarle mis tesoros a quien tuviese el amor de Dios para apreciarlos y, en segundo lugar, que tuviese un corazón grande y noble, de bendición para mí y mi hijo y, lo cual es fruto del amor de Dios en nosotros; y así, escuchándome, excedió mi solicitud.

Conociendo como hoy conozco la palabra de Dios, sé perfectamente que con ella no se juega, puesto que la Biblia no es un juguete, como lo era para mí en mis años de juventud cuando con amigas la tomábamos para hacerle preguntas y obtener respuestas, las cuales me aterraban y me hacían salir espantada simplemente, porque no tenía una relación con Dios, sino miedo a un distante, temeroso, castigador y cruel Dios que me habían pintado y enseñado. O según la presunción que tuve de adulta, de que era bueno mantener una biblia a la entrada de mi casa no solo como adorno a la vista, sino como amuleto de buena suerte y protección, colocada seguramente al lado de otras estatuillas y cosas para la misma suerte y fines.

Que ignorante fui, pues las respuestas sí las obtenemos a partir de nuestro estudio bíblico tempranamente hablando, pero solo a través del convenio donde Jesús es el centro y el dador del Espíritu Santo, que se nos permite conocer cuan amoroso Dios realmente es.

Debido a nuestra idiosincrasia, ingenuidad e incredulidad, o más bien creyendo en un Dios al que definimos antes a nuestro gusto y al que no supimos amar, nos perdemos la gran oportunidad de hacerlo nuestro confidente y guía perfecto. Nosotros, los hijos de Dios en Cristo, somos la generación de la verdad, porque nos atrevemos a acudir al texto bíblico que contiene su palabra, siendo la razón principal, la de conocer acerca de su amor y recibir su consejo, porque sabemos que sin Él no podemos y para protegernos del daño que nos hacemos a nosotros y a los otros. Ya no esperamos que nos traduzcan o nos cuenten su mensaje, porque allí precisamente está la diferencia, en que cada quien llenado del Espíritu Santo lo recibirá, según Dios use su palabra para hablarle particularmente a cada quien, a lo largo de su lectura, estudio y meditación, de acuerdo a su caso y como ser único, conocido profundamente por su Padre Creador.

Nuestra generación es una generación ilustrada que no se conforma con fes que no sirven porque no producen cambios y resultados en nosotros los que necesitamos un cambio, porque entonces ¿para qué es Dios?

Yo recuerdo que nunca antes pude leer la biblia, entenderla, ni mucho menos sacar nada de ella, pero desde el día en que Jesús me bautizó, me recibió o vino a mí - como se quiera decir - pude hacerlo porque esta palabra ahora cobra vida en mi espíritu y, por tanto, me llega, me habla, me toca la fibra, y cobra en mí un significado más profundo que el literal, me explica, hace dibujos en mi pensamiento, veo lo que dice, me abre el entendimiento, me da la sabiduría que no tengo y aún más. Yo no soy una intelectual de los textos bíblicos como quisiera ser realmente, sino una persona sedienta y hambrienta de su amor - como tantas otras - en quien Dios tuvo compasión e hizo residencia, por la gracia de Cristo, llenándome de Él, de fe y de favores y eso es lo que tengo.

Sin Cristo no entramos en conexión con Dios, su guía y respuestas sobre el camino a tomar, lo cual es fundamental, para que todo nuevo paso sea de crecimiento, sobre todo para quienes desean iniciar una nueva relación matrimonial, porque así lograremos reconocer a la persona que Dios nos presenta, si ésta es su voluntad.

Cuando yo conocí personalmente a quien es hoy mi esposo, en varias ocasiones y sin premeditación, tuve algunos flash-back o escenas retrospectivas en mi interior - como tal vez le pasa a muchos - que me ayudaban a reconocer en él, aquellos atributos que Dios me había mostrado separadamente y durante algunos momentos de profunda oración y de meditación en la palabra de Dios. Aquellas experiencias me proporcionaron la guía que necesitaba para reconocerlo e identificarlo a él y sus intenciones conmigo, para más adelante permitirme responder, poco a poco, a su interés romántico en mí. Este coincidir entre el sueño, puesto en mi corazón como visión, y la realidad - que solamente puedo reconocer yo misma y en la absoluta profundidad de mi ser interior o espiritual -es uno de los factores que me hacen valorar tan inmensamente a mi esposo, porque este hombre, evidentemente, fue escogido por Dios para ser mi marido y no por mí, y esto lo sé con lujo de detalles. Esta vez comencé a amar viendo a Dios presente en su corazón, a través de acciones relevantes, palabras comprometedoras con significado y demostraciones de cariño, de acuerdo a la verdad de Dios; fue a partir de ese despertar, que pude abrirme hacia esta relación y aún con gran cuidado y cautela.

Cuando Dios nos da visión y/o voz, porque también nos habla y nos hace hablar, hay que seguirlo, porque es para bendición, siempre y cuando al pasar esto por el tamiz de su palabra amorosa, tenemos confirmación y re-confirmación, y re-re-confirmación de que ese mensaje es suyo en Cristo y guiados por el Espíritu Santo.

Ahora bien, hemos estado hablando intensamente del amor y hemos dicho que no nos han amado o que nosotros no hemos amado con el amor de Dios, que es fundamental para que nuestros nuevos matrimonios funcionen, pero más allá del objetivo puramente de pareja, para lograr conocer el amor en nuestras vidas y que tiene que ver con, todo lo que hacemos, y en todas las áreas del amor. Pero ¿de qué se trata entonces el amor de Dios?, ¿cómo hago para reconocerlo?, ¿cómo sé que estoy amando con ese gran amor y cómo sé que esta vez si me están amando de la manera en que Dios lo tiene planeado?

El amor que Dios nos regala, nos permite amarlo primero, para luego amarnos a nosotros y en contrapartida a Dios (se puede dar lo que se recibe y es correspondido como el primer gran amor) y que a su vez debemos reconocer en nuestra nueva relación de pareja con vistas al matrimonio, en la realidad debería compaginar o igualarse con la enseñanzas de Jesús y parecerse mucho a la definición que nos entrega el Primer libro de Corintios, que nos proporciona una guía, como lo hace la Biblia en general, en todo asunto y materia de Dios. Recordemos que el amor según Dios no es como el amor que hemos aprendido afuera en el mundo.

A continuación les entrego la definición bíblica del amor, que aplica a todos los niveles y renglones donde el amor pueda ser practicado, veamos, (*1 Corintios 13:1-8 de la versión Reina-Valera 1995 (RVR1995)*):

[1]Si yo hablara lenguas humanas y angélicas, y no tengo amor, vengo a ser como metal que resuena o címbalo que retiñe. [2] Y si tuviera profecía, y entendiera todos los misterios y todo conocimiento, y si tuviera toda la fe, de tal manera que trasladara los montes, y no tengo amor, nada soy. [3] Y si repartiera todos mis bienes para dar de comer a los pobres, y si entregara mi cuerpo para ser quemado, y no tengo amor, de nada me sirve.

⁴ El amor es sufrido, es benigno;
el amor no tiene envidia;
el amor no es jactancioso, no se envanece,
⁵ no hace nada indebido, no busca lo suyo,
no se irrita, no guarda rencor;
⁶ no se goza de la injusticia,
sino que se goza de la verdad.
⁷ Todo lo sufre, todo lo cree,
todo lo espera, todo lo soporta.
⁸ El amor nunca deja de ser;

En principio, y así, dicho con este lenguaje poético y amoroso porque así hablan los que están enamorados, encontramos que se nos presenta, la manera en que Dios nos ama a nosotros. Este es el amor con el que Dios nos ama y nos llena, de esa misma forma al ser llenados de ese amor, somos capacitados poco a poco a corresponderle mas y mas, porque así recibimos, y en cuanto somos rebosados, ya es momento de repartir ese amor hacia afuera, mas allá de los vínculos familiares o sanguíneos.

Lo que estos versos bíblicos nos indican es que cuando alguien que verdaderamente tiene a Dios y dice que ama, es porque en verdad está dispuesto a demostrarlo no sólo con palabras sino también en acción, de lo contrario, es sólo una persona que hace ruido con la boca, con palabras que se entregan vacías, porque nada tienen y por ello no producen frutos, y este supuesto amor, significa nada, para nadie y para Dios.

También nos dice que si alguien tiene mucha fe en Dios, y que si esta fe es tan grande que le permite conocer profundamente las cosas de Dios y recibir y hacer cosas inclusive buenas, como por ejemplo, darle ayuda o dinero a los pobres, si esto no se hace con el amor de Dios hacia los pobres, lamentablemente, esto no es amor; recordemos que muchos de nosotros hemos aprendido a creer y usar la estrategia de dar para poder recibir, sin embargo, toda vez que hacemos esto por esa causa u otra alejada del verdadero amor, no estamos amando y al no dar o ayudar por amor puramente, nada vale para Dios.

En la segunda parte, se nos clarifica que debe producirse una especie de empatía de corazón, lo cual significa poner nuestro corazón donde está el corazón del ser que amamos; es como darse con todo lo que se tiene para amar al ser amado, porque esto implica un nivel de compenetración alto en los estados de tristeza y de júbilo, sintiendo lo mismo que el otro siente, porque son como un solo ser en ese amor. Tampoco se trata de establecer relaciones dolorosas o sufridas, sino de realmente padecer por el dolor que atraviesa el ser amado cuando le toca enfrentar este tipo de situaciones, por la causa que sea, ya que cualquier tristeza en la vida de los seres amados, trae verdadera congoja y aflicción a la nuestra, pues todo mal que le acontece a uno, es mal para el otro y no deseado para ellos, en el mismo nivel e intensidad con los que no lo deseamos para nosotros.

A consecuencia del amor, quienes se aman trabajan como uno solo en la superación de las situaciones difíciles u obstáculos. Lo mismo que ocurre con los padecimientos, ocurre con los logros y triunfos del ser o seres que amamos, los cuales traen tanta alegría a nuestro corazón que esos logros son propios en verdad, o porque se sienten como propios producen una inmensa y verdadera alegría; porque en realidad todo bien del ser amado es un bien propio.

El amor de Dios está caracterizado porque en él no puede existir la envidia, la competencia o "sentimientos" similares, sino apoyo e inclusive esfuerzos, si estos son necesarios y buenos (es decir, sin efectos negativos ni privaciones de ninguna naturaleza amorosa en el que lo da) para y por el mejor desarrollo y progreso en los asuntos del ser amado, es decir, para el bien del otro, para quien deseamos que alcance su más elevado potencial o nivel de victoria, aunque nuestra situación, circunstancialmente, luzca diferente pero no sometida, castrada o deprimida; he ahí el reto.

No hay egoísmos ni arrogancias en alguien que ama con el amor de Dios, no se desarrollan ni se propician situaciones ventajosas ni desventajosas entre los que se aman, no existen matrimonios donde uno de los cónyuges es rico y el otro pobre o uno solo es el que tiene acceso a los privilegios y el otro no; los que se aman colaboran, contribuyen, hacen las cosas juntos y se regocijan sabiendo y disfrutando de lo que el otro tiene y posee (talentos, salud, bienes, oportunidades, etc.), puesto que son para el disfrute de los que se aman, aun cuando el uno busca hacer al otro más feliz en toda posibilidad dada. Alguien que realmente ama no intenta lucir que está por encima de su ser amado, cuando por todos los medios evita cualquier comparación que pueda producir heridas por razones arrogantes; cuando alguien ama no hace daño de ninguna manera, es decir, no hiere, no causa dolor ni quita la tranquilidad, sino que hace lo posible por procurar la paz y sanación de cualquier herida física o en el corazón.

El que ama con el amor de Dios no es egoísta, no tiene secretos, no tiene agendas escondidas, no hay engaños, deslealtades, no tiene planes diferentes, no tiene más ni disfruta más que el otro, no busca estar en ventaja de su amado. Comparte lo que posee y mira por el bien del que ama; de hecho, la persona menos importante en la relación amorosa es sí mismo, y no solo porque se halla gozoso en hacer sentir especial a quien se ama, dándole el mejor trato y consideración posible, sino porque sabe que es amado por Dios y tiene este amor hacia mismo, lo cual sobrepasa cualquier carencia posible de amor.

En este amor, las discusiones se manejan con una consideración sublime, constructiva y ejerciendo el autocontrol para mantener la calma, porque el objetivo del Espíritu Santo no es la ruptura ni el conflicto sino llegar a acuerdos. No se lleva cuenta de los errores pasados o de situaciones difíciles enfrentadas; alguien que ama no usa información del pasado para dañar, no es cruel, no es despiadado, no se impone, no espía, no es controlador, por el contrario, es comprensivo, es dócil, amable, compasivo, dulce y delicado en su trato hacia su amado y no porque lo siente, y se queda con ese sentimiento durmiendo adentro como si estuviese muerto porque no se da a conocer, sino porque actúa y lo pone en práctica dentro de esta consonancia, que solo es posible con Dios en nosotros.

Este amor involucra la mayor dosis de verdad, por tanto, esta relación es carente de mentiras, excusas y justificaciones; no hay ofensas, ni malos tratos, no hay situaciones violentas, peligrosas o temerarias, no hay peleas ni contiendas interminables, más hay perdón constante, lecciones, aprendizajes; están presentes los detalles y las sorpresas y expresiones amorosas.

En el amor de Dios existe gran compromiso, paz, antes en la etapa del conocimiento y durante el matrimonio, y muy importante es que también se comparte la visión de futuro y los valores cristianos que guiarán las conductas o el código moral de ese hogar.

Teniendo el amor de Dios en Cristo, habitando dentro de nosotros, un amor por debajo de este, no es el que daremos ni podremos aceptar, pero no porque se exige este amor, sino porque se recibe por la gracia y favor de Dios en nosotros.

Este amor que acabamos de describir, sin embargo, no es exclusivo dentro de la pareja matrimonial, sino que también aplica para todas las relaciones amorosas que podamos tener, por ejemplo con nuestros hijos, padres, hermanos, amigos, compañeros de trabajo, vecinos de la comunidad y, en definitiva, con todos y cada uno de ellos, pero en la justa medida y con sus acentos muy particulares, pues obviamente, el romanticismo existe exclusivamente dentro de la relación matrimonial.

Un aspecto importantísimo de este pasaje bíblico, nos indica que el amor no deja de ser, es decir, nunca muere, de manera que donde existió verdadero amor, a pesar del divorcio, el sentimiento no desaparece y, por ello, requiere ser curado y transformado por Dios, en otro tipo de amor como el que entregamos u ofrecemos hacia nuestros semejantes; de lo contrario, no podemos avanzar (con Dios), porque no podemos amar a dos esposos a la vez, si ese es el caso, ni tampoco amar a uno y odiar al otro - porque las heridas no sanadas originan rencor, recordemos que antes vimos que la necesidad de amor la tenemos todos y donde no hay amor (mundano o Divino) el vacio se llena con su opuesto o permanece vacio buscando interminablemente. Esta sanación en el corazón, sólo es posible en Cristo y de las manos de Dios, pues recordemos que Jesucristo vino también a entregar sanación y como es en todo caso, esto se produce a través del trabajo del Espíritu Santo en nosotros.

Entendiendo que no todos están familiarizados con el argot o vocabulario bíblico, para explicar mejor el amor de Dios podríamos entender que es una especie de combinación del amor según los conceptos griegos de *ágape, philia y eros*; por amor *ágape,* tenemos al amor desinteresado, incondicional y altruista; por el amor romántico *eros,* tenemos el amor de la pareja o erótico; y por *philia,* tenemos el tipo de amor que se desarrolla en la familia, entre hermanos, amigos y semejantes.

Aún quedándonos muy cortos en este intento por explicar cómo es el amor de Dios, podríamos decir que desde su perspectiva, el *eros* - que es el amor de pareja - amerita combinar el amor *ágape y el philia,* en el sentido de que en la pareja debe desarrollarse un amor incondicional, a prueba de todo, lleno, además de una profunda y sincera amistad, donde se disfrute del compañerismo y del apoyo de la relación más completa posible, lo cual ayudará a mantener a la pareja unida por todos los días de la vida; en realidad no puede haber nada mejor que sentir que en el cónyuge tenemos además el más sincero, sentido y divertido amigo y apoyo, después de Dios.

Respecto al amor *Philia, que es el* de los padres hacia los hijos y viceversa, entre hermanos, primos y familia en general, en el que también debe estar presente el amor *ágape, que es* incondicional y cuya luz no se apaga jamás, a pesar de que los hijos se vayan a formar sus propios hogares, y de los amigos y familiares aunque obtengan grandes triunfos y logros sobresalientes, como por ejemplo.

El amor *ágape,* que es el amor más superior y parecido en su concepto al amor de Dios, por ser generoso, bondadoso, desinteresado y que busca el bien incondicional del otro por encima del bien propio, si no está presente cuando practicamos el amor *eros* y el *philia,* entonces no tenemos el amor de Dios en nosotros. El amor de Dios siempre va más allá y es infinitamente superior a lo que podamos imaginar, porque se extiende y entrega sin obligación, barreras, fronteras, clases, nacionalidades, aspecto físico (o cambios en el aspecto físico), y sin mirar el pasado, acciones cometidas y no posee límites, pues no es negado bajo ninguna circunstancia a todo individuo, solo por el hecho de ser creación de Dios, que ya esto de por sí es un claro ejemplo de su amor. Sin embargo, para verlo, percibirlo, practicarlo, recibirlo y darlo, se requiere un único requisito y es la fe en el significado de Jesucristo.

Aunque lo deseemos, nuestro amor nunca será tan grande como el Dios, por su propia dimensión, alcance, poder y superioridad; aunque, nosotros a nuestro nivel estamos llamados a intentarlo, en cuanto Dios nos presenta cada posibilidad, porque el amor es un regalo que recibimos y que debemos dar, y también una prueba para Dios determinar dónde pertenecemos, si a Él o al mundo.

Que no nos haga tontos este amor, porque quien no lo desea no es suyo y cuidado con esto, porque esto es parte del libre albedrío del que escoge no recibirlo y eso se respeta como lo hace Dios, y por el otro lado del discernimiento que amerita el que desea entregar este amor, para que no lo eche al piso duro sino al suelo fértil.

El amor de Dios es el más grande posible y como él no hay otro, puesto que nos envió a su Hijo Jesús a morir en la cruz sólo para que todo aquel que - aún no mereciéndolo – creyendo en Él, lo reciba en su corazón, pueda tener el privilegio de contar con Él (que es el sueño más deseado) y tenerlo por compañero durante esta corta vida terrenal en la que lo necesitamos tan urgente y críticamente, sobretodo aquellos que tienen un corazón hambriento y dispuesto a recibir este llenado de amor. (Ver *Juan 3:16*)

Imagínate por un momento que alguien te ame así, sería algo maravilloso, ¿no es cierto? Te invito a que lo recibas, pues este es el amor que como cristianos recibimos de nuestro Dios y, al recibirlo y tenerlo, entonces seremos capaces de darlo y si hablamos de matrimonio, la mejor parte sucede cuando nuestra pareja que está dentro de la fe en Jesús, nos ama de esta misma manera. ¡Que felicidad tan grande es contar con Jesús, quien nos abre las puertas del amor que tanto ansiamos!

Sí, no hay duda, antes fallamos, pero eso quedó en el pasado y está borrado y lavado desde el mismo momento en que creímos en la crucifixión de Cristo para que recibiésemos a Dios, y ahora en su reino sabemos que nada nos falta y, antes de pensar en matrimonio o noviazgo, es necesario conocer primero al ser que se lleva por dentro, aunque esto amerite mayor tiempo y paciencia, dándole las oportunidades posibles a esa persona de mostrarse y salir a la luz en verdad de acción, palabra y actitud; y según como sea lo que observamos, si es bueno y de bendición - porque se corresponde con el verdadero amor - podemos decir que Dios nos ha proveído de una pareja que nos llena de amor y de belleza porque viene de Él.

Esta belleza a la que me refiero es por dentro y, por tanto, es verdadera, porque todo lo que está adentro de nosotros sale más temprano o más tarde, y por esto es muy necesario todo este esfuerzo para no llevarnos nuevas sorpresas negativas. Les invito a leer *Mateos 5: 43-48*.

Así, refiriéndome un poco a mi propia historia, recuerdo que le dí y aún le doy emotivas gracias a Dios por haber escuchado los deseos de mi corazón, insistiendo en darme su provisión de amor de pareja, lo cual además sucedió en el momento perfecto, porque el tiempo de Dios es perfecto, siempre y para todos.

Así pues como dos niños, mi esposo y yo iniciamos un período de conocimiento, con ingenuidad y respeto. Esta relación venía con muchos retos y el primero era que vivíamos en países diferentes, lo cual, por el contrario, nos unió mucho más, pues logramos desarrollar una gran amistad basada en la confianza y sinceridad. Sin embargo, este mismo hecho implicaba que, en algún momento, alguno de los dos tenía que tomar una decisión de mudanza y eso no era precisamente lo que yo deseaba, siendo ésta una razón que me hacía dudar un poco de aquella relación.

Mis planes más bien contemplaban radicarme en ese segundo país que había tomado por residencia desde hacía nueve (9) años, así que en realidad yo estaba haciendo mi parte y preparándome para quedarnos, mientras mi hijo comenzara sus estudios universitarios allá; sin embargo, el plan de Dios era radicalmente diferente a lo que yo me había planteado, según mi criterio de lo que era posible y alcanzable para mí, desestimando a Dios, con mi simple humanidad.

Nueve meses después de haber conocido a mi actual esposo, Dios me comenzaba a indicar claramente que me debía ir de donde estaba y para convencerme usó todos los medios posibles. Por un lado, la empresa en la que trabajaba me informó sus planes de transferirme de país y, para ello, me daba seis meses considerando que mi hijo debía terminar su año escolar, lo cual agradecí infinitamente. El apartamento donde vivíamos estaba en venta y si yo no lo compraba, éste sería abierto al público como lo fue; así pues, debía desalojarlo el mismo mes en el que se terminaba mi contrato de trabajo y, como punto final, mi hijo terminaba no sólo el año escolar sino la secundaria y debía iniciar la universidad en algún otro país, pues las dos únicas universidades existentes en la isla de Trinidad, no ofrecían la carrera que él había escogido, y él tampoco se abrió a otra posibilidad de profesión allá, a pesar de mi insistencia y todo tipo de apoyo que pude ofrecerle en materia de orientación vocacional, etc. Casa, trabajo y el futuro de mi hijo me indicaban un cambio.

Recordé que aproximadamente un año antes de que todo esto ocurriera, mi hijo y yo hablábamos en el carro, un sábado en la mañana mientras nos dirigíamos a hacer algunas compras, cuando descubrimos que ambos habíamos tenido la misma impresión de que pronto nos iríamos de aquel país. Hablamos brevemente sobre este tema y supusimos que tal vez Dios nos indicaba que era tiempo de volver a nuestra natal Venezuela, aunque ambos teníamos la convicción de que la brújula nos indicaba otra dirección; sin embargo, simplemente lo conversamos, oramos y se lo entregamos a Dios y nos olvidamos del asunto, hasta que todo aquello comenzó a producirse y fue cuando este hecho regresó a nuestra memoria.

Le dí muchas vueltas a la cabeza y oré incesantemente pidiéndole a Dios respuestas, así decidí aceptar la oferta de la empresa e irme con ellos a Europa, para en principio completar un plan de entrenamiento, mientras que mi hijo había quedado seleccionado en una universidad en el país donde vivía mi entonces novio, pues ambos se pusieron de acuerdo y trabajaron juntos en el proceso de aplicación y registro, en el cual por supuesto, yo también colaboré. Así pues comencé a organizarme y a ponerle fecha a los asuntos que tenía que resolver, hasta que un día muy cercano a entregar mi respuesta de aceptación de mi transferencia, recibí su propuesta de matrimonio por teléfono, la cual formalizó más tarde, con un segundo anillo, porque el primero fue el de la promesa de serme fiel, a pesar de la distancia, el cual me entregó la segunda vez que nos visitó.

Volver a casarme era un asunto bien serio y bien comprometedor para mí, como siempre en realidad lo fue, solo que ésta vez oré muchísimo, inclusive pidiéndole a Dios que alejase de mí a esta persona si no era para bendición y bien para mi hijo y para mí. Esperé hasta estar segura de que Dios me respondía, y así sucedió, después de un año y siete meses de noviazgo, nos casamos.

Tengo que decirles que nuestro matrimonio lo hemos puesto en las manos de Dios y en Él confiamos, mientras nosotros hacemos nuestra parte, principalmente, proporcionándonos grandes cuotas y muestras de amor en cada oportunidad, donde la ferviente oración está presente, sobretodo de mi parte, pues de los dos, yo soy la más fuerte en la fe y mi Espíritu, mientras que él lo es, en el estudio bíblico desde un punto de vista más histórico, y eso a mí me encanta, porque me complementa muchísimo.

Nuestro matrimonio se produce como un desenlace feliz que se inició desde que nos conocimos, porque coincidimos en los valores, principios, comportamientos aceptados, expectativas de pareja e hijos, apoyo, intereses familiares y concepto del hogar, haciéndonos enarmonarnos mas; sin embargo, lo único en lo que no terminamos de coincidir es, en que nosotros como pareja hacemos unos planes y Dios hace otros con nosotros, lo que implica ajustes, esfuerzos y retos desconocidos, en los que nos movemos guiados por la fe en Él, como es el caso de este mismo libro que Dios me ha dado a escribir, contando su apoyo.

Nada, pero absolutamente nada de lo que me comenzó a suceder desde aquel día en que llamé a Cristo a entrar en mi vida con todas mis entrañas en medio de mi desesperación dentro de mi automóvil, ha respondido a algún plan diseñado por mí. Desde el momento en que yo me entregué a Dios, Él me amó a pesar de mis manchas, que no sólo se refieren a mis divorcios sino a muchas otras faltas, pero que al decirle isí! a Jesús, Él no las tomó en cuenta y fue como si nunca hubiesen estado allí. No le importó lo que había hecho y me sacó del pozo de la oscuridad, de la dependencia, de la esclavitud y del desamor en el que estaba sumergida y que me estaba asesinando; y así me recogió y se hizo cargo totalmente de mis circunstancias, proveyendo de manera sorprendente los medios para sostenernos en abundancia a mi hijo y a mí, llenándonos de ratos de inmenso y constante gozo, con lo que día a día ganábamos mayor confianza en Él. Desde entonces, Él es nuestro soporte y nuestra columna y la base sólida como la roca, sobre la cual está cimentada nuestra casa, en donde sea que estemos y vivamos.

Ciertamente, somos cristianos, pero no somos perfectos, nos hemos equivocado inmensamente y lo hacemos hoy y lo seguiremos haciendo muy seguramente día tras día, tal vez, porque ésta es la manera en la que Dios nos recuerda que perfecto en la tierra, es sólo uno conocido: Jesucristo.

Cuando en un principio mi hijo y yo aceptamos a Jesucristo con un corazón humilde y creímos en su verdad y padecimos por su crucifixión y celebramos por su resurrección en nuestro espíritu, Dios nos aceptó a nosotros también y entramos en sus predios haciéndonos sus hijos adoptivos como resucitándonos, todo sucediendo simultáneamente. Los invito a leer la parábola del Hijo Pródigo, porque nosotros somos ese hijo pródigo. (Ver *Lucas 15: 11-32*)

Desde que mi hijo y yo recibimos a Cristo (y a mí esto me ocurrió después de mi hijo), no hay un día en el que no celebremos en el Espíritu, el sacrificio que Jesús hizo por nosotros en la cruz, con el único propósito de que pudiésemos recibir esta gracia infinita, pues no dejamos de asombrarnos de ver a Nuestro Padre Celestial tocando nuestras vidas y cubriéndonos con un río de amor desbordante cuyo manantial no deja de fluir, al tiempo que no se aparta de nosotros dándonos consuelo cuando así lo ameritan nuestros corazones, los que tiene agarrados en la palma de sus manos.

Ciertamente, Dios no nos dio una vida perfecta, porque la perfección sólo le pertenece a Él, tampoco nos trajo a vivir en un mundo perfecto, porque allí está el reto, en el mundo que no le cree, pero el mundo está bajo sus pies, mas todo aquel que lo busca e invoca el nombre de Jesús - no importando qué marcas y cicatrices lleva en su piel interna o externa - es aceptado y así sale del mundo y entra a vivir bajo el regazo del Padre, que es perfecto; en este lugar, nos llena y nos ayuda a transitar por los caminos de este mundo, agarrándonos de su mano en la que encontramos inteligencia y discernimiento, aún para el menos estudiado, porque Dios es para todos, para los divorciados y para los más desesperanzados, incluyendo a los que el mundo rechaza porque no les dio oportunidades, porque el mundo no tiene el amor de Dios.

La solución que encontramos a través del divorcio, en verdad nos cambia la vida porque nos hace vulnerables, débiles y carentes, pero tal vez no solo por los efectos, sino por lo que enfrentamos, condiciones éstas que Dios nunca deseó para nosotros. Así que para el que no se conforma con una vida quebrada o rota, está Jesús, quien vino a entregarnos la única posibilidad de restauración verdadera.

Dios te ama porque eres su creación y sabe que sin Él no puedes lograr nada que no te cueste sangre, dolor y esclavitud y cada quien conoce su necesidad de Dios. Tú eres uno de esos hombres o mujeres a los que Él sopló con el aire de vida el día de tu nacimiento y con ese aire cargado de amor te regaló la vida, así como lo hace cada minuto y segundo en el que respiras. Él te diseñó a ti, tal y como eres y contigo un plan, que es exclusivo para ti y que sí es perfecto, hermoso y victorioso, porque es exclusivo para ti, como individuo único y especial, en consonancia con tus talentos y dones, facultades o habilidades o eso que te dio para que lograses tu propósito en la vida, es decir, a lo que viniste por su voluntad, sin necesidad de comprometer tu integridad.

Sin embargo, somos libres de no ir por este camino, si no lo deseamos, y por tanto de caminar alejados de Él, bien porque nos cuesta creer, porque somos excesivamente terrenos, tal vez materialistas, o necesitamos pruebas que sucedan por fuera y no por dentro de nosotros; como me pasó a mí, y así viví casi cuarenta años, perdida en el desierto seco y arenoso de una vida, que pudo haber sido desde el principio, como lo es ahora. Sin embargo, créanme que esto no lo digo con nostalgia ni tristeza, sino por el contrario con una gran alegría, porque con esto Dios me trae a la posibilidad de entregarte mi experiencia para tu bien, para que no pierdas ni un solo día más, de los días que Dios te da, y si para esto te sirvo, entonces no hay mayor alegría en mi corazón, que saber que para esto vine.

No te quede duda, en este nuevo pacto, no hay aspectos incompletos, ni carencias, ni asuntos pendientes, sino un proceso que comienza y termina de la mano de Dios, ahora y solo por Jesús, quien es la única posibilidad que tenemos de conocer a Dios y entrar en sus predios, en los cuales Él se hace cargo y toma responsabilidad de nosotros como sus pequeños hijos.

¡Vamos! confía en Él, quien sí tiene potestad, facultad y, además, gran gozo de enderezar cualquier camino, por más torcido, quebrado o destruido que parezca, porque Él posee el pegamento, el concreto, los ladrillos, las columnas, las piezas, las herramientas y la arcilla necesarias y en la cantidad perfecta, para restaurar sus vasijas y dejarlas mejor que como estaban antes, porque las llena y rebosa con amor.

Dos grandes desafíos tenemos que enfrentar y estos son: nuestro intelecto, moldeado por el mundo y nuestra incredulidad, debido a tanta decepción que también nos ha causado el mundo.

¡Créele! y, creyéndole, desea conocerlo y, conociéndolo, no dudes en llamarlo, porque llamándolo Él, sin duda, vendrá a ti y a todo el que invoque su nombre; esto es verdad porque está escrito y muchos podemos dar testimonio y fe de esto.

*Porque Dios me amó*
*pero no como el mundo,*
*sino con amor verdadero...*

Así cierro este segundo capítulo, invitándote al siguiente, donde te entrego lo que en realidad aprendí en esta vida mía, la cual comenzó el día que llamé a Jesús.

# III.

# Lo que encontré en mi camino

[1] Los proverbios de Salomón, hijo de David, rey de Israel:
[2] para aprender[a] sabiduría e instrucción,
para discernir dichos profundos[b],
[3] para recibir instrucción en sabia conducta,
justicia, juicio y equidad;
[4] para dar a los simples prudencia,
*y* a los jóvenes conocimiento y discreción.
[5] El sabio oirá y crecerá en conocimiento,
y el inteligente adquirirá habilidad,
[6] para entender proverbio y metáfora[c],
las palabras de los sabios y sus enigmas.[7]
El temor[d] del Señor es el principio de la sabiduría;
los necios desprecian la sabiduría y la instrucción.
**Proverbios 1: 1-7 La Biblia de las Américas (LBLA)**

Permíteme compartir contigo lo que encontré a lo largo de mi camino, que es mi nuevo conocimiento, ese mismo que uso como discernimiento, y que no me ha fallado.

Imaginemos que nos encontramos, como ciertamente lo estamos, en un punto sobre un espacio plano. Si nos movemos, podemos ir hacia el este, hacia el oeste, hacia el norte o hacia el sur. El hecho es que, humanamente, sólo podemos dirigirnos hacia una sola dirección a la vez. En el momento que iniciamos el camino en la dirección seleccionada, nos veremos obligados a tomar decisiones y a actuar en consonancia con nuestro sistema de valores, los cuales provienen del sistema de creencias que hemos aceptado y que funciona como cierto dentro de nuestro ser interior, que es nuestro corazón.

Nuestras creencias residen en nuestro corazón, y comenzaron a formarse desde nuestra niñez, según todo lo que recibieron y lo que no. Nuestras creencias y valores se establecieron y quedaron arraigados en nosotros desde etapas en las que no teníamos capacidad de discernimiento, entendimiento y libertad de escoger o rechazar. Nos fueron entregados durante el trayecto que se inició en nuestros hogares y continuó su paso por colegios, amistades, medios de comunicación, círculos sociales, negocios y, en general, por el mundo y de acuerdo a la experiencia de cada quien, porque hay quienes no tuvieron hogar.

Sin embargo, hoy ya no somos niños sino adultos, con potestad y libertad para decidir las creencias que deseamos que permanezcan con nosotros y, con suficiente libertad para decirle adiós, a las que no nos han ayudado a salir del foso, superar la crisis y traer un cambio verdaderamente positivo en nuestras vidas y en las de los nuestros, como lo deseamos (porque hay que ansiar que el cambio se produzca). Nosotros, los que lo deseamos, tenemos la responsabilidad, capacidad y la obligación de elegir la creencia y valor que nos trae bien y nos mueve hacia lo bueno, la victoria y el plan de Dios, que no es como el plan que el mundo tiene para nosotros.

Nuestro sistema de creencias (nuestra fe), determina nuestros valores (lo que está bien y/o mal), y esos valores determinan nuestros comportamientos (actitudes, acciones y palabras). Según esto, escogemos el camino que tomamos en la vida y cómo lo vivimos durante el trayecto.

Si buscamos a Dios, entonces necesitamos creer en Jesús porque, de lo contrario, caminamos el camino sin Él y esto es peligroso, además porque no recibimos la capacidad espiritual que necesitamos para afrontar los retos, lograr cambios y progreso y además contar con su ayuda, fortaleza y amor que es completo y desbordante. Sin Él, al final del camino no hay nada, con Él hay logro de propósito y eternidad, significando esto que la esperanza, se convierte en sueños logrados y más tarde en trascendencia.

Si no creemos o tenemos fe en Jesús, entonces no tenemos relación con Dios y, en consecuencia, no logramos obtener lo que únicamente Él puede darnos y de acuerdo a la necesidad que tenga cada quien de Dios.

Con Dios el asunto de la fe es radical, tal como nos lo hizo saber quien fue la voz de Dios en la tierra – Jesús - cuando dijo que quien no está con Él, está contra Él. Y esto no lo dijo como una retaliación política, inmadura, imponente, controladora o dictatorial, sino todo lo contrario para darnos una libertad que no podemos conocer sin Él, y para advertirnos que sin Él no hay Dios. (Ver *Lucas 11:23*)

Dios, la crucifixión y resurrección de Cristo y el Espíritu Santo en nosotros, nos salva del engaño que pretende impedir que recibamos los regalos que un hijo adoptivo de Dios, puede recibir. Si no le creemos y no lo buscamos, Dios no puede actuar en nuestras vidas, mientras que si le creemos, entonces lo llamamos y así puede hacerse cargo de nosotros, desbordándonos con su cuidadoso amor, recordemos que todo esto se trata de una batalla.

Creer en lo que el mundo nos vende como verdad, nos conduce a caminar por caminos donde Dios, con su amor y protección, no están presentes y donde no contamos con lo que Él ofrece, allí en esos espacios no hay garantía de promesas y bendiciones, las cuales les invito a investigar en la Biblia.

Las promesas de Dios son para quien lo escucha y lo obedece por amor, y, a mayor amor, mayor obediencia, y cuanto más esto crece, más crece la bendición.

Según nuestro terrenal modo de comprensión, podemos francamente decir que Dios es muy osado cuando, haciendo alarde de su gran autoridad y superioridad, se atreve a presentarnos y dejarnos por escrito el contenido de su legado o herencia, al cual tenemos acceso a conocer y apropiarnos cuando creemos e iniciamos una relación amorosa con Dios a través de Jesucristo, el cordero del sacrificio de Dios. Este legado que nos entrega, tiene carácter de contrato, tanto, como si se tratase de un derecho sucesoral, porque ahora hay un vínculo de sangre (la sangre pura de Jesucristo que fue derramada para reconciliarnos con Dios) y que creyendo en esta sangre nos hacemos hijos adoptivos y así recibimos el derecho de reclamarle a Dios, el que ahora reconocemos como Nuestro Padre en verdad,  porque eso es nuestra herencia.

El mundo, por el contrario, a pesar de que en todo opina y para todo da consejos alejados de Dios, no nos ofrece ayuda ni garantía, una vez que nos persuade de hacer las cosas a su modo, como le pasó a Judas que fue convencido y con ello acabó su vida. El mundo ofrece todo lo que puede ser vendido y comprado que expira y no tiene trascendencia, ni el poder del amor, y tampoco nos lo vende con una intención desinteresada, que proteja nuestra inversión o transacción.

En el mundo, cuando compramos cualquier producto, servicio, o privilegio, lo adquirimos porque somos convencidos de hacerlo y así firmamos obligaciones de por vida, pensando que estamos asegurando nuestra felicidad; sin embargo, - y esto no lo sabemos tempranamente - en la realidad estamos comprando o adquiriendo de manera limitada y esclavizante, porque estamos contando solamente con nuestra capacidad humana para adquirir aquello, que pensamos que necesitamos o merecemos, olvidando que con Dios hay un plan ilimitado para nosotros, donde hay libertad y no hay esclavitud.

El aspecto financiero no es tema de este libro, no obstante, nuestras finanzas, así como nuestras necesidades afectivas, son suplidas y rebosadas inmensamente en el Reino de Dios, donde los límites los pone Él, y no nuestro ingreso salarial ni nuestros haberes en el banco.

En el mundo no hay amor incondicional, nadie nos da nada a cambio de nada, y para recibir se genera un sistema de sumisión o esclavitud. Nosotros nos sentimos obligados a pagar hasta los favores y lo hacemos, tarde o temprano, porque en el mundo, los favores del mundo, se cobran. Aquí en la tierra, toda oferta, gratuidad, rebaja o favor, viene con un precio no negociado o acordado de antemano que, en algún momento, nos exige su pago de una u otra forma, y así se nos enseña a actuar.

Pero, no sucede de esa manera dentro del Reino de Dios, gracias a Jesucristo, quien nos advierte y nos conduce a transacciones donde los compromisos traen bien y no mal, porque Él es quien los dirige. En el Reino de Dios hay un legado real, de manera que lo que Nuestro Señor nos presenta para adquirir, también nos presenta los medios para cumplir con esas adquisiciones, en armonía con todas las demás necesidades que podamos tener y, además, con suplemento de alegrías, delicias y justa abundancia; sin embargo, para poder movernos dentro de este camino de buenas decisiones y condiciones, necesitamos que El Rey de Reyes guíe nuestros pasos dentro de su Reino, en el cual hemos decidido hacer nuestra residencia atendiendo a la invitación de Jesús, el Hijo del Rey y guiados del Espíritu Santo, porque la herencia es completa y así nos hace príncipes y princesas.

El mundo promociona una falsa creencia de valor puesta en el dinero, la belleza, el sexo y el poder, que es realmente absurda y peligrosa porque es aparente, engañosa y temporal, ya que no se sostiene en la fuerza del amor de Dios y además se olvida de la riqueza interna y de la pureza de su amor, robándonos las bendiciones. El objetivo es generar ansiedad y un propósito de vida distorsionado, que trae frustración, complejos, desesperanza, y efectos negativos, porque nada podemos lograr sin Dios. Los que fueron convencidos y no lo lograron, fueron víctimas de quienes les robaron el verdadero sentido de la vida y el regalo de vivirla en paz, amor y bendición.

Se nos enseña que vinimos a hacer dinero y creyendo esto se nos prepara, pasando a ser éste el valor principal para el mundano. Cualquier regla del juego de la producción y del mercado que genere ganancias es válida y aceptable para el dueño del negocio. De esta forma, vemos que matrimonios, familias, negocios, ciudades y países entran en caos, porque no podemos amar al dinero, sino usarlo como un recurso de amor, para demostrar amor, y esto es una prueba constante, porque el que se adhiere al dinero, eso es lo único que tiene, y eso es lamentable; porque el dinero como fin, no puede ocupar el lugar de Dios, ya que en ese caso, en realidad se está creyendo y adorando a lo que el diablo representa, y esto nos roba la bendición, generando efectos dañinos y vidas vacías e incompletas que requieren ser llenadas, y lo son o serán, tarde o temprano, con aquello, que el mismo sistema dañino ofrece para destruirlas.

Todo lo que Dios ha puesto en nuestros corazones como deseos puros, los vamos a alcanzar de manera armoniosa y amorosa, al colocar nuestra fe en el poderoso significado de la cruz y de la resurrección de Cristo. Esto es algo que, por un lado, el mundo desea encubrir para que no lo logremos y nos perdamos la belleza de una vida llena de la bendición de Dios; y, por el otro, desde la perspectiva de Dios, es usado para probarnos.

Los deseos que no vienen de Dios sino que proceden de deseos distorsionados, que nos han sido entregados dosificados, como la envidia, la ambición, el deseo descorazonado de demostrar grandeza o ejercer poder sobre otros - esos que la sociedad secular inyecta como veneno - son los que para ser alcanzados, ameritan utilizar medios de la misma naturaleza, por ejemplo: el engaño, la especulación, la corrupción, el robo, entre otros, y de allí, las consecuencias.

El mundo desea aniquilar la fe en Jesús porque no le sirve para sus fines, ya que quien se sujeta a esta verdad no tiene manera de perder, puesto que contra Dios nadie puede. Yo no estoy pretendiendo decir que con Dios obtendremos cosas gratuitamente *per se*, porque a Dios le gusta el esfuerzo que en sí implica contar sólo con Él, y hacer las cosas a su buen y amoroso modo; el facilismo que ofrece el mundo usando medios engañosos, desesperanzados y faltos totalmente del amor y de la fe en Dios, sirven para reclutarte o engancharte, y así aniquilar la posibilidad de poder disfrutar del legado que Él tiene dispuesto para cada uno de nosotros y a su medida, y en esto entra toda área posible, desde la económica hasta la amorosa - o de los afectos - que es básicamente a lo que me refiero en este libro.

Tampoco estoy queriendo decir que lo que existe en el mundo es malo, en lo absoluto, porque el mundo nos ha sido entregado por Dios para dominarlo y usarlo, pero su plan es hacerlo con amor, consideración y compasión, porque aquello que es malo en el mundo, es su maldad, es decir, su falta de amor.

Necesitamos saber que esto es así y, si ya lo sabemos, entonces lo que debemos hacer es tomar el paso de la fe radical en Cristo, aunque sintamos que el mundo va en contra de nosotros, porque eso es lo que, precisamente, busca hacernos pensar, puesto que se sustenta en el engaño, la mentira, la manipulación y la creación de objetivos y sueños inalcanzables (para muchos o la mayoría, y, eso es lo que busca que grandes números de personas se pierdan para sus fines).

Si creyendo en Jesús, pasamos a ser gobernados por Dios, que es bueno y es amor, entonces revisemos qué es eso que nos impide recibir este gran regalo.

Quien piense que el diablo o la maldad no existe, recuerde los negocios y acciones humanas relacionadas a la prostitución (usando también a niños), la trata de personas (niños, mujeres, hombres), el tráfico de órganos, corrupción a todo nivel, infidelidad, promiscuidad, enfermedades, pornografía (variante de la prostitución y que también usa a niños), las drogas (como válvula de escape), los negocios ilegales, el engaño en cualquier nivel y tamaño, el robo, el sexo como engaño de amor sin compromiso, el matrimonio por interés, los niños abandonados, el rapto, las violaciones, el incesto, el abuso verbal, el maltrato, el sometimiento a otros o esclavitud, el aborto, los asesinatos, la seducción (como estrategia de ventas y para la obtención de cosas), las guerras y otros.

Quienes toman parte en estas actividades, como negocio y/o atrayendo a otros como socios y someten a muchos como víctimas, lo hacen porque escucharon la voz del malo y le creyeron engañados, seducidos por la vía fácil, rápida y sin esfuerzo, como camino para obtener o lograr fines que, antes tal vez fueron sueños buenos, pero que sin paciencia decidieron lograrlos a su propia manera y tiempo, y en esto hemos caído muchos. Le creímos al diablo, o, a quien actuó como si lo era (porque éste también se dejó engañar, es como una cadena), y así, los que aún no han salido de allí, le sirven al diablo y viven en el mundo, donde no está presente la luz de Dios.

Algunas consecuencias de actuar en maldad, o creerle a la mentira, son, la enfermedad, la pérdida de las posibilidades de amar y ser amado, la pobreza o riqueza ficticia y/o temporal, la cárcel, la pérdida de la familia, la inestabilidad, el atraso y retraso, dificultades para levantar cabeza, la pérdida de futuro, el resquebrajamiento del alma, y/o la muerte espiritual.

Les confieso que aún me cuesta mucho usar la palabra diablo (la cual habrán visto muy pocas veces en el trayecto de su lectura), y esto es porque antes aprendí que no existía y que éste término suena ignorante o nos hace lucir ignorantes, pero la verdad es que yo sigo caminando en este camino, creyéndole cada vez mas y mas a Dios, porque veo en este mundo, que es verdad lo que Dios dice en su palabra, lo que además me sirve para estar alerta para la protección de los míos y la mía, y ahora la tuya.

Nosotros vinimos a este mundo a amar y no a amasar fortunas, aunque la bendición de Dios implica siempre abundancia. Ninguna persona, ni siquiera los que se dejaron seducir por la maldad y por esto hacen daño, estaban hechos para ello, e ir en contra de Dios, por tanto padecen las consecuencias, que buscan traerlos de regreso a Dios.

El diablo engaña y seduce, pero hasta allí, porque no puede cumplir con su oferta y solo entrega sueños rotos e incompletos, mutilados, breves, sucios, y peligrosos, porque es un mentiroso que busca compañía.

Dios usa consecuencias y castigos para hacernos saber, que contra su ley de amor nadie puede, porque Dios está por encima de toda persona, nos guste o no, lo creamos o no. La consecuencia puede ser irremediable, si no regresamos a Él en Cristo, y puede tornarse en un castigo que puede ser interminable; pero si regresamos a Él en Cristo, recibiremos las enseñanzas detrás de estos castigos, los cuales serán removidos por Dios, sin duda, cómo y dónde lo considere necesario.

El asunto es dónde colocamos nuestro corazón, es decir, a qué le otorgamos credibilidad e importancia, porque esto puede implicar para nosotros la renuncia de nuestro derecho a clamar nuestra herencia, la que si va a ser reclamada y recibida por los hijos adoptivos de Dios por la fe en Cristo, que es lo que Dios busca.

El aspecto más fundamental de la herencia de Dios, mientras circulamos por este mundo, es tenerlo como Padre, hermano, esposo, amigo, confidente, cabeza de hogar, protector, y guía experta, a través de su consejo y la figura y personalidad de Jesucristo; y si lo tenemos a Él ¿qué cosa nos podrá faltar? La respuesta es: !absolutamente nada!; para mí, esto es una verdad contundente porque la vivo a diario, de hecho he aprendido a pedirle solamente a Dios en Jesús, sin antojos, ni berrinches, sino entregándolo todo a su magnífica sabiduría, pues Él sabe lo que es bueno y lo mejor para mí, y yo eso lo acepto y, además, lo prefiero; pero para recibir así, hay que seguirlo en sus enseñanzas y dejarse guiar por Él, aprendiendo a escuchar su voz y no otras voces.

Yo le hablo a Dios, como una niña que se dirige a su Padre y le entrego mi petición, tal como lo hice cuando le dije que si su deseo era traerme un nuevo esposo, entonces que esta vez se encargase Él, porque yo no había sido exitosa en esta área, y que cuando lo hallase, me lo mostrase y me permitiese saber cómo identificarlo; por supuesto, no voy a negar que hice mi lista de atributos, que unos dicen que le sirve a Dios para encontrar a ese hombre que deseamos; sin embargo, conociendo a Dios, quien es el autor del amor, en realidad lo que sucedió fue, que fui llevada en el Espíritu Santo a definir aquellos atributos que Él mismo había colocado en mi corazón, de esa manera la lista no le servía a Él, sino a mí, para poder identificar al regalo cuando llegara, y en este caso me refiero a mi esposo.

Yo me dejé guiar por Él y le pedí restauración y Él me la dio, incluyendo mi área de pareja, porque Dios no deja espacios sin recuperar, y así recibí lo que le pedí, pero aún mejor y en su momento preciso, aunque no niego que junto con una serie de retos, para hacerme como Dios deseaba, y para ello me llevó a la oración intensa y a una mayor compenetración, conocimiento de su palabra e íntima conexión con Mi Señor Jesús, apreciando, valorando y agradeciéndole, lo que me proporciona.

Lo bueno es que ahora que entendemos el significado de Cristo, podemos mantenernos fuertes en nuestra fe, poniendo a un lado cualquier aspecto mundano e inclusive cultural o tradición que nos impida experimentar esto, porque aquello busca meternos a todos en un mismo saco, olvidando que nuestra verdadera identidad es la individual, la que recibimos, porque somos seres únicos, creados por Dios.

Muchos tememos porque esa misma gama de costumbres nos ha hecho creer que este camino de fe en Jesús, nos llevará a una vida colgada en una cruz llena de lágrimas, sufrimientos y restricciones de toda índole, cuando realmente es todo lo contrario. Tenemos sólo dos opciones: creer que Jesús es el Hijo de Dios y entregarnos a Él, o no creerle. Jesús ofreció bendecirnos con amor, haciéndonos nuevos al darnos el Espíritu Santo que viene a residir dentro de nosotros, para mantenernos en comunión con el amor de Dios, mientras vivimos en este mundo y también ofreció recibirnos en el cielo junto a Dios, después de la muerte, y este es el regalo de la salvación; ahora bien, las otras opciones ¿qué nos ofrecen?

A lo largo de la Biblia se presentan las tres personalidades en las que Dios se manifiesta: la del **Padre Creador**, su **Hijo Jesús**, hecho hombre y voz, y el **Espíritu Santo** que recibiéndolo, es la única manera en que podemos asegurarnos en lo personal, de que Dios sí existe, y de que esta allí para nosotros, en todo momento y en toda circunstancia del tipo que sea, porque vive dentro de nosotros y va con nosotros a donde vayamos. Yo, en lo particular, no deseo atreverme a estar o salir, sin Dios.

A lo largo de nuestra lectura del texto bíblico podemos entender, que simplemente Dios ofreció protección y bendición a quien lo escuche y no a quien lo ignore o le dé la espalda y así quedó reflejado en cada uno de los libros, aunque sólo te presento estos versos para tu lectura inicial (Ver *Éxodo 19:5 y Deuteronomio 28:1 y 30:16*).

No es verdad bíblica que tanto los que creen y aman a Jesús, como los que no creen en Él y no lo reciben ni le siguen, obtendrán de Dios de igual manera. Observemos bien a nuestro alrededor y veamos que los que están con el mundo reciben sólo del mundo y de acuerdo a sus estándares; sin embargo, los que buscan a Dios, reciben de Él más también del mundo, porque el mundo está bajo los pies de Dios y nosotros vivimos en el mundo.

Deseo dejarles claro que yo, a pesar de ser una mujer con una fe y amor total en Jesucristo, aún disfruto muchísimo y participo de ciertas cosas del mundo, porque en él vivo y en tanto y en cuanto esas cosas no vayan en contra del amor de Dios; el asunto es que ahora que tengo a Jesús, no me aferro a las cosas del mundo, no son el centro de mi adoración, porque no vivo para ellas o para alcanzarlas, no son mi objetivo en la vida, no me dan ninguna identidad como persona, y no busco amor en ellas. Y aquí es pertinente decir que, y esto pudiese sonar paradójico para quien no conoce al Padre de Jesús, es que una de las cosas que recuerdo de manera especial y que me ayudó inmensamente a creer en la existencia real del Dios amoroso al que yo estaba buscando, es que, desde que yo me entregué a Él, totalmente devastada e inservible, ese mismo día me rescató, nada me faltó y todo me sobró.

Es bueno que sepamos que las historias del Antiguo Testamento nos presentan lo que el pueblo escogido por Dios (para mostrarse y darse a conocer al mundo), recibe como testamento o herencia cuando es obediente y se mantiene firme en su fe, y también nos muestra, lo que le sucede por su desobediencia y falta de fe, en momentos en que la relación con Dios se basaba en el cumplimiento de sus mandamientos, arrepentimiento y pago de culpas, a través del sacrificio de animales (y es que siempre hubo un sacrificio valioso en el sistema de Dios), ¿acaso el atleta gana la medalla de oro sin esforzarse?.

Esto, es uno de los aspectos presentados en el texto bíblico acerca de la historia del pueblo de Israel, antes de Cristo, lo que en realidad nos indica es que Dios es amoroso y que busca enseñar con firmeza, y premiar con lo bueno; no obstante, también se hiere frente a nuestra rebeldía y, por ella, nos castiga amorosamente, pues su objetivo es la enseñanza y no la condenación.

Debido a nuestra separación de Dios, nosotros percibimos las consecuencias de nuestros desacatos, rebeliones o rechazo a su amor como duras, porque nos traen un sufrimiento que, lógicamente, nadie desea padecer bajo ninguna circunstancia, ya que sólo aspiramos obtener lo que queremos, cómo y cuando lo deseamos, de manera que, al no conseguirlo, nos sentimos como castigados por Dios, siendo "castigo" la palabra que mejor describe este método de corrección o enseñanza.

Lo que ocurre aquí, es lo que haría cualquier papá amoroso con su pequeño hijo, para asegurarse de hacerle entender, que siempre estará presente una autoridad indiscutiblemente superior, que conoce lo que es bueno y malo, y que por amor le entrega este conocimiento para prevenirlo y, como legado, aún cuando este hijo sea por naturaleza desobediente.

Un padre amoroso no es flojo, ni pierde oportunidad para amar enseñando a su hijo, cada vez y en cada aspecto que sea necesario, para que éste avance hacia su madurez, agarrado de todo este aprendizaje, que será lo único que poseerá como mejor herencia, porque le acompañará en el transcurso de su vida, sirviéndole para hacer sus propias escogencias, con sabiduría y de manera autónoma, en toda situación que atraviese, dado que su papá no estará siempre visible en sus alrededores.

Las consecuencias percibidas como castigo o pena, no son un sistema creado por Dios con odio hacia nosotros, sino con amor, porque Él no desea dolor para nosotros y, siendo amor, eso es lo que prefiere y desea repartir a manos llenas, por eso creó mecanismos que nos acercasen a Él, es decir, primero, en el Antiguo Testamento, la ley o mandamientos, que está demostrado que ninguno de nosotros cumple completamente, y luego la fe en Jesucristo, que es la herencia que recibimos en el Nuevo Testamento.

Es decir, a pesar de nuestro continuo desacato, Dios no se dio por vencido y nos cambió el pacto que antes estaba basado en el cumplimiento de los mandamientos o ley, y ahora con la fe en Jesucristo, que es el nuevo pacto, Dios nos envía un regalo, un ayudador, que viene a vivir dentro de estos que son suyos, y que los conduce a complacer a Dios (de corazón), es decir, no por obligación como lo era antes con la ley, sino por amor, porque el ayudador es el Espíritu Santo que es la llenura del amor de Dios, y Dios es amor.

Dios ya no nos exige hacer lo que sabe que no podemos hacer sin ésta ayuda, y para ello nos envió a Jesús para que con la gracia de la fe, obtuviésemos la fortaleza que necesitamos para aguantar y resistir al malo y vencerlo, desde acá y hasta la eternidad. Jesús tuvo que venir a decirnos esta verdad, de manera muy simple, porque nosotros somos muy arrogantes.

La venida de Jesús fue advertida por los profetas (en general, autores) del Antiguo Testamento y eso es lo que conocemos como profecías. Estos presagios anunciaban que Dios enviaría a su Mesías, es decir, al Cristo Salvador quien, ungido del Espíritu de Dios, vendría a redimir a su pueblo; sin embargo, como sabemos, cuando vino, las autoridades manipuladas por el deseo de mantener el poder, auspiciaron la incredulidad y defendieron las tradiciones y las religiones, robándoles la esperanza a unos, como aún sucede hoy en día, mientras que otros muchos le creyeron y lo recibieron. El pueblo judío, aún espera otro Mecías diferente, no tan simple, y no tan humilde, tal vez.

Sin embargo, ¿quién puede, en realidad, creer en un Dios racista, clasista, exclusivo, arrogante, cubierto en oro, separado del corazón de su pueblo, cuando éste, es su propia creación?, ¿quién puede, en verdad, creer que el enviado de Dios vendría para no celebrar, compartir, padecer, ayudar y enseñar a los suyos, si para ellos vino? ¿quién puede creer realmente que Dios vendría a este mundo cubierto y engalanado de glorias mundanas, cuando en verdad nada de esto necesita porque es el dueño absoluto de todo lo que existe y existirá, aquí en la tierra y en los cielos? ¿quién puede creer, sinceramente, que Dios es un ser que no conoce ni practica el verdadero amor y como lo hace un Padre con sus hijos? ¿quién puede imaginar que Dios envió a su hijo Jesucristo a la cruz, sin motivo y sin razón?

Dios decidió bendecir al pueblo judío - o de Israel - como pudo haber escogido a cualquier otro, y esta elección la hizo basado en su inteligencia y razones absolutas, las cuales yo, simplemente, respeto, no juzgo, ni critico, porque Dios es Dios y sabe lo que hace. Yo prefiero concentrarme en el hecho de que este pueblo errante se movía hacia su bendición, porque sus líderes escucharon la voz de Dios, y en esta travesía padeció y superó las pruebas, "porque Dios siempre estuvo con ellos", hasta que lograron ver su gloria en Cristo. Aquí, el aspecto más relevante de todos, es que sólo los escogidos fueron bautizados con el Espíritu Santo para poder dar testimonio de lo que estaba sucediendo; de lo contrario, hubiese sido como muchos pueblos e inclusive nosotros que, teniendo en frente la manifestación de Dios, no la podemos ver, apreciar, valorar y, en tanto, contar a otros, porque hace falta el Espíritu de Dios para poder percibir lo que en realidad está ocurriendo. Sin Cristo en nosotros hoy, no podemos reconocer a Dios y así nos lo perdemos.

Dios decidió escoger a este pueblo para mostrarnos su amor incondicional. Antes de Jesús, el pacto era la obediencia, después de Jesús, Él mismo, es el pacto. De este pueblo, bendecido por la gracia y no porque lo mereciera sino por la voluntad de Dios, fue donde nació Jesús, quien es "Dios con nosotros", como fue anunciado por el profeta Isaías cuando nos habló de Emanuel, que significa precisamente eso, puesto que mayor prueba que su venida, entrega en la cruz, resurrección, obra y la ofrenda de la llenura del Espíritu Santo, no puede haber. Y me pregunto ¿qué mas necesitaremos saber para recibir que Jesús es el canal que nos conecta con Dios?, lo que sucede es que hay que experimentarlo por dentro.

Muchos no lo aceptaron ni lo aceptan, pero nosotros, los sedientos y hambrientos de amor y de justicia que, creemos en Jesucristo, como el sacrificio de Dios por nosotros, somos los nuevos judíos, los nuevos herederos del Reino de Dios, porque celebramos el Nuevo Pacto a solicitud de Dios. Creer en Jesús y en su sangre derramada como sacrificio de amor es para Dios, lo mismo que si la tuviésemos corriendo por nuestras venas, haciéndonos miembros de su familia, que es linaje escogido. (*Ver Juan 8:31-32, la Parábola de las bodas en Mateo 22:1-14, 1 Pedro 2:9*).

Quienes buscamos a ese Dios que la humanidad engañada (o caída, según el argot bíblico) nos había negado y ocultado, lo encontramos como un Dios que no acepta más ofrendas ni sacrificios vanos y superficiales, de corazones duros, llenos de desamor e incredulidad, que aprendieron y se conformaron con buscar el bien para sí mismos.

Quien le dice a un judío que su historia es falsa, lo hiere profundamente porque él sabe que esa ofensa es contra Dios y su pueblo, pues ellos conocen y estudian muy bien todo por lo que han pasado, hasta llegar a donde están hoy, y además saben y reconocen todo lo que han recibido de Dios, durante su peregrinar. Así también, quien le dice a un nuevo judío que la historia de Jesucristo es falsa, también nos hiere porque ofende igualmente a Dios, porque sabemos que Jesús es verdad, y esto sólo lo sabemos quienes lo llevamos viviendo dentro de nosotros, con el Espíritu Santo que nos ofreció. (Ver *Juan 14*)

Jesús es el vínculo enviado por Dios para los judíos (que quisieron creer), pero también para los no judíos, porque Jesús es la conexión con Dios que traspasa la frontera del pueblo de Israel, y este es el trabajo de sus discípulos, principalmente Pablo, cuya historia es fascinante.

Es una verdad que Dios ama " a todo el que" lo busque y esto incluye a toda persona dentro de su creación, de otra manera, no pudiésemos estar hablando realmente de Dios.

Dios no tiene nacionalidad ni fronteras; se mostró a través de un pueblo, con el objetivo de llegarle al mundo entero, tal y como podemos ver que está sucediendo hoy, puesto que Dios no tiene planes pequeños ni segregacionales, sino de amor que abarcan a toda su creación; y esto es así, y también nos fue anunciado. (Ver *Génesis 22:18, Sofonías 2:11, Salmos 72:11-17*)

Jesucristo caminó por estas tierras y sintió igual que nosotros, fue colgado, como sabía que sucedería, puesto que así lo anunció y quedó escrito. Fue a la cruz por el amor de Dios hacia nosotros y, como era de esperarse, venció a la muerte y se presentó resucitado, para que no nos quede duda de que la resurrección, el cielo y el Espíritu Santo existen. Habló resucitado frente a sus elegidos, a quienes informó que cuando estuviesen listos y ungidos, llevarían este testimonio de su verdad al mundo, tal como hicieron y muchos aún hacen.

Jesucristo es Dios con nosotros, nombre poderoso sobre todo nombre, para quien decida agarrarse de esta verdad y conectarse con Nuestro Señor, Dios de los Ejércitos, Rey de Reyes, porque así como antes nos entregó altares para reconciliarnos con Él y solicitarle perdón o favor, esta vez nos entregó el último altar con el sacrificio de Jesús, para la verdadera y eterna reconciliación.

El nombre de Jesucristo en sí, es un regalo. Tómalo y pronúncialo en voz alta, en cualquier momento de necesidad, repítelo cuantas veces sea necesario, porque nos ofreció que no nos faltaría a quienes lo llamásemos, pero porque lo amamos y lo seguimos. Solamente confiemos, porque como lo demostró antes, no hay otro nombre con este poder sobrenatural para alejar la maldad, las malas intenciones y el peligro de nuestras vidas y muy cotidianos, porque su nombre es para bendición, júbilo, alabanza y agradecimiento, y en un ambiente así el malo no puede estar. Ahora que lo tengo, no titubeo en pronunciar su nombre cuando necesito de su ayuda, pues para mí no hay manera de llegar a Dios sin Él.

Y no vayan a pensar que esto se trata de auto-sugestión, como la que algunos tratan de usar, ofreciendo nada o destrucción a cambio. Recuerdo haber conocido en una oportunidad a un científico, un hombre muy inteligente que dirigía una secta que conocimos por casualidad un grupo de amigas del bachillerato, a causa de una investigación que estábamos realizando para nuestro colegio. Este hombre, a quien llegamos por recomendación de otras amigas, para solicitarle información, buscó envolvernos e involucrarse con nosotros más allá del objetivo de nuestro proyecto. La primera vez que fuimos a su encuentro en su casa, nos pidió entrar descalzas y sentarnos en círculo con las piernas cruzadas y, en aquel momento que parecía de meditación, algunas llegaron a pensar que aquel hombre era una especie de dios. Una vez me pidió a mí que cuando me encontrase en algún momento de aprieto, que pronunciase su nombre y pensarse en él. Yo, a pesar de mi juventud, encontré que aquella solicitud no tenía asidero de ningún tipo ni tampoco nada positivo que ofrecerme, especialmente después de haber visto la comuna en la que vivía este hombre, que pasaba los cincuenta y cinco años y que era el marido de una joven de al menos diez y siete años de edad a la que había seducido y había sacado de su casa sin la aprobación de sus padres para vivir con él. Ellos vivían junto a otra pareja y entre todos criaban a una niña que tenía dos mamás y dos papás, aunque este individuo era el cacique de aquella sociedad. Yo, quien desde un principio había conversado con mis padres de este asunto, fuí advertida de las intenciones de aquel hombre y aquello me ayudó a discernir; sin embargo, ¿cuántos de nosotros no tienen padres, amigos ni el discernimiento de Dios, para defenderse del ataque de este tipo de individuos con malas intenciones, porque desean manipular las mentes y jugar con las debilidades de las personas? De hecho, después de que salimos de aquella especie de culto en el que participamos sin saberlo, todas nosotras comenzamos a comentar que no habíamos entendido bien lo que había ocurrido, porque nosotras fuimos con un objetivo, mientras este hombre o cazador de víctimas, tenía otro muy diferente en mente, lo que nos produjo gran confusión y hasta miedo; sin embargo, por su grado de instrucción y expertícia en el tema de nuestro estudio, ya habíamos hecho un acuerdo porque necesitábamos de su colaboración, la que continuó sólo por muy poco, hasta que, a solicitud de nuestros padres, esto se detuvo.

Este hombre manipulador de niñas, solo pudo haber sido de gran ayuda en el aspecto intelectual, pero hasta allí, porque ¿quién como Jesús ha hecho algo bueno y tan amoroso por mí?, ¿quién como Jesús, tiene intenciones de bendición para mí y para los míos? ¿quién como Jesús que no separa sino que une, porque nos desborda con su amor? ¿quién como Jesús, en realidad, puede estar en todas partes conmigo porque con Él, Dios vive en mí? y ¿quién como Jesús, el Hijo de Dios, nada más y nada menos?

Y si alguno ahora mismo se pregunta, como imagino que lo puedan estar haciendo, en relación al por qué no conté con el discernimiento de mis padres, para evitar las equivocaciones que me llevaron al divorcio, yo les diría que, como todos, aprendí lo que me enseñaron y recibí lo que me dieron, sin embargo, ni ellos ni yo somos perfectos, por tanto, al no tener a Jesús, no me lo podían entregar, ni su palabra que es sabiduría perfecta, ni su amor inclusive para amarme, ni su omnipresencia para defenderme y ayudarme en todas las situaciones y lugares, donde requerí haber contado sólo con Él, desde un inicio, durante mi juventud y luego durante toda mi vida, tanto como deseo este amor para ellos también, y para esto nunca es tarde.

El punto es que Jesús, al abandonar su cuerpo carnal, pasó a vivir en Espíritu y ésa es la forma en que todo el que esté sediento de Dios, puede recibirlo hoy, inclusive por encima de la tradición y cultura en la que vivan. El requisito es necesitarlo y sentirse insatisfecho y vacío.

Y algunos se preguntarán: ¿y por qué Dios hace esto por nosotros, que no merecemos y no buscamos ninguna reconciliación con nadie, porque poco nos interesa Dios o alguien que esté más allá de nosotros mismos o fuera de nuestras familias, negocios o intereses?, y la respuesta es: por la simple razón de que nos ama, y los que le correspondemos regresamos a Él, porque de Él venimos y a Él regresaremos. ¿Por qué?, y la respuesta es: porque así lo decidió, porque Él es el dueño de la vida, la misma que nos dio como un gran regalo y que tanto nos cuesta apreciar, agradecer y gozar, según su provisión de amor, que es completa y hermosa, con todas las letras y su significado más amplio.

Que ¿a dónde vamos después de la muerte?, ya lo dijimos: vamos a Él, nuestro cuerpo se queda aquí y muere, mientras nuestro Espíritu, si lo recibimos o tenemos, vuelve a Él y se queda con Él. ¿Por qué?, porque esa es su ley, tan simple como que todo lo que sube baja, todo lo que damos recibimos, y solo lo que tenemos es lo que podemos dar, y en definitiva, porque todo lo que viene de Él, Él busca que regrese a Él y, si no tenemos nada de Él ni con Él, nos vamos a donde no está Él, es decir, a la oscuridad y al desamor.

La primera fuente de información a la que tenemos acceso para poder estar alertas, es la Biblia leída con los ojos del Espíritu Santo que Dios nos regala en Cristo, para que así podamos ver, saber y vivir con cautela y amor. Recordemos que, el Espíritu Santo es la guía y la voz de alerta que llevamos por dentro, gracias a nuestra fe en Cristo, pero no olvidemos que Dios está en todas partes, es decir, en el Espíritu Santo, y afuera también a lo largo y ancho de su entera creación, trabajando por el bien de los que lo buscan.

Y como realmente, este regalo de la vida es hermoso y mas que maravilloso, lleno del amor de Dios para los que deciden salirse del mundo, y ahora lo transitan como ya estando dentro del Reino de Dios, movamos nuestros ojos hacia arriba y tomemos esa misma oportunidad que nos es dada en bandeja de plata, para que así el divorcio o cualquier otra situación difícil que viviste, pase a ser una etapa superada victoriosamente; entonces, para lograr esto, veamos en el capitulo siguiente lo que podemos hacer para entrar en los predios de Dios, ser bendecidos y gozar de su divina protección constantemente, desde este momento y en el lugar donde te encuentres.

Para que entres en esta comunión y crezcas alto en tu relación, con la fuente única de amor que emana de su Creador, que es Dios, te entrego en el próximo capítulo, los pasos o grados por los que pasarás, una vez que hagas tu pacto con Dios, en Jesús, los cuales te llevan desde los estados emocionales más intensos con Dios (porque eres principiante), hasta los más gozosos y simples, porque se hacen en jubilo, y alegría, ya que eres guiado a recibir las bendiciones que estas proveen, a los que maduran en esta relación.

# IV.

## Mi consejo en cinco pasos

[19] a saber, que Dios estaba en Cristo reconciliando al mundo consigo mismo,
no tomando en cuenta a los hombres sus transgresiones,
y nos ha encomendado a nosotros la palabra de la reconciliación.
[20] Por tanto, somos embajadores de Cristo, como si Dios rogara por medio de nosotros;
en nombre de Cristo os rogamos: ¡Reconciliaos con Dios!
**2 Corintios 5:19-20 La Biblia de las Américas (LBLA)**

A mis queridos amigos, divorciados o no, que han padecido ya lo suficiente y que desean abrir el pecho a sus anchas para moverse en un plano superior dirigido por el Rey absoluto, les entrego cinco sugerencias o pasos que identifican aspectos muy claros, reales y tangibles, que pueden ser puestos en práctica por aquellos de ustedes que estaban buscando afanosamente a Dios y no lo habían encontrado antes, y también para los que deseen reiniciar una relación verdaderamente unida a Dios, en Cristo, y así recibir la bendición y las promesas de Dios que son todas maravillosas.

Tal vez, después de haber leído los capítulos anteriores ustedes tengan la impresión de que esto es dificilísimo de hacer y lograr, o prácticamente imposible y además sufrido, sin embargo, sepan ustedes, que la etapa sufrida de mi vida pasó a la historia, porque ahora vivo en una dicha que es completa y que me acompaña a donde quiera que voy, y que es la misma, que deseo para todos, y para ti.

Estos pasos, no involucran acciones u obras para recibir "algo específico" de Dios (porque para ello solo sirven la relación a través del Espíritu Santo en Cristo, y la oración ferviente - que también te entrego en las próximas líneas), sino que estos pasos, son más bien una guía general, para vivir poniendo en acción el amor de Dios, lo cual te lleva a experimentar este nuevo modo de existir y ser, y que siendo parte de mi experiencia diaria con Dios, es la razón por la cual te los entrego, porque son posibles de incorporar en nuestra vida y porque nos traen bendición; sin embargo, yendo más allá, deseo que sepas también, que ellos no son un invento mío, porque encontré dentro de esta nueva vida que llevo, que estos pasos tienen fundamento bíblico.

De algún modo, la idea de hacer esto, también responde a mi necesidad de compartir esta información de antemano, para que no les tome de sorpresa, ni les extrañe, lo que comenzará a sucederles de ahora en adelante, y así no se sientan solos en esto, pues en realidad todos los que iniciamos este bellísimo camino pasamos por allí, o por este proceso de depuración del corazón y recibiendo bendición, mientras subimos por esta especie de escalera de crecimiento espiritual que nos conduce a vivir en un plano superior de amor, victoria y provisión sin límites, que cambiará tu vida y el rumbo de tu destino, para siempre y para bien.

Yo he llamado estas etapas, los "Cinco pasos para conectarse con Dios", y aquí te los entrego de manera muy simple y resumida.

## El primer paso es traer a Jesucristo a tu vida.

Ya en capítulos anteriores te había entregado la importancia de invitar a Cristo a hacer residencia dentro de ti, de manera que si ya lo hiciste, excelente, has adelantado en lo más fundamental del cristianismo que es entregarle nuestra vida, corazón y fe a Jesús, quien es el centro único y esencial para entrar en el Reino de Dios. Sin embargo, permíteme desarrollar esta idea, para brindarte un poco más de información sobre esta decisión tan trascendental en la vida.

Amigo, amiga, sea cual sea la condición o situación actual que atravieses como divorciado, separado, soltero, inclusive pagando crímenes en la cárcel, enfermedad de cualquier naturaleza, angustias o en cualquier condición o estado emocional en el que te encuentres, te digo que si estás insatisfecho y te sientes vacio o cansado del desamor del mundo y sus respuestas infructuosas, y/o si te has preguntado si Dios existe, porque deseas conocerlo y necesitas comenzar a recibir ayuda de su parte, éste es el momento para que aceptes la más simple verdad: Jesucristo es la puerta para entrar y tener acceso a Dios, de esta manera, solo necesitas llamar a Cristo a entrar en tu vida.

Aunque nunca antes consideraste esta opción porque creíste lo que te hicieron pensar, es decir, que Jesucristo era irreal, que estaba muerto en la cruz, que es un ser opuesto al triunfo, insuficientemente poderoso como para darte guía y proveerte de la ayuda que necesitas, y ya sabes comprobadamente que nada te la puede dar, entonces, insisto, ahora es el momento para deshacerte de esa vieja incredulidad que te está separando de Dios, y de dar el primer paso, invitándolo a participar contigo en los asuntos de tu vida, esa misma vida que te dio tu Padre Celestial y Creador.

Llámalo, entrégate a Él, invócalo y Él vendrá a hacerse cargo de ti, no importándole tus circunstancias, tu pasado, las diferentes rebeliones u ofensas que le hayas proferido ni el tamaño de ellas, ni en donde estas metido. Búscalo y aprende a serle fiel para que, ejerciendo esta fidelidad, por primera vez de manera íntegra y desde lo más profundo de tu ser, comiences a practicarla y también a recibir la bendición del amor más exclusivo y grande posible.

Invítalo a venir como en verdad se extiende una invitación, es decir, dándoselo a conocer, pronunciando y declarando con tus palabras que así lo deseas, para que así Él y todas las otras potestades lo escuchen, de manera que las que antes residían en ti inicien su retirada para darle paso y entrada a Jesucristo en la forma del Espíritu Santo.

Hazle una invitación sincera para que venga a hacer residencia dentro de ti. A pesar de que muchos piensen que este paso no es necesario, porque algunos dicen que a Dios basta con hablarle (sin Cristo) para que nos oiga, yo te digo lo que sé: Dios ciertamente todo lo observa, todo lo escucha y todo lo sabe, tanto lo que está fuera de nosotros, como lo que inclusive susurramos en nuestro interior - y de eso no me cabe la menor duda, porque Él escudriña los corazones - y eso lo dice Él y no yo (en las escrituras), de manera que por esa misma razón, no me cabe la menor duda de que, Él mismo haya enviado a su Hijo Jesús a la cruz por nosotros, sin ningún tipo de necesidad, propósito ni sentido, porque Dios nunca se contradice.

De manera que, si hay algo de lo que estoy hoy día muy segura porque me consta, es que, ahora, a causa de mi fe en Jesús, Dios sí me escucha y esa es una verdad que te entrego para que tú la tomes si lo deseas y te goces en esta gran experiencia de conocer íntimamente a tu Creador, porque la clave que nos confirma esta tesis, es que ahora en el Espíritu Santo, Dios me responde.

Recuerda, este paso implica en principio desearlo, es decir, que lo hagas queriendo conocerlo y en pleno ejercicio de tu libre albedrío y en conciencia de lo que estás haciendo y de lo que estás decretando con las palabras que estás diciendo; luego, requiere que logres abrir o desparramar tu corazón ampliamente frente a Él, al tiempo que le declaras con voz audible, en sinceridad y en necesidad, cuánto deseas hacer a Jesucristo el Señor de tu vida, que significa en un sentido amplio hacerlo tu Pastor y Guía. ¿No es esto hermoso?, ¡estoy llena de emoción por ti!, ¡porque este paso te abre las puertas del cielo!

Para hacer esto una realidad, te traigo nuevamente a la oración básica que te entregué en el primer capítulo, la cual ahora sé que entiendes con mayor claridad, después de toda la lectura por la que has avanzado a lo largo de este libro, aunque tu mayor comprensión ocurrirá en el transcurso de tu andar de la mano de Dios, cuando comenzarás a hacer las mejores y más hermosas oraciones que saldrán de la profundidad de tus entrañas, hacia un Padre que ahora sí te podrá escuchar, a partir de esta conexión inicial que has hecho con Él.

Esta es la oración o declaración:

> *Jesucristo,*
> *Te reconozco como el Hijo de Dios,*
> *Gracias por tu sacrificio en la cruz,*
> *el cual hiciste para que yo creyese en ti y*
> *recibiese el amor que Dios tiene para mí,*
> *Ven, te necesito, hazte mi Señor y toma el control de mi vida,*
> *guía mis pasos, me abro a recibirte,*
> *hazte cargo de mí porque sin ti, no puedo, nada sé, y nada veo,*
> *perdona mis pecados,*
> *permanece en mi corazón por siempre,*
> *y haz de mí conforme a tu sagrada voluntad,*
> *Amén y amén.*

## El segundo paso es aprender a escuchar a Dios

Ahora que has recibido a Jesucristo y lo has llamado a ser tu Señor, es cuando recibes esta facultad, la cual contempla dos aspectos: el primero, se refiere a que con Cristo ahora somos capaces de entender el mensaje bíblico y, aunque suena muy complejo, es así de simple. El segundo aspecto, ocurre a consecuencia del anterior, es decir, una vez que comienzas a recibir el mensaje bíblico, que es la palabra de Dios, ésta comienza a darte luz en el camino, sabiduría, entendimiento, mensaje, respuestas y te abre hacia el conocimiento de lo que es el Reino de Dios. (*Ver Lucas 24: 45*).

Dentro de esta lectura y conocimiento que ahora se despeja más claramente, comienzas a conocerlo a través de las escrituras y, en caso de que algo no te quede muy claro, le pides a tu Padre que, en Jesús y con la gracia del Espíritu Santo (que ahora posees), te revele el significado de lo que no entiendes; y continúas, porque en la medida en que avanzas verás, de manera sorprendente, los diferentes recursos que Él utiliza para responderte; sin embargo, te recomiendo que comiences con los textos bíblicos.

En este nuevo conocimiento sobre Jesús, Dios, su amor, lo que nos pide, lo que nos ofrece y, en términos generales, de la palabra de Dios, observarás como ésta comienza a tomar un espacio dentro de nuestro ser interior que ahora posee el Espíritu Santo, que es Santo, no por nosotros, sino porque viene de Dios, pero que como un bebecito recién nacido dentro de nosotros, necesita ser alimentado y su alimento está en la palabra que nos da conocimiento de quien es Dios, y esto es fundamental, porque el mundo se encargó de enseñarnos otras palabras cerrando nuestros oídos y ojos hacia Él, lo cual requiere re-nacer, de lo contrario, continuarás escuchando la voz del mundo, que es la única que aún tienes en tu interior.

En otras palabras, ¿para qué debes hacer este esfuerzo de conocerlo a través del texto bíblico?, porque esa es tu herencia, porque tú aún no sabes, ni conoces, ni te imaginas quién es Dios y su grandeza, la que sólo puede ser revelada a través del Espíritu Santo, que ha venido a vivir dentro de ti para que empapándote de la palabra, no te confundas mas y luego puedas reconocerla cuando te hable, te guíe, te dé una palabra cálida, te diga que sí o te prevenga de hacer algo, porque siempre busca lo bueno; es entonces cuando podrás reconocerlo, y escuchándole y haciéndole caso, éste le pueda dar la batalla al viejo ser que habitó antes dentro de ti, ése que nunca te valoró, no te creyó, no te estimó, no te consideró importante, ni inteligente, o según sea tu caso. Recuerda esto: necesitas saber de quién se trata cada quien, porque el Espíritu Santo nunca irá en contradicción con el amor de Dios, ni con Jesús.

Sin embargo, no te preocupes de nada, que todo esto te sucederá de manera muy fluida, porque después de que hayas entregado tu vida al Señor, serás guiado con una gran sed de conocerlo a través de las escrituras y esto lo harás con gozo, porque te darás cuenta, poco a poco, que este proceso te produce llenura, satisfacción a tus necesidades amorosas, grandes esperanzas, fortaleza para los momentos en que la necesites, seguridad plena (que no te puede ofrecer ningún otro recurso), luz y conocimiento o, más bien, sabiduría para el discernimiento, es decir, es una especie de curso que vale más que un post-grado, en la mejor universidad posible.

Verás que obtendrás respuestas cuando te encuentres frente a situaciones en las que necesites elegir y no sepas qué opción tomar y, en definitiva, encontrarás toda la guía que un manual sabio de instrucciones puede ofrecerte para vivir de acuerdo al hecho de haber sido creado por un ser superior y perfecto, que te ama.

Muy pronto, después de iniciada tu lectura, comenzarás a darte cuenta que, generalmente, te hablan dos voces. No te preocupes porque esto es así para todos nosotros, pues por un lado te habla el mundo, que no te ama, que no cree en ti, que te insulta, que usa malas palabras, que te aniquila a ti y tus esperanzas, que te minimiza, que te dice que no puedes, que no eres capaz, que tú no sirves porque no tienes esto o aquello o que no eres suficientemente bueno, que no vale la pena, que nadie antes pudo, que todos son iguales y que hacer esto o lo otro es muy difícil y solo para gente más especial que tú, etcétera; pero ahora tienes una segunda voz que está creciendo dentro de ti y que te recuerda la palabra de Dios que te dice el ser especial que eres, que Él está contigo, que no debes temer, que te da fuerzas, que cree en ti como persona, que sí hay un hoy, y un mañana bueno para ti y para los tuyos, y que los problemas que hoy enfrentas son sólo temporales, porque ahora Dios está a cargo.

Es importante, que cuando esto comience a ocurrir, aprendas a distinguir esas dos voces y que, aunque la voz del mundo insista en detenerte en medio de este proceso, tal vez burlándose de ti y diciéndote cualquier cosa cruel, inmediatamente la canceles y con tus labios y voz audible pronuncies la palabra de Dios que aplica para esos momentos, y actúes de acuerdo al mensaje que Dios te da. Y te preguntarás ahora: ¿Cuál es esa palabra de Dios?, y yo te digo: la que se parece a la que ahora comienzas a leer, la que te recuerda el amor que mereces dar y recibir, la que dice la verdad y no la mentira, la que te trata con amabilidad, la que a veces te presenta el camino menos fácil (a tus ojos mundanos, aún no entrenados para ver lo bueno), pero libre de ataduras corruptas, porque te traen bendición.

La voz de Dios se reconoce por su claridad y fuerza, es una voz de amor, consuelo, bondad, misericordia, paciencia y bien, que busca entregarte amor porque confía en ti y en lo que puedes hacer o lograr, y en esa dirección te va a dirigir y apoyar, aunque a veces se ponga el trecho un poco empinado, porque recuerda que Dios sólo nos entrega proyectos para los cuales nos ha preparado y durante los cuales Él estará presente para apoyarnos en su ejecución.

Te lo voy a poner de esta forma, haciendo uso del ejemplo del supuesto amigo que te dice que consumas cocaína para que te sientas en el tope del mundo y así puedas lograr tu objetivo, el cual es tal vez escalar una montaña; esa persona te incita al consumo porque no confía que tú puedas llegar allí (y ve que tu tampoco confías en ti, porque no tienes la fortaleza de Dios) y así fácilmente te engaña, diciéndote que no vas a poder hacerlo porque necesitas algo que amplíe tus capacidades, o te de las que no tienes, a pesar de que sabe que no es bueno; esta voz (que en este caso es externa a ti porque viene de un supuesto amigo), desea crear en ti desesperanza y estimular la falta de confianza en ti mismo, para que dependas de algo que produce una situación o una personalidad de mentira; así, si la voz dentro de ti te dice, bueno está bien, es solo una vez, yo me merezco alcanzar o estar en ese tope, además allí podré demostrar quien realmente soy, y obtener lo que quiero, lo que siempre quise, o etc.; entonces allí fue cuando le creíste al demonio y lo tomas. Cuando estas arriba, ese supuesto logro no lo es en realidad, porque estará basado en la falsedad, por tanto, esta situación durará muy poco, porque encontrarás destrucción (esclavitud a las drogas) tarde o temprano, al pretender mantenerte allí en la mentira y en el consumo de algo que produce una situación irreal. Si sobrevives a ello, tendrás que enfrentar las consecuencias de la pérdida de aquello que obtuviste en falsedad y que no era para ti, y de la enfermedad que sobrevendrá porque nuestros cuerpos no están hechos para albergar la mentira ni resistir el abuso de sustancias tóxicas, pues ellos están solamente preparados para ser tratados con amor.

Es necesario que consideremos que existen muchos ejemplos allá afuera, donde la montaña es muy alta, muy rocosa o imposible de escalar, porque quizás está fuera del tiempo perfecto de Dios, o porque no era tu montaña sino la de otro, o más bien porque quieres escalar una montaña que te vendieron y caíste seducido frente a esa mentira, pues tal vez se trate del sueño creado o impuesto por las fuerzas del mercado, etc., pero que, en definitiva, no provienen de Dios y no eran para ti. Me imagino que comprenderás que en estos casos la historia terminará de la misma forma que la anterior.

En cambio, la voz de Dios en el Espíritu Santo, te dirá que si esa es la cima que deseas alcanzar, porque haciéndolo obtendrás un propósito puro y bueno (lo cual indica que ese deseo fue puesto en tu corazón por Dios), esa cima ya es tuya, y por ello te proporcionará la confianza y el amor que necesitas para atreverte a escalarla, te guiará por senderos de preparación para que inicies la escalada, en los momentos difíciles te dará la mano, cuando te falte parte del equipo, te lo dará, y cuando la otra voz te diga que te detengas, haciéndote pensar que no sabes o no puedes mas, Dios lo hará por ti y, si es necesario, pondrá las palabras justas en tu boca y la soga para que, poco a poco, subas tu montaña, siendo tú mismo, es decir, ese ser que Dios creó, de esa manera particular y a quien le entregó las capacidades necesarias para escalar esa montaña, porque su altura es perfecta para ti y te la presentó con el objeto de que en ese proceso lo buscases y experimentases su amor. Así, cuando llegues al pico de tu montaña, llegarás al lugar que es tuyo porque llegaste limpio, sin deudas y encontrando paz y bendición para ti y para los tuyos. Por tanto, sabes que debes permanecer en ese lugar hasta que Dios lo decida, porque allí reconocerás que Dios es verdadero y se lo harás saber, dándole toda la gloria que merece, desde lo más profundo de tu corazón, para repartir con gran gozo, el fruto rebosado de tu triunfo, porque sabrás que - en realidad - no lo hiciste solo y que Dios sí existe.

Te insisto, durante este proceso ya no te preocupes por nada, porque Dios está a cargo. Tampoco te inquietes si no lo entiendes todo por ahora, ya lo irás recibiendo progresivamente.

La Biblia en este comienzo de tu relación con Dios, debes leerla con el corazón, con los ojos de tu nuevo Espíritu Santo, y con hambre y sed de obtener conocimiento de parte de Dios, su palabra y legado. Pero sí deseas estudiar la biblia, lo cual es muy recomendable, más adelante, te propongo en principio tomar algún curso bíblico en alguna institución de carácter cristiano y, luego, que lo intensifiques con la investigación online y con la lectura de textos de algunos estudiosos que han avanzado muchísimo en esta área. La elección es tuya.

No seamos como el intelectual que había leído la Biblia sin los ojos del Espíritu Santo, que me dijo que era muy fácil demostrarme que Dios no existía y que Jesús era una farsa, solo porque él mismo no podía caminar sobre el agua, y esto lo llevaba a asumir que esto era un absurdo, a lo que le respondí que precisamente eso probaba que Jesús era el Hijo de Dios, porque poder caminar sobre el agua, solo podía ser ejecutado por un hombre como Jesús, indiscutible y totalmente empoderado y facultado por Dios para hacer esto y aún más, porque eso no es nada para Dios. Amigos, es que si Dios no puede hacer una cosa como esta, entonces ¿de qué Dios estamos hablando, de un dios humanamente limitado, acaso?

Renueva tu mente o conocimiento, y para ello te recomiendo comenzar tu lectura por el Nuevo Testamento, porque a quien llamaste a venir a ti es a Jesús, por tanto es a Él a quien necesitas conocer en principio, para que sepas quién es ésta persona, que has invitado a hacer residencia dentro de ti. Coloca gran atención cuando en el texto se indica que Jesús habla o dice algo; del mismo modo, lo harás cuando hayas avanzado lo suficiente como para iniciar tu lectura del Antiguo Testamento, donde más bien te concentrarás en lo que Dios o *Yavé* o *Jehová* habló o dijo.

Si decides hacerte cristiano, es importante que sepas que existen diversidad de biblias y algunas no son cristianas propiamente hablando, porque han sido modificadas por instituciones religiosas - pero no es mi intención alargarme en este tema – por ello me atrevo a recomendarte que busques las versiones originales traducidas al español, como la Reina Valera o la Biblia de Las Américas. Con el paso del tiempo, tú de seguro avanzarás en tu propia vida y madurez cristiana y escogerás la versión que mejor entiendas; recuerda que lo verdaderamente importante para nuestra generación es escoger una biblia donde la verdad de Cristo sea mostrada, pues Jesús es el centro de todo y nuestro canal para la reconciliación con Dios.

Oye sus palabras, entiéndelas y aprópiatelas porque son para ti, ¡sí!, ¡son tuyas!, el consejo, la promesa, la guía y el mensaje, toda esa riqueza es tuya y para siempre.

Recuerda que la palabra de Dios es lo que dice Él, *Yavé* o *Jehová* y la persona de Jesús, y todas ellas son congruentes y consistentes con las que nos entregan los profetas y los apóstoles, esto lo verificarás por ti mismo.

Escuchar a Dios significa conocer lo que dice, entender lo que dice y creer que lo que dice es para nuestro bien y, por ende, ponerlo en práctica, porque escucharlo y no obedecerlo, significa nada, cero, no moverte y no avanzar.

## El tercer paso es arrepentirnos

¿Qué?, ¿y cómo es posible que Dios me vaya a pedir esto ahora, si no tengo falta alguna de la cual arrepentirme?, además, ¡yo he aprendido que uno no debe arrepentirse de nada de lo que ha hecho, porque todo lo que uno hace son experiencias para aprender! Esto es lo que me imagino que se te cruzó por la mente después de leer la palaba "arrepentirnos"; y no es para menos porque es un gran reto para nuestro ego y orgullo mundano, porque la verdad es que es un acto que implica y demuestra humildad de corazón hacia Dios, reconociendo que Él está por encima de nosotros, como si aún fuésemos niños frente a su Padre.

Uno de los factores que puede explicar el por qué arrepentirnos nos puede sonar tan feo y tan terrible al común de las personas, se debe a que el mundo nos ha enseñado a ser rebeldes y desobedientes principalmente con Dios y, en este aspecto, toda la parafernalia mundana ha trabajado intensamente logrando lavarnos el cerebro hasta convencernos de que hacer esto es malo. En segundo lugar y, como consecuencia del primero, hemos llegado a creer que no arrepentirse es algo que debemos hacer, porque tiene que ver con el respeto propio, que es una especie de incapacidad de aceptar nuestra imperfección y muchas equivocaciones. Hemos aprendido que no arrepentirse es bueno para nuestra auto-estima y orgullo propio, los cuales debemos defender a capa y espada, en tanto y en cuanto nos sea posible. Ahora mismo, podemos imaginar cuántos matrimonios, amistades y sociedades se han roto por nuestra incapacidad de aceptar nuestros errores y arrepentirnos.

Arrepentirse en realidad solo sucede, cuando nuestro ser interno se conmociona y pierde la paz de Dios por algo que hemos hecho; no hay arrepentimiento en alguien que está incapacitado para ver el daño o los efectos de una acción que le produce mal a sí mismo o hacia afuera. Arrepentirnos y la necesidad de hacerlo es buena, porque es una señal de que poseemos a Dios en el Espíritu Santo, residiendo dentro de nosotros.

El punto es que ahora vivimos en el Reino de Dios y no según el mundo; y aquí las cosas son diferentes, es decir, responden al principio del amor de Dios, el cual conlleva a cada uno de sus elegidos residentes, a reconocer sus faltas. Las faltas o pecados tienen algunos aspectos que los hacen diferentes a las equivocaciones, porque cualquiera se puede equivocar, o más bien todos vamos a vivir constantemente equivocándonos porque no somos dueños de la verdad absoluta sino Dios, quien sí es perfecto y, por otro lado, porque no somos perfectos como tampoco los que están a nuestro alrededor, de manera que hay mucho chance y oportunidades para equivocarnos.

Donde entra nuestro raciocinio e intelecto que desea ser superior y descubrir el agua tibia, como intentando competir con la inteligencia de Dios, es donde comienza nuestra imperfección evidente o simple humanidad; mas en lo que Dios ha creado hay perfección y para muestra un botón: el complejísimo sistema del cuerpo humano, el universo, la naturaleza, el agua, el aire, el reino animal y pare usted de contar (y esto es solo lo que todos podemos ver con los ojos de la carne).

Realmente casi todos, por lo general, lamentamos mucho equivocarnos sobre todo cuando con ello hemos herido nuestro auto-valor o el de otros a quienes amamos o estimamos, y esto está bien; sin embargo, yendo más allá, el mundo ha logrado convencernos de que aquello que hicimos y que no está bien para Dios, si trae "supuesto bien" para sí mismo, entonces hay que hacerlo, entrando en una guerra innecesaria con Él, cuando no deberíamos y explico por qué, con un simple y sencillo ejemplo como lo es mentir.

Dentro del marco del amor de Dios, que también implica amarnos a nosotros mismos, entendemos que cuando yo miento, en realidad no estoy afectando a Dios, lo estoy hiriendo sí (porque no le creí a Él), pero en relación a mi persona lo que estoy haciendo es generando o creando una mentira que busca tomar forma, pero como es mala por su origen y propósito, entonces esto luego se torna en contra de mí y esto no lo desea Dios para nosotros, por eso nos advierte. Mentir buscando un fin bueno, es un absurdo y no arrepentirse de ello, no es de cristianos.

El tema de la mentira es muy amplio y muy profundo, y no deseo extenderme mucho en él, aunque sí es necesario que seamos cautelosos en este sentido, porque la mentira no le causa daño sino al que la dice, más tarde o más temprano, bien a los suyos, a las circunstancias que le rodean, a sus planes y más bien Dios decidirá.

Aceptemos esto queridos amigos, arrepentirnos de nuestras ofensas al orden establecido por Dios, es un acto bueno y, además, característico de quien ha recibido a Jesucristo como su Salvador, porque quien no lo ha recibido no puede y no desea arrepentirse porque sin esta llenura de amor, no sabe lo que es bueno o lo que es malo. Por ejemplo, alguien que se ha practicado un aborto, no se arrepiente de este acto, porque lo ve como algo bueno porque es un acto común, que puede ser legal en su país, y que muchos hacen porque trae "supuestas soluciones", cuando en la realidad, de lo que estamos hablando es de una madre asesinando a su propio hijo. ¿Qué podemos decir entonces del hijo que asesina a su madre, porque considera que ésta le estorba para alcanzar sus fines y propósitos?, créanme que digo esto, con un profundo y desgargante dolor en el corazón.

En otras palabras, ahora que has entrado en el Reino de Dios comenzarás a sentir la necesidad de arrepentirte y después sentirás un disfrute profundo de haberlo hecho, porque es bueno, porque nos lleva a obtener perdón y esto produce un estado de paz, y la paz está asociada a la salud mental y física, que proporciona la sinceridad y el reconocimiento de la culpa en aquello que se hizo y que nos produjo una herida y un gran daño interno y, según sea el caso, a otros también.

Los nuevos cristianos nos arrepentimos de todo, hasta de lo que para muchos no amerita arrepentimiento, pues no perdemos tiempo en no hacerlo ya que sabemos perfectamente que esto nos coloca en nuestro nivel de humanidad, es decir, por debajo del trono del Todopoderoso que ve en nuestros corazones nuestra incomodidad y dolor por nuestras faltas que, entonces, se las entregamos y Él sin esperar nos premia.

El arrepentimiento frente a Dios representa lo siguiente:

1) Que reconocemos que Dios está en un nivel superior y de perfección donde posee la capacidad y el poder para perdonarnos, lo que se traduce en una muestra de nuestra nueva humildad, posible en Cristo, lo cual le encanta a Él, porque precisamente lo contrario, es uno de los factores que nos ha separado de Él.

2) Que ahora entendemos su palabra, principios y amor, por tanto, podemos identificar aquello en lo que faltamos cuando estábamos yendo en contra de Él y de su sistema; esto es algo así como si pudiésemos vernos frente a un espejo donde está su imagen y la nuestra sobrepuestas, lo que nos permite encontrar las diferencias que nos indican, cuánto hemos estado alejados de Él, en acciones, palabras, pensamientos íntimos y actitudes, y cuánto deseamos ahora ajustarnos a su imagen; es decir, ahora poseemos una nueva consciencia de lo que es bueno y malo según Dios.

3) Sirve, funciona y opera como un proceso de lavado y enjuagado del corazón, porque cuando nos arrepentimos estamos en realidad sacando nuestras culpas o suciedades a la luz de Dios, que todo lo transforma haciéndolo puro y bueno. Y ésta es una de las razones en las que más me gusta hacer énfasis.

Sólo a manera de ilustración, supongamos que podemos escuchar el corazón de un hombre cristiano de cierta edad, que se ha arrepentido de muchísimas ofensas durante los años recientes desde que inició su nueva relación con Cristo y, por tanto, vive en paz; sin embargo, un día le sucede algo que lo incomoda y eso también desea traerlo al Padre en arrepentimiento.

Veamos lo que probablemente él le hablaría a Dios:

*Papa Dios, tú que has enviado a Jesús a morir por mí y que, al yo recibirlo, me llenas de tantas y sobradas alegrías y amor, quiero decirte que me siento un poco incómodo hoy cuando, por alguna razón que desconozco (el Espíritu Santo en acción), he estado recordando este evento que ocurrió hace más de quince años atrás en mi época del colegio, cuando mi compañero de clases Juan, se levantó de su silla a dar su presentación. ¿Te acuerdas de Juan, el chico tartamudo del octavo nivel? bueno, ¿te acuerdas de lo feo que me burlé de él debido a su tartamudez, y que no pude aguantar y me le reí en su cara?; fuí tan duro con él, aún cuando me caía bien. Tal vez lo hice porque me resultaba gracioso, o tal vez porque ya había aprendido de la tele a reírme de los tartamudos o, en realidad, no estoy muy seguro por qué me porté tan mal con él ese día porque, en verdad, en aquellos años no sabía lo que hacía, porque no te conocía, no tenía tu amor para poder mirar a otros con amor y genuina compasión. ¡Oh mi Dios cuanto lo siento! No puedo imaginar cuánto pude haber herido su corazón y dañado aún más su auto-estima, que cuenta tan grande llevo a cuestas desde ese día y sin saberlo. Algunas veces lo recuerdo, aún más cuando veo cuanto padece (mi amigo, esposo, hija o yo mismo), a quienes nos cuesta horrores hablar frente a otros porque tememos pasar por la misma situación que yo una vez le hice pasar a mi amigo Juan. Padre, no sabes cómo me siento y cuánto me arrepiento frente a ti, que sé que eres un Dios tan bueno y que amas a mi amigo Juan tanto como me amas a mí. Perdóname Señor, por este hecho tan despreciable de mis años de juventud e inmadurez en los que no te tenía en mi corazón. Me pregunto cómo estará Juan hoy día Padre, y te pido inmensas bendiciones para él y sus asuntos, donde sea que esté. Por favor hazme saber si deseas que le dé una llamada para saludarle y pedirle perdón por mi crueldad, te suplico Señor tu piedad y misericordia mi Señor, en el Nombre de Jesucristo, espero tu respuesta y te doy las gracias Padre porque confío en que me has escuchado. Alabado seas siempre en mi corazón, Amén.*

Una de las cosas más hermosas que nos ocurre dentro de nuestra renovada relación con Dios, es que volvemos a ser como niños y esto es maravilloso. Te invito a que reflexiones y a que practiques el arrepentimiento frente a Dios, porque es un acto tremendo de humildad, que tiene un efecto impactante en nuestras vidas, pues al remover los escombros del pasado, nos garantiza la purificación de corazón, que necesitamos para transitar en las calles del Reino de Dios.

A lo largo de tu nueva experiencia con Dios y, en la medida en que lo conozcas más a través de tus lecturas y en Espíritu, te darás cuenta de la importancia del arrepentimiento, porque podrás ver que todo lo que hacemos, bien o mal, hacia otros, a quien verdaderamente se lo hacemos es a Dios y esto es poderosísimo cuando logramos entender esto. Es muy importante detenernos aquí y leer *Mateo 25: 34-46* y ver lo que Jesús dice al respecto, para que nos sirva de ejemplo perfectísimo para aumentar nuestro conocimiento sobre su poder y alcance.

Ahora bien, fíjate que no me estoy contradiciendo, cuando antes dije que los efectos de la mentira, como de cualquier otra transgresión, a quien afecta es a la persona que comete la falta, pues ella es la que recibe y enfrenta las consecuencias de su mentira; sin embargo, lo que más arriba acabo de decirte, es que cuando actuamos o hacemos algo mal intencionado para dañar a otra persona a quien realmente le hacemos haciendo daño es a Dios e igualmente nosotros recibiremos los efectos de esta falta de una manera u otra.

En otras palabras, cuando le quitamos el esposo a alguien, o le seguimos el juego a un hombre casado, engañamos a nuestro cónyuge, dejamos desasistido al necesitado, o cualquier otra acción similar, esto se traduce a como si le hiciésemos esto a Dios. El asunto es que Dios no deja desamparados a los que son víctimas de ataques o maltratos injustos, y como todo lo observa y sabe, también conoce la intención con la que se ha actuado, de esta misma manera, con la intención que se da, se recibe, y esto es ley divina para creyentes y no creyentes.

En realidad, tener un corazón acongojado y sufrido, es característica de los que son candidatos llamados a entrar en el Reino de Dios, una vez que aceptan llamar a Jesús, saliéndose de esa manera, del pozo de llantos en el que están estancados.

La intención o motivo es un aspecto fundamental en todo esto, porque realmente es ése el que habla de lo que existe en el corazón al que sólo tiene acceso Dios. Dios ama a unos y otros, a los que dan, a los que reciben, a los que no dan y a los que no reciben, por igual, sin embargo, Él busca que todos regresen a Él. De manera que nuestras acciones, palabras e intenciones cuentan y según ellas sean, así estaremos reflejando si en verdad tenemos, o no, a Dios con nosotros. La Biblia nos dice que Dios ama a los forasteros, a los niños y a las viudas, y esto nos puede servir para entender que Dios tiene un corazón piadoso hacia los más vulnerables o desprotegidos.

No estoy de ninguna manera tratando de meterles miedo o de promover en ustedes sentimiento de culpa, porque ya estamos bien maduros para estos juegos. Lo que estamos hablando acá es de la importancia de no hacer intencionalmente, deliberadamente y a conciencia, daño alguno a otros y de no dar ayuda, cuando realmente podemos hacerlo, puesto que esto se revierte hacia nosotros.

Así que vamos, no te tardes y comienza a limpiar tu corazón de toda deuda que tengas con Dios primeramente, para que así Él pueda comenzar a trabajar en un corazón limpio y nuevo, que ahora necesita ser llenado de amor en correspondencia, porque sale la sombra y entra la luz.

En tu camino, tomado de la mano de Dios, vendrán de seguro a tu mente faltas cometidas en diferentes momentos de tu vida, antes y después, porque no somos seremos perfectos, pero lo importante es, que saques de la oscuridad toda sombra que no te deje avanzar y la traigas a la luz de Dios, declarándola con voz viva frente a Él, en verdadero arrepentimiento.

Yo aconsejo arrepentirse en voz alta, no necesariamente frente a otras personas, pero sí vivenciar el proceso en la intimidad, para que también esas culpas y remordimientos salgan y se vayan, sin ticket de regreso.

Nada de esto es necesario que sea hecho en público, no en todos los casos o según el caso y esto depende de Dios, sino que estamos llamados a hacerlo en la privacidad de nuestro corazón y/o habitación o lugar en el que te encuentras solo con Dios, en un sentido espiritual (*Ver Mateo 6:6*). Inclusive, puedes orar y pedirle a Jesús que te muestre una a una tus faltas, para que trabajes intensamente en este aspecto de tu vida, para que logres un día tener un corazón más y más depurado; aunque yo, en lo particular, pienso que esto es un proceso diario que no acaba porque en la vida cotidiana la imperfección se hace presente y nos conduce a la falta o a la ofensa, aunque —insisto— no deliberadamente.

Muchos que aún no conocen a Dios sino al mundo, descartan la importancia del arrepentimiento, pensando que sus faltas han quedado subsanadas frente a Dios o a ellos mismos, por el hecho de que las han olvidado o han dejado de cometerlas controlando sus impulsos, pensamientos o comportamientos; sin embargo, sabemos que el dejar de robar realmente no nos exime de haber cometido la falta, ni nos libra de la culpa hasta que paguemos por ella. En el mundo, esta ofensa se paga con cárcel o con multa, según la gravedad del caso, pero en el Reino de Dios es con verdadero, genuino y desgarrado arrepentimiento, porque así es con Dios y a Él no podemos mentirle.

Para mí, en lo personal, el arrepentimiento es un ejercicio amoroso bellísimo que me gusta practicar, toda vez que me mantiene en contacto con Dios porque para mí implica ir hacia Él, como esa hija que acude a su Padre apenada por su desobediencia, admitiendo que ha faltado, sin que exista ninguna obligación impuesta de actuar en tal sinceridad y honestidad, pero que lo hace porque ama a su Padre y necesita reconciliarse con Él, debido a lo importante que es para ella cuidar y mantener ese amor.

Esta sincera confesión debe incluir la exposición frente a Dios, de las intenciones o motivaciones que tuvimos en esas actuaciones contrarias a sus principios, pero no porque Él no las sepa o porque no haya estado allí, sino porque esto nos muestra verdaderamente desnudos frente a Él, para que vea en nosotros esa total transparencia y honestidad que deseamos que nazca en nosotros, y así el trabajo de limpieza y confianza entre ambos, se inicie con gran profundidad.

Disfruta cada uno de tus actos de arrepentimiento frente a Dios, inclusive de aquellos que más te cuesta hacer porque no creías que debías hacerlo; recuerda que no tienes que convencerlo de nada, tú se lo cuentas, lo sufres y se lo entregas, y Él te entenderá porque estuvo allí, Él todo lo vio y conoce todo lo que pasó.

También te advierto: no te engañes cuando te arrepientas; si por alguna razón en tu proceso de arrepentimiento aún consigues razones y excusas para justificarte, detente, vuelve atrás y comienza de nuevo, porque donde hay justificación, no hemos realmente aceptado nuestras faltas, o que antes actuamos en contradicción con Dios; y esto, Él lo sabe, de manera que ello, no nos permitirá avanzar ni tampoco recibir de Él.

Es un proceso nuevo, pero muy satisfactorio, sobretodo por sus efectos en nuestro ser interior y nuestra experiencia en su reino.

Un consejo adicional que puedo ofrecerte en este aspecto, es que analices tus recuerdos y cuando algo o alguien venga a tu mente, sepas que, por lo general, es con el objeto de hacerte ver que necesitas hacer oración o reflexión sobre aquello que solo tú y Dios saben que amerita arrepentimiento, perdón o petición de bendición. Respecto al pasado, así como vamos progresando y sanando nuestras heridas, así mismo necesitamos dejarlo atrás.

El arrepentimiento es tema de un libro completo, que tal vez desarrolle un día, si Dios me lo permite; sin embargo, lo que deseo ahora es entregarte la ganancia de entrar en los predios de Dios con un corazón arrepentido, sin que pierdas nada sino que aumentes tu cuenta de bendiciones, porque el arrepentimiento te genera un sentimiento sublime y una especie de compromiso tácito de hacer lo posible por no volver a pecar o cometer la misma falta, ya que lo contrario no tiene sentido, pues ahora sabes el impacto que aquella falta cometida en el pasado, puede tener en la relación más importante posible, que es la que tenemos ahora con nuestro Dios.

En definitiva, tenemos a Jesucristo, quien es el encargado de hacer todo este trabajo dentro y fuera de nosotros, así que lo que en realidad debemos hacer es escucharlo, seguirlo y hacer lo que nos pide que hagamos, donde el perdón siempre estará presente, como te lo explico en el siguiente paso.

## El cuarto paso es el perdón

La consecuencia, ganancia o riqueza que se obtiene del arrepentimiento que te expongo en el paso anterior, es recibir el perdón de Dios.

Cuando nos arrepentimos en verdad, Dios nos perdona en verdad; sin embargo, obtener su perdón o permitir que Él lo suelte y nos llene de su perdón, está enlazado al hecho de que nosotros tampoco tengamos pendiente alguna cuenta que implique perdonar o hacer las paces con otros.

No somos perdonados, si nosotros a la vez no perdonamos. Perdonar es un paso mucho más alto o más arriba que damos en la escalera de la madurez espiritual y que, como consecuencia del arrepentimiento, nos garantiza la residencia en el Reino de Dios y sus beneficios.

La oración del Padre Nuestro y los versos subsiguientes dejan esto muy claro, por favor léelos por un minuto, ellos están en *Mateo: 6:9-15*.

Estamos llamados a perdonar a quien nos ha herido y a quien no nos ha pagado sus deudas, sea quien sea esta persona y sea cual sea el monto de la deuda o magnitud de su ofensa. No hacemos esto para ser considerados más tontos que los demás, sino porque perdonar a otros, nos permite obtener perdón y además nos coloca a todos en el mismo nivel de humanidad, porque todos nos equivocamos y necesitamos del perdón.

Todos hemos ofendido, de una manera u otra, del mismo modo, parecido o diferente; recordemos que, bíblicamente hablando, no hay pecado mejor o peor que otro según Dios, a excepción de rechazar a Jesús y al Espíritu Santo, que es pecado mortal, según lo define Dios en su palabra.

Nosotros perdonamos porque Dios, en la voz de Jesús, nos pide hacerlo y cuando Él entra a residir en nosotros nos lo recuerda, porque quien está lleno de amor tiene la capacidad de perdonar; de manera que todo ello está en congruencia con lo que Nuestro Señor desea que seamos: perdonadores.

Claro que nos duele que nos roben y perder aquello por lo que tanto trabajamos para adquirirlo e inclusive a quien amamos, porque no estamos hechos de piedra y nos duelen las heridas y las ofensas que nos hacen; sin embargo, todos somos igualmente pecadores: más arriba, más abajo, más a la derecha o a la izquierda, según nuestra anterior escala mundana, la de Dios y la de los demás, pero aún así, nada de esto hace ninguna diferencia para Dios, quien nos dice que a sus ojos somos todos amados y necesitamos perdonarnos los unos a los otros, para poder contar con Él.

Algunos se jactan de decir que son buenos porque no se meten con nadie, no le hacen daño a nadie y no hacen nada malo (según consideran), como una manera de pedir que no se metan con ellos; dicen que no tienen cuentas con Dios y proporcionan una lista infinita de cosas que hacen y que, según ellos, los hace buenos; lo lamentable acá, es que hablan de acuerdo a su propio conocimiento (desconocimiento de Dios y Jesús) y a una definición muy ajustada a sus gustos y de lo que ellos han definido como bueno.

El asunto es que para sentirnos bien, creamos una especie de sistema lleno de cosas para hacer y, haciéndolas como podemos, nos auto-consideramos buenos y eso nos basta. En algunos casos, vemos que muchos se han alejado inclusive de sus propios hermanos por errores cometidos, porque han decidido que hay ofensas imperdonables, como si fuesen especies de dioses de familias, aceptando la consecuencia de la desunión y desintegración.

Creyentes y no creyentes, necesitamos recordar que Dios ama al mundo y que, por ello, envió a Jesús, mas no tiene contrato que garantice protección y bendición desde la vida en el mundo y hasta el cielo, con los que tienen el corazón duro y no aceptan el sacrificio y consejo de Jesús. ¿Está un poco más claro?

Más profundamente hablando podemos decir que no perdonar equivale a jugar a ser dioses, porque significa condenar y Jesús vino, precisamente, a perdonar y a salvar, mas no a condenar; por ello, perdonando nos otorga salud, restauración y salvación. Para lograr el perdón en los casos más difíciles, requerimos confesarle y entregarle nuestras heridas, como si fuésemos niños, para así entonces dejarlo que Él haga el trabajo de reparación.

En toda relación que exista ruptura por ausencia de perdón, veremos a Cristo trabajar, trayéndonos al arrepentimiento para la restauración. Y esto es sumamente crítico para los divorciados y para quienes hemos padecido por relaciones incompletas en el pasado. El arrepentimiento, conjuntamente con el perdón en Cristo, nos sana las heridas y nos prepara para entrar en una nueva relación con un corazón curado, sanado y listo para amar de nuevo, pero ahora en verdad y no como antes.

Uno de los fenómenos más importantes y hermosos que nos ocurre en este proceso a los que somos divorciados, es el de lograr amar en verdad a nuestros ex-cónyuges, porque ahora, desde la perspectiva del amor de Dios - que es comprensivo, compasivo y perdonador - nos permite soltar y deshacernos de los resentimientos porque nos ponemos en su lugar, comprendemos de dónde vienen y por qué actuaron como lo hicieron y en fin los entendemos, mas no los justificamos, para que así comencemos a reconstruir sobre bases sólidas la próxima relación, al tiempo que este regalo de esta confianza en Dios que tenemos hoy, la deseamos para ellos también, porque ahora los amamos, pero de manera diferente, porque el amor nunca muere. Si no le hemos dado el chance a Dios de sanar nuestro corazón completamente y nos atrevemos a entrar en nuevas relaciones románticas, vamos a fallar otra vez, muy seguramente y por las mismas razones.

Perdonemos confiados porque, en realidad, dependemos sólo de Dios, de su provisión y restauración, y bañados en ese amor nada nos falta; además, eso nos evita muchas otras terribles consecuencias, si permaneciésemos en esa incapacidad de perdonar, albergando en nuestros corazones deseos negativos hacia quienes nos han herido.

Nosotros los cristianos no deseamos consecuencias duras ni trágicas para nadie y, por ende, tampoco las recibimos en nosotros y en los nuestros, porque estamos cubiertos con la sangre de Jesús. Perdonamos porque amamos a Dios, le escuchamos y le hacemos caso, lo cual significa obedecerle.

Ciertamente, le obedecemos a Dios y en esto no vemos sino gozo y tranquilidad, porque es sabio obedecer a quien sabe y no a quien no sabe, más aún cuando el líder de mi vida tiene amor y provee bendición a quien le obedece, aunque no lo hago por el interés de la bendición sino que el perdón, es en sí un regalo y una bendición que Dios nos otorga y que me abro a recibir.

Perdonamos a otros porque ahora los amamos como nunca antes amamos, pues ahora somos más comprensivos respecto a las razones por las cuales actuaron así y también por las que nosotros actuamos de la forma en que lo hicimos; entonces, comenzamos a ver todo esto a través del cristal del amor de Dios que los ama tanto a ellos como a nosotros. Lo que pasa es que tal vez nosotros llegamos primero a Dios y ellos aún no lo han hecho; sin embargo, estos actos, puede que logren este propósito en ellos también, es decir, el de acercarse a Dios (todo es una cadena).

Perdonar es una manera de recibir el perdón de Dios en el mismo acto, porque nos descarga del peso y de la consecuencia de pretender entrar en competencia con Él, quien es el único que tiene potestad de hacer juicio o condenar. Necesitamos entender o meditar, en el hecho de que perdonar a otros, significa lo mismo que perdonarnos a nosotros mismos, si hubiésemos cometido esa misma falta, de la misma manera y con las mismas condiciones y resultados, lo cual sí no nos ha ocurrido, nos puede ocurrir en cualquier momento.

No perdonar es como juzgar y sólo Dios puede juzgar y acá deseo aclarar la diferencia entre juzgar y tener juicio, lo cual es importante en esta nueva vida con Dios. Juzgar a otros nos coloca en peligro, como hemos sido advertidos por el mismo Jesús, porque da a los otros - que no tienen a Dios - herramientas para juzgarnos de igual modo. Juzgar no es de cristianos, porque además implica decir que nosotros nunca hemos hecho, dicho, pensado, deseado, etc., algo parecido y que además nunca lo cometeremos, y como juzgar por su naturaleza, es algo que solo le compete a Dios, lo más probable es que terminemos siendo juzgados por algo similar, nosotros o alguno de los nuestros, para que aprendamos la lección. La Biblia nos enseña a no ser insensatos y esto tiene que ver entre algunas cosas, con no caer en el juego de juzgar, criticar y calificar siendo imprudentes con nuestros labios y nuestro corazón.

En el sentido más espiritual, no perdonar y juzgar a otros se conecta con la incapacidad de no amar a Dios y al prójimo, no entendiendo sus circunstancias y cuánto ha sido engañado por el mundo que lo ha convencido de hacer aquello que pensó que estaba bien; por otro lado, juzgar indica que nosotros nos consideramos en un nivel superior, lo cual es abominación para Dios.

Yendo un poco mas allá, juzgar en público o en la cara de alguien, tiene un efecto que puede ser muy destructivo en la identidad y auto-estima del que recibe el juicio, cuando no es dado con el amor de Dios, de manera que quien lo recibe puede verse afectado, si no cuenta con una identidad clara en Cristo; sin embargo, en cuanto esto es injusto para Dios, esto Él lo revierte.

Uno de los aspectos más hermosos que he aprendido sobre el amor compasivo de Dios, es que todo juicio negativo o crítica descorazonada que hacemos hacia otros, en realidad Dios la revierte o convierte en bendición para ellos, y esto es sencillamente maravilloso, sobre todo porque esto nos confirma que contamos con su protección y con la garantía de su omnipresencia, omnisciencia y justicia, que ninguna persona y ni siquiera el mismo diablo pueden tener; porque todo el poder es de Dios y nada está sobre Él.

Por el contrario, estamos ciertamente llamados a tener juicio y actuar en justicia - que es parte de la sabiduría - puesto que nos sirve para discernir entre lo que es bueno y malo, según Dios; recordando que este juicio que ahora recibimos y usamos, aplica para nosotros, no para nadie más, a menos que estemos ejerciendo roles en la corte, de dirección, pastoría o consejería, como en mi caso.

El juicio que aprendemos a usar en nuestra nueva relación con Dios, nos sirve para clasificar mentalmente lo que es bueno y malo según Dios, y poder actuar en concordancia; no importa lo que digan unos u otros, porque oyendo a Dios y siguiendo su palabra, no nos podemos equivocar y esto es tener juicio. El Espíritu Santo y nosotros actuamos juntos, en equipo.

En el sentido de mi propia experiencia como individuo, si el juicio sirve para juzgar a alguien, ese alguien debo ser yo, única y exclusivamente, es decir, yo debo juzgarme a mí misma, para que, ganando esa capacidad que había perdido antes, ahora logre ver donde debo enderezar mi paso, porque no se ajusta al bien divino. No hacemos juicio ni condenamos a nadie más, que a nosotros mismos, y esto nos ayuda tremendamente a perdonar.

Nosotros los divorciados debemos hacer un esfuerzo muy importante, pidiéndole a Dios en Cristo, que nos permita perdonar a nuestros ex- cónyuges, por el hecho de que la falta de perdón indica la presencia de ese amor *eros* o de pareja, pero profundamente golpeado porque no fue correspondido, y por tanto no ha sido subsanado.

Las heridas dejadas tras el divorcio o la viudez, principalmente y a los efectos de este libro, deben ser curadas y ese amor que antes existió en el corazón (si este existió, porque hay quien busca ser amado por el cónyuge, con el amor que solo puede ser dado por Dios y no lo consiguió), debe ser transformado en amor *philia,* o amor cristiano hacia nuestros semejantes, de lo contrario, fuera de ese nivel de perdón y amor, no podremos tener éxito en nuevos matrimonios, si éste es el caso. Esto tal vez nos permite ver la importancia de no correr hacia nuevas relaciones sin dejar pasar el tiempo necesario y el proceso que Jesús amerita para sanarnos, porque el amor nunca muere, recordemos esto, porque Dios es amor.

En general, necesitamos perdonar a todos nuestros hermanos humanos, porque no estábamos allí, no sabíamos lo que estaba sucediendo en sus casas, con sus emociones, con su cuenta bancaria, con sus hijos, con sus conocimientos, con sus padres, con su salud, sus experiencias, negocios, esposa y esposos y un sinfín de cosas más que desconocemos, y que están detrás de las ofensas que comete todo ser humano.

Por estas mismas razones, es que no debemos juzgar ni castigar condenando a otros, porque esto crea y alimenta el odio, en ese lugar de nuestro corazón donde solo debe existir amor, para evitar rupturas y dejar de jugar a ser dioses.

No somos más que Dios y tampoco somos perfectamente buenos o terriblemente malos, solo que hacemos lo uno o lo otro, y, aún así, Él a todos nos perdona si venimos realmente arrepentidos en Cristo, a pesar de haber cometido las faltas más horrendas.

Perdonar a otros se hace desde adentro hacia Dios, igual que el arrepentimiento, en verdad y honestidad, lo cual sabe Nuestro Padre porque a Él no podemos mentir. Perdonar es sinónimo de ser cristianos y de tener a Jesús en nuestro corazón.

Muchos nos dicen que el asunto cristiano de poner la otra mejilla es inaceptable, porque nos convierte en presa fácil del abusador; al respecto, necesitamos saber que en realidad esto no se refiere a dejarse usar o abusar, sino a no pagar con la misma moneda y soltar al infractor y así nos protegemos a nosotros mismos. En otras palabras, la mejilla puesta a disposición de otro, le otorga a ese otro la posibilidad de hacer lo bueno y salvarse, o de hacer lo malo y perderse según su motivación, la cual escogerá de acuerdo al ejercicio de su libre albedrío. Por eso, es tan importante contar con Dios en Jesús, pero en verdad, pues solamente así dependemos de Él; porque recordemos que el mundo desea destruir a muchos que pueden salvarse, como les pasó a otros que ya se fueron y podían haberse salvado.

Para que Dios pueda obrar en nuestras vidas debemos dejar de ser rencorosos y perdonar. Si en algún caso, mientras hacemos este ejercicio, alguno de nosotros requiere perdonar a alguien que ya se marchó de esta vida, alégrese, pues ahora, en Cristo, esta oportunidad es posible. Yo recomiendo tener cuidado de no hablar con muertos sino con Dios en Jesús, ya que, aunque suene descorazonado y nos duela, bíblicamente hablando, no podemos hacer nada por quienes ya tuvieron su chance y han sido juzgados por Dios y, por eso, están donde Él decide que tienen que estar, de manera que, estas conversaciones no pueden más que traernos al mundo de las tinieblas, que es peligroso porque no lo conocemos, y al que no debemos entrar porque no es bueno, ya que no es de Dios.

Hay personas que necesitan inclusive perdonar a Dios, porque por no conocerlo lo culparon de muchísimos males y situaciones difíciles por las que han atravesado, tal como me pasó a mí, y les conté en un principio. Llenos ahora de confianza, sepamos que lo que sucedió antes se debió, por un lado, a nuestro desconocimiento de Dios, el cual nos apartó de Él, así como también le sucedió a aquel que nos hirió o causó daño y por eso lo hizo; y, por otra parte, a su intención de traernos hacia Él, buscando reconciliarnos y llenarnos.

Cuando Dios ve nuestros corazones llenos de arrepentimiento y de perdón hacia los demás, Él nos perdona, como nos los informó Jesús, porque vino para los pecadores; y que no nos quede duda de esto porque Jesús no miente, de manera que con esto podemos contar y como una nueva verdad, se hará también presente en tu nueva vida cristiana.

Adicionalmente, cuando se nos hace muy dura la tarea de perdonar - porque no estamos entrenados para ello - recordemos que en el Reino de Dios todo es amoroso y posible, de manera que, inclusive, nos podemos arrepentir de no encontrar las razones, las fuerzas, la lógica, el motivo o el para qué de perdonar y arrepentirnos y, hasta sobre esto, orar para obtener la capacidad y la posibilidad de trabajar en el perdón, tan necesario para nuestro propio bien, el personal, es decir, el tuyo y el que se extiende a los tuyos.

Este punto me hace pensar en quienes han sido objeto de violaciones u otros abusos graves a su persona, a quienes les digo que, con Jesús, no sólo encontrarás la fuerza para perdonar a esa otra víctima del mundo que te hirió, sino también la sanidad verdadera de esas heridas, tu restauración completa y el futuro ilimitado de bendiciones que Dios tiene para ti. Confía en Él y en su poder absoluto.

Perdonar y recibir perdón, son actos que se ejecutan dentro de la fe y que implican creerles a Dios y a Jesús, que son, quienes ellos dicen que son y que pueden hacer lo que nos ofrecen.

Por ello te invito a disfrutar tu nueva capacidad para perdonar.

## El quinto y último paso es caminar o andar por esta vida, tomados de la mano de Nuestro Señor

Mis amigos queridos, hermanos en Cristo (asumiendo que lo han aceptado), esta vida es sumamente hermosa y divertida, cuando nos atrevemos a caminarla o vivirla de la mano del Todopoderoso, quien nos entrega el privilegio de contar con su amor ilimitado que, a su vez, nos permite tener la experiencia de poder amar de verdad y así en este amor, te entrego estos tips o simples sugerencias y consejos:

❖ **No mezcles religiones ni otras fés.** Recuerda que esto es sinónimo de la nueva fidelidad que ahora aprendemos y somos capaces de poner en práctica en esta nueva relación amorosa con Dios. Dios es el mismo: ayer, hoy y mañana, por tanto, nosotros creemos en la verdad del Dios bíblico, la cual ponemos en práctica y no se queda en habladuría. No combinamos nuestra fe con otras creencias, rituales o tradiciones. Dios y Jesús es lo que dicen el Antiguo y el Nuevo Testamento, y esa es nuestra verdad, porque se hace viva y cobra vida dentro de nosotros en el Espíritu Santo. Por supuesto que podemos seguir disfrutando de los aspectos particulares y folklóricos de nuestras naciones; sin embargo, en lo concerniente a la fe es fundamental serle fiel a Dios, como lo pide en los mandamientos, de otra manera, perdemos esta gran oportunidad. Digo esto especialmente conociendo el caso de América Latina, donde creemos en todo, lo que significa no creer en nada, porque se mezcla la chicha con la limonada y esto es peligrosísimo, porque es como combinar la oscuridad con la luz y sabemos que donde hay oscuridad, no está presente la luz. Esto es muy importante, ya que afecta el tema de los valores que, en este caso, son muchos y muy convenientes y así orientan a acciones de la misma naturaleza, y ya vemos cómo estamos y por dónde vamos. Yo confío que todo cambio comienza desde adentro como individuo y su matrimonio con Dios en Jesús y, a partir de allí, este cambio que sólo trae bien, se extiende hacia la familia, la sociedad y el país. Es posible cambiar para bien, pero desde la raíz, y con la roca de Jesús está la posibilidad.

❖ **Confía en el poder de la oración y practícala en todo momento**. Ahora renovados, es decir, siendo nuevos gracias a la fe en Cristo, el camino es llevadero, aunque no perfecto, porque el mundo no es perfecto, pero sí hermoso cuando somos guiados de la mano de Dios hacia esa parte del mundo, donde podemos disfrutar de su presencia, llevando una vida en paz al dejarnos llevar por Él; sin embargo, para llegar allí necesitamos conocerlo, así que vamos, lee tu Biblia diariamente, medita la palabra y ora constantemente en tu Espíritu.

Para orar no necesitas nada más que hablarle y preguntarle, pedirle, ser quien eres frente a Él y desarrollar esta relación, que debe ser la primera y la más importante en tu vida, porque le traerá beneficio a tu ser, a tus hijos y a tu vida. Cuando ores, ora por ti, por tus hijos, por tu casa, por tus padres, por el plan de Dios en tu vida, por la sociedad, por tus pastores de iglesias (si los tienes) y por tus amigos en Cristo y por los otros con amor.

Pídele a Dios lo que es de Dios y entrégale tus necesidades y carencias de cualquier tipo, Él sabe qué hacer y como suplirlas. Desarrolla el hábito del agradecimiento y la alabanza, después de tu oración y cada vez que recibas bendición.

Ahora bien, debes saber que el tipo de oración de la que estamos hablando es, de la oración ferviente o sentida, que no involucra la repetición de palabras que pierden sentido porque no sabemos lo que significan, ni dónde nos meten, porque se contradicen con esta comunión exclusiva entre tú en Cristo y Dios. Tampoco se trata de la oración que hacemos, a veces, viendo la televisión o pintándonos las uñas. La oración que Dios escucha es la que hacemos con el corazón abierto en sinceridad y entregado, o como digo yo, engarrotado, con los ojos cerrados (aconsejablemente) y con gran nivel de concentración, para saber lo que estamos orando y diciéndole a Nuestro Padre, en total confianza de que nos está escuchando, porque ve en nosotros nuestra fé en Jesucristo, y porque orando de esta manera, estamos en ese momento como en un lugar sacro o sagrado, a pesar de dónde se produzca esta oración.

Esta oración está dirigida al Dios Padre y hecha en el nombre de Nuestro Señor Jesucristo y nada ni nadie más, debe ser invitado a hacer lo que ahora le estas pidiendo en tu oración, a Dios en Cristo.

La Biblia nos presenta hermosas historias, especialmente en el libro de Esther, sobre el poder de la oración y la ayuna (hay muchos tipos de ayuna que podemos hacer, no como sacrificio sino para estar más puros en comunión), cuando son casos verdaderamente difíciles, donde si es necesario, podemos incluir también el hacerlo de rodillas, como un acto de gran humildad frente al Padre que todo lo puede y al que acudimos, porque nosotros nada más que pedirle, es todo lo que podemos hacer (arrodillarse es un acto excelente sobre todo para los que han sido de corazón duro y/o arrogantes). Los Salmos nos entregan una riqueza grandísima de declaraciones, que puedes añadir a tu vocabulario y nuevo hábito de oración, según la necesidad que tengas.

Oramos pidiendo a Dios en Cristo, pero no le damos la solución, ni el plazo de entrega, sino que nos entregamos a su voluntad, porque de esta forma siempre será buena y a su tiempo, que es, cuando Él nos encuentra preparados. La respuesta de Dios, se manifiesta en forma de bendición extendida, solo porque trae bien, en tanto y en cuanto nos mantenemos en pie de lucha y fe incondicional.

Todos enfrentamos adversidades, que son en realidad períodos de prueba, pero ahora sepamos que tenemos a Cristo para no decaer en el intento, sino vencer; por ello, mi sugerencia es que cada uno, antes de salir de casa, se vista diariamente con la "Armadura de Dios", como nos indica el Apóstol Pablo en *Efesios 6: 11-18.*

En relación a la oración *les recomiendo* ver *Mateo 6: 5-18*

❖ **Controla tus pensamientos.** Yo espero que a lo largo de tu lectura hayas recibido el mensaje de que nuestros pensamientos están influenciados por el bien de Dios o por el mal que hay en el mundo (aunque esto suene fuera de lugar y hasta ridículo), sin embargo, es verdad, por eso, cuando recibas pensamientos que te produzcan miedo o pánico, estrés, confusión, desesperanza, angustia, incredulidad en Jesús y Dios, disuélvelos inmediatamente, rechazándolos en el Nombre de Jesús y habla esto con voz audible, diciendo que no crees en esas mentiras que buscan enfermarte y aniquilarte, porque tú crees en el poder de Jesucristo y que Dios te ama y tiene una vida hermosa para ti, aunque el lugar donde te encuentres se esté incendiando, literalmente hablando o no.

Cuando tengas pensamientos envidiosos, de burla, de superioridad, de odio, de tristeza, u otro pensamiento hacia otros, que no vienen de Dios, porque aún responden a tu vieja persona mundana, reemplázalos por bendiciones hacia esas personas (u objetos), porque esto place a Dios y te ayuda a limpiar tu corazón, haciendo posible que comiences a experimentar y a practicar el amor de Dios, que te llevará a sentir deseos de verlos en situaciones buenas y de éxito, tanto o mayores, que las que deseas para ti y los tuyos, con sinceridad y amor.

Prepara tu corazón, para lo que viene y abre tu mente. Prepárate a recibir lo que has pedido a Dios en Cristo, en su momento, a su medida, pero, por donde Él decide y cómo desea; libérate del control y déjalo actuar, mas solo confía en Él y mantén tu oración y tu fe, porque muy seguramente las cosas no vendrán como, cuando, por donde, y de la manera que tu habías imaginado, o te habías limitado.

Ora para que en cualquier caso Dios te muestre sus planes A, B y C si es posible, aunque en realidad lo que es aconsejable, es que tú sepas que va a haber más de una posibilidad que antes no habías pensado, para lo que esperas.

Es necesario que te prepares para todo y ores, porque vivimos en este mundo, y a veces suceden situaciones que no deseamos para nosotros y para los nuestros y más allá hacia todos, que sin embargo ocurren, porque deben ocurrir, pero esto no nos puede desequilibrar emocionalmente, ahora en Cristo. Siempre mantén tus ojos en Dios y tu Espíritu alerta preparando tu corazón para todo, entendiendo que a veces tenemos que enfrentar pena o dolor pero según y cómo lo haríamos ahora que tenemos esta gran fortaleza con Jesús en nuestro corazón. Es decir, la idea es que entendamos y no nos entreguemos eterna e intensamente a experimentar picos sentimentales (por algún suceso inesperado), enterrándonos en esos "sentimientos", que además son extremos porque están fuera del balance, más, sepamos experimentarlos, controlarlos y manejarlos en Cristo, haciendo uso de la palabra, la fe y el amor de Dios en acción, que nos llena y nos rebosa; un ejemplo de esto puede ser enfrentar la muerte de alguien amado, porque la muerte existe y es un paso a la trascendencia. En estos casos, recordemos que el auto-control es un fruto del Espíritu Santo en nosotros, que es un regalo para nuestra ayuda a seguir hacia nuestro propio destino.

Ten en mente que siempre es más fácil no creer en Jesús y por ello te toparás con todo tipo de idea externa y mundana que intentará confirmarte que esto es una gran tontería, y hacerte perder de entrar en el Reino de Dios, mientras si le crees a Jesús, te espera la gloria en su Reino.

Recuerda que fe y esperanza es algo que muchos han perdido y por haberla perdido piensan que no vale la pena, que no existe y que no lleva a nada, por tanto harán lo posible por convencerte para que tu también la pierdas y te coloques a ese mismo nivel.

Si pones tu confianza fuera de Dios, Jesús y el poder del Espíritu Santo, es como si le estuvieses creyendo al diablo que busca destruirte, enfermarte, limitarte y robarte el futuro y tu derecho a una vida plena. Si le crees a Dios, te bendice inmensamente y de acuerdo a su plan amoroso.

Así pues abriga tu pensamiento en la palabra de Dios, sus promesas y enseñanzas, contenidas en la Biblia y ejercita la fe. Esto es como proteger tu corazón.

❖ **Cuida tus hábitos y entrégaselos a Jesús**. Pídele a Dios con confianza que te indique cualquier aspecto en el que necesites mejorar, los cuales pueden ser muy variados, serios y menos complicados; a Dios le podemos pedir por todo, inclusive que nos ayude a mejorar nuestras dietas, actividad física, entretenimiento, aseo personal, maneras de hablar, comunicarnos y relacionarnos con otros, y hasta que nos haga más afectuosos con los nuestros.

Podemos pedirle que nos ayude a no mentir, a no juzgar a personas por aspectos aparentes, sino los actos que realizan (para nuestro conocimiento y discernimiento), resolver las adicciones, controlar y mejorar nuestro apetito, y, en fin, según sea tu necesidad; esfuérzate en tanto recibas su fortaleza, llénate de palabras de Dios y - como dije antes -aplícate la fe en acción, declarando su palabra en tu vida.

Sustituye los malos hábitos por buenos o, más bien, pide a Dios en Cristo por la fuerza que necesitas y déjalo que te ayude a controlarlos, mientras te ocupas en lo tuyo y te preparas para el futuro lleno de amor que te espera en Cristo.

❖ **Ten consciencia del poder de las palabras.** En este mismo sentido te sugiero que ahora pongas extremo cuidado a tus palabras, tal como he tratado de transmitirte a lo largo de este trabajo.

Las palabras tienen un poder creativo, salen de tus pensamientos y de allí se produce tu creación y acción.

Antes, cuando no conocíamos a Jesucristo, hablábamos sin pensar y decíamos todo lo que se nos ocurría sin pasarlos por ningún tipo de colador, pues bien, ahora no es así, en tanto y en cuanto estamos siendo progresivamente llenados de amor.

En un sentido, creamos nuestro futuro, porque decimos o expresamos en palabras aquello en lo que creemos y lo que queremos, y esto de algún modo nos ayuda a ver quién nos está controlando. Si no hablamos con amor, estamos alejados de Dios y funcionando bajo la batuta del mundo y la mentira, lo que aún puedes decidir entregárselo a la voluntad y dirección amorosa de Dios, bajo la luz de su verdad y bendición. ¿Qué escoges?

No desaproveches la oportunidad de limpiar tu vida, lo cual incluye aspectos que a veces consideramos muy simples e innecesarios, como lo puede ser nuestro vocabulario. Un lenguaje lleno de obscenidades nos ensucia y resta cualquier valor o belleza que podamos tener, ¿no has escuchado esto por allí?: era muy linda hasta que abrió la boca. Tal vez no sólo se referían a un vocabulario vulgar, sino tal vez al contenido de sus comentarios vacíos y mal intencionados, grotescos, insensibles o llenos de desamor.

En Cristo, nos miramos desde todo punto vista y hasta esto lo observamos con tanto cuidado, como el cuidado personal que nos proporcionamos; recordemos que somos hijos de Dios, quien es Rey de Reyes, y esto en verdad nos hace príncipes y princesas y por tanto vivimos en constante celebración y ¿a quién no le gusta lucir como si está de fiesta en su corazón?

Usa tus palabras para decretar la palabra de Dios en tu vida, pronuncia bendición para ti, los tuyos, tu casa, tu trabajo, tu jefe (aunque no te guste o no lo sepas apreciar por ahora), tu carro, tu vecindario, tu país y, en fin, todo lo que está hacia afuera, porque recuerda que así como plantamos, recogeremos frutos.

Deja de pronunciar palabras ofensivas hacia ti, hacia otros, tu país o tus circunstancias; más bien declara que Dios está trabajando en tu vida, que ahora Jesús está en control y que todo será para bien porque, en sus manos, el bien y la misericordia estarán contigo, todos los días de tu vida, eso también está escrito.

Puedes memorizar algún verso bíblico que te guste mucho y repítelo cuantas veces sea necesario, recuerda que tienes una lucha entre lo que el mundo te inyectó en la cabeza -y le creíste y así hablas y por tanto actúas - y lo que Dios realmente tiene para ti y eso es lo que necesitas empezar a creer y, por tanto, hablarlo y declararlo.

La Biblia nos presenta en un buen número de versos, enseñanzas valiosísimas que tienen relación con lo que decimos y, aunque pudiese enumerarlos aquí, prefiero invitarte a que los investigues para que ganes discernimiento y se abran puertas para el bien; no olvidemos que como está expresado en las escrituras, no sale agua salada y agua dulce del mismo chorro o manantial, queriendo decir que no podemos declarar maldición y bendición al mismo tiempo.

Recordemos que un Espíritu que es Santo, no puede sentirse conforme dentro de un ambiente sucio y marchando, pues absolutamente todo lo que decimos, sale de nuestro corazón, de manera que nuestro hablar expresa o refleja lo que llevamos por dentro. (Ver *Proverbios 18:21* y *Santiago 3: 11-12*).

❖ **No juzgues.** Aunque este punto ya lo desarrollamos anteriormente, te recuerdo que el juicio que ganaremos en este proceso, no debemos usarlo para enjuiciar a los demás, sino para el discernimiento que nos permite identificar aquello que está en contradicción a la enseñanza del bien que Dios desea para sus hijos en Cristo, según la Biblia.

Basado en esto, aprende lo que haya que aprender, actúa en conformidad y da el consejo al necesitado, es decir, a quien te lo solicite, no a quien no lo desee por rebeldía.

Por supuesto que, con juicio, podemos enjuiciar, pero única y exclusivamente a nosotros mismos, para así corregirnos y dar ejemplo, esto es especialmente poderoso y posible, a través del conocimiento que adquirimos de nuestro estudio de la palabra de Dios.

Aprende a no enjuiciar, sino a hacer una distinción entre el hecho, la transgresión o la ofensa y, la persona que la efectúa, para que, en todo caso, enjuiciemos el hecho, ya que el juicio de las personas le corresponde única y exclusivamente a Dios y, por tanto, no está al alcance de ninguno de nosotros, ya que si lo hacemos pagaremos las consecuencias, que como sabemos ninguno deseamos.

Que el juicio nos sirva en el discernimiento para nosotros escoger lo que nos trae el bien y la verdad o el mal y la mentira, lo cual es determinado por las consecuencias que acarrean. (Te recomiendo estudiar los *Proverbios* que contienen grandísimas enseñanzas a este respecto).

❖ **Aprende a contentarte.** Deja de quejarte, aprecia lo que tienes y agradécele a Dios por ello.

Uno de los aspectos más hermosos de Dios, es que con Él siempre experimentamos crecimiento y, en la medida en que avanzamos en nuestra fe y en nuestra acción de gracias constante, así nos promociona. Dentro de este aspecto, recibirás de Dios el hábito de contentarte con todo lo que tienes hoy, porque ése es el paso número uno que nos puede llevar a recibir más de Él.

Contentarse no es un acto simple en el corazón, porque en realidad implica desarrollar amor hacia la provisión actual de Dios, la cual es amorosa, porque nos provee, porque nos ama.

Tal vez esto resulte un poco difícil de creer e inclusive suene un tanto materialista, pero la provisión que tenemos en este momento presente, es bendita, pues nos permite nuestra subsistencia y satisfacción de necesidades hoy, que es el único día en el que en realidad, vivimos y existimos.

Yo, particularmente, oro por todo y he pedido esta capacidad para poder ver y estar consciente de mis bendiciones, lo que a la vez genera un estado en el cual me siento absolutamente dichosa por todos mis regalos.

En este aspecto, necesitamos mirar todo el círculo que nos rodea, que incluye nuestra propia vida, nuestra capacidad de caminar, de levantar un vaso con nuestras propias manos, nuestros hijos, hogares, una taza de té caliente, un día en familia, unas vacaciones, etc., ya que todos estos son grandes privilegios que debemos apreciar ahora y no cuando los perdemos, porque lo que perdemos se va y ya no está con nosotros. Por el contrario, con esta nueva actitud y sintiéndola en el corazón, nos preparamos para más, y nunca para menos.

Nos contentaremos con nuestros trabajos, nuestros salarios, supervisores, zonas donde vivimos, vecinos, edad, pasado, apariencia física, procedencia, presente, futuro y demás, y todo está conectado, a que todo esto ahora lo bendecimos.

Contentándonos, dando gracias a Dios por todo ello, nos permite usarlo y disfrutarlo, por un lado, para nuestro aprendizaje y bendición y, por el otro, para observar qué tenemos en el corazón y asi hacer todo esfuerzo por enjuagarlo.

No te estoy sugiriendo que seas hipócrita contigo mismo y tus anhelos, respecto a algo que deseas cambiar, tampoco que te conviertas en conformista, porque eso no es cristiano. Sino que me refiero al ejercicio en el corazón, de agradecerle a Dios por eso que te proporciona, y que en oración le pides conocer las razones por las cuales no puedes apreciarlo, o encontrar valor en ello. Si ese es el caso, simplemente plantéale las razones por las que no te gusta y si deseas cambiarlo, o lo que en verdad sientes y pídele que se encargue y te provea según sea su voluntad, Dios nunca tarda en respondernos, a menos que haya algún aspecto en el cual desea hacerte crecer, y fortalecer tu corazón, haciéndolo limpio y agradecido.

Un asunto muy clave en nuestra relación con Dios es sacar a la luz lo que está en las sombras con la mayor sinceridad, honestidad e inclusive ingenuidad.

Amigos, siempre digo que la clave es el amor, es decir, con Cristo en nuestro corazón, apreciaremos todo, inclusive lo aprenderemos y así seremos capaces de identificarla, disfrutarla y, en consecuencia, bendecirla.

❖ **Sé prudente, cuida tu nuevo tesoro.** Con el pasar del tiempo, tal vez sientas necesidad de hablar de lo que te está ocurriendo, porque será tan hermoso que desearás compartirlo y, por supuesto, puedes hacerlo, pero te recomiendo un poco de cautela, porque si lo haces con quienes no comparten tu fe, es muy probable que seas atacado con críticas y rechazo, porque vas a hablar con el lenguaje del amor que no conoce el mundo, y que suena como venido de otro planeta.

En un principio, cuando comenzamos a recibir amor de nuestro Padre Celestial, la experiencia es tan avasallante que quieres hablar de ello sin parar, entonces muy probablemente te llamen fanático, porque no todos están preparados para escucharte y entenderte, porque está demostrado que el mundo rechaza de entrada a Jesús.

El nombre de Jesús o Jesucristo para el mundo, es una palabra que se entiende, significa, suena como, o es sinónimo de, revisión, juicio, contricción y aflicción dentro del corazón de quien lo escucha cuando éste, esta "invadido por el enemigo" o por el mensaje mundano, quien por tanto, percibe su nombre como malo, cuando en realidad es bueno, porque busca llevarle a la auto-revisión. Esto lo digo basada en mi propia experiencia, pues recuerden que yo también reaccioné muy negativamente cuando mi hijo me habló de Jesús la primera vez.

Es bien interesante notar como a veces, el sólo hecho de nombrar a Jesús inclusive en algunos ambientes religiosos, es percibido como si se hubiese dicho una mala palabra u obscenidad, solo por el simple hecho de que Jesús significa pureza y amor, y el mundo no quiere esto. Sin embargo, insisto, ahora debemos ser guardianes y centinelas de nuestra propia persona y corazón, porque son muy valiosos y ahora nos aguarda un futuro maravilloso.

Usa tu juicio y discernimiento, que es una especie de sentido común nuevo, y ten cautela cuando hables de tu fe en ambientes mundanos, porque el mundo va a hacer todo lo posible por destruirla y ofender a Dios.

La fe en Jesús, es algo así como una joya muy preciosa, que no se tira al suelo o al pote de basura. Sé sutil y sumamente amoroso cuando hables de tu fe en Jesús, lo cual seguramente estará evidentemente demostrado, en tu nueva manera de interactuar con todos y en el manejo de tus recursos.

La advertencia es que tengas cuidado con el mundo que ha decidido no creer en Jesús, así que tráelo a la conversación sólo cuando sea propicio y cuando estés preparado, sin caer en peleas ni imposiciones. Demuestra que eres un cristiano en acción, y observa que pronto te preguntarán las razones de tu comportamiento y de tus logros, y eso te dará pie para compartir tu fe.

Recuerda que, en realidad, no podemos traer a nadie a Cristo usando la fuerza o la imposición, así sean nuestros hijos, pues es imperioso respetar el libre albedrío, además de entender que, lamentablemente - y esto lo digo con profundo dolor - no todos son llamados a participar de esta comunión. Los invito a leer la parábola de las bodas.

Ten en mente también, que necesitamos estar muy conectados con Dios en el Espíritu Santo, para dar la retirada, cuando sea necesario, como el mismo Jesús hizo.

❖ **Cultiva tu esperanza**. Cuando Dios ha colocado un sueño dentro de ti, aunque lo veas muy distante, muy difícil o imposible, ten fe en Dios porque en sus manos todo lo que Él nos entrega para hacer, es posible hacerlo, porque Él es quien está detrás de todo esto.

Si tu sueño es un nuevo matrimonio, un hogar, una familia, tener hijos, una actividad profesional, una empresa, un viaje, que es para bien y para bendición, y con propósitos buenos e inocentes, entrégaselo a Dios, que Él sabrá cuando darte eso para lo cual te ha estado preparando siempre.

Si lo deseas puedes prepararle una lista con las características y atributos de ese sueño o esa nueva pareja que deseas, si este es el caso, y entrégaselo a Dios en Jesús, para que no te quede la menor duda cuando lo recibas, de que viene de Él. Es válido hacer esto, entendiendo que nuestras peticiones son puras, de buena motivación y no superficiales o con intereses banales, porque de lo contrario no vienen de Él; recuerda lo que dije antes, en realidad esa lista quien la necesitas eres tú, pues Dios conoce tus necesidades y no deja de trabajar en ellas para dártelas.

A Dios sólo podemos pedirle lo que es de Dios, en Él confiamos y mantenemos nuestra esperanza viva.

❖ **Pon atención a los sueños de Dios.** Aprende a reconocer los sueños de Dios y en este caso me refiero a esos que tenemos cuando estamos realmente dormidos.

Hay sueños que son de Dios y otros que no lo son; como dice mi pastora, ellos a veces se ven afectados por los alimentos, las situaciones que hemos enfrentado en el día o por medicamentos que ingerimos cuando estamos bajo algún tratamiento médico; yo, simplemente agregaría que hay un tipo de sueño que tampoco viene de Dios y que es el resultado de algún elemento que impactó nuestro subconsciente sin darnos cuenta, como por ejemplo una película, una imagen, una palabra, una emoción, un hecho aislado y estos no tienen ningún significado en nuestra vida.

Sin embargo, debemos poner cuidado a los sueños que Dios nos entrega, porque suelen darse cuando estamos muy conectados con Dios, en Cristo, en situaciones donde la paz de Dios está con nosotros y cuando hemos ido a la cama en oración, entregándole esas horas de descanso.

Los sueños de Dios están conectados con aspectos bíblicos y nos llevan a experimentar la fuerza de su amor poderoso, haciéndonos sentir como si estuviésemos en el cielo.

Es bueno apuntar estas experiencias con sus fechas también, porque por lo general nos dan respuesta, visión, guía y esperanza (como te indico en el punto siguiente). Sería beneficioso investigar el contenido de estos sueños en el texto bíblico.

❖ **Escribe.** Es necesario que nos recordemos a nosotros mismos las cosas buenas que nos empiezan a ocurrir y le demos gracias a Dios, en alabanza, por toda esta bendición, sin precedentes, que ahora recibimos.

Si te sucede como a mí, que me pasaban cosas realmente inesperadas y sorprendentes, te recomiendo como bonita costumbre que lleves récords y escribas tus experiencias con Dios en Jesús, porque esto te servirá para afianzar tu fe cuando lo necesites mas, especialmente cuando sientas que, a veces, Dios se está tomando más tiempo del que esperabas para darte una respuesta. Para esos momentos, ten a mano tus apuntes para que puedas ver que sólo es cuestión de tiempo, pues al leerlos te darás cuenta de que ahora Dios sí te escucha y te da respuestas, de maneras extraordinarias.

En otras palabras, puedes orar y escribir tus oraciones colocándoles fechas, para luego revisar cómo Dios ha escuchado y superado tus peticiones; a mí, particularmente, este ejercicio me llena de muchísima esperanza y fe, sobre todo al ver mis oraciones respondidas. (Ver *Habacuc 2:1-4*)

❖ **Reclámale a Dios tu herencia**. Dios tiene un plan para tu vida, y si no lo sabes, y no esta claro, pídele que te lo muestre. Pídele por esto, así como por todo lo demás y de la misma manera que un niño le pide a su Padre; recuérdale que Él te trajo con un propósito y un objetivo que necesitas alcanzar y lograr e inclusive descubrir.

La vida es un regalo que viene de Él, de manera que sabe para qué te lo dio y cuáles son los anhelos que ha insertado en tu corazón para que sean cumplidos.

Es necesario que sepas que una de las razones por las cuales muchos alejados de Dios, no encuentran contentamiento en el área de trabajo o profesional, es porque o bien sucumbieron a sus sueños, porque los consideraron o creyeron imposibles, tornándose y concentrándose en sus circunstancias mundanas, las cuales reafirmaron su opinión, acerca de su incapacidad propia o situacional, para realizarlos y, en segunda instancia, porque al tener sus ojos espirituales cerrados no pudieron ver el plan que Dios tenía para ellos; así fue mi caso personal.

A todos, de manera individual, Dios nos entrega un proyecto que debe ser completado y, para ello, nos da las herramientas, las conexiones, los elementos, las capacidades y la fuerza para llevarlos a cabo, aunque a veces sean bastante grandes y retadores, al punto que podamos sentirnos un poco intimidados al respecto; sin embargo, como he dicho antes, lo que es de Dios es de Dios y eso nadie lo detiene, sólo que, lo que es de Dios, se desarrolla cuando estamos en conexión con Él y buscando agradarle, bendecir a otros y recibir de Él, de lo contrario, se convierte en un sueño frustrado o en una batalla inalcanzable, donde hay una lucha para obtener por los propios medios mundanos y no por los de Dios.

Atrévete a reclamarle a Dios tu herencia, su provisión y la actividad que Él desea para bendecirte a ti y a los tuyos y a toda la humanidad si es posible.

Confía en esta verdad porque Él desea que te dediques a algo en lo que alcanzarás tu máximo potencial, sirviendo como ejemplo de lo que es en verdad un individuo que encontró a Dios a través de Jesucristo y que es guiado por el Espíritu Santo.

❖ **Busca tu iglesia.** Te recomiendo que visites iglesias cristianas o evangélicas que queden situadas cerca de tu casa. Visita todas las que quieras hasta que reconozcas ésa donde sientes que la llama del Espíritu Santo está presente y así te agrade visitarla y hacer amistades, guiados en Jesús, con personas que comparten tu fe.

Esto en realidad es muy importante, porque la vida del cristiano se mueve en contra del mundo o de las agujas del reloj, porque está dirigida por la fuerza poderosa e invisible de Dios, lo cual no está al alcance de todos como quisiéramos.

La razón fundamental por la cual visitar los servicios de la iglesia es necesaria, es porque allí aprendemos como en una especie de salón de clase, cómo podemos aplicar la palabra, que es la sabiduría de Dios a la vida práctica, rutinaria y cotidiana.

Hay iglesias de iglesias, donde suceden algunas cosas que nos son un poco extrañas, porque no estamos acostumbrados a ellas, como por ejemplo, cantarle fervientemente a Dios, con gran júbilo, disfrute y emoción, pues nunca antes nos sentimos así de felices con Él, porque es ahora cuando se produce ésta reciprocidad tan intensa, que conlleva a ésta exaltación. Esto en si es alabanza a Dios, quien es reconocido en superioridad y por encima de todas las cosas, porque toda esta dicha proviene de Él, cuando también celebramos nuestra resurrección o renovación.

En un principio esto, dependiendo sobre todo de tu nivel cultural, puede resultar chocante; sin embargo, no te cierres ni te abras del todo sin orar en Cristo para que te hable en el corazón; insisto, usa tu discernimiento y deja que el Espíritu Santo te guíe.

Hay personas que se sienten muy a gusto en algunas iglesias y en otras no, de manera que escoge la tuya según sea tu personalidad.

Existen diferentes denominaciones como, por ejemplo, la evangélica, la bautista y la pentecostal, siendo esta última mi preferida, porque en ella se debe sentir la llama de la unción del Espíritu Santo en el mensaje del pastor, en la música y en el ambiente.

Sin embargo, les confieso que este paso para mí, fue un paso bastante fuerte, porque por un lado, implicó un cambio profundo en mis tradiciones o costumbres y luego porque me llevó algún tiempo desear o necesitar crecer más en mi fe, complementándolo con la visita a la iglesia. Por mi inexperiencia en esta área, sinceramente, me llevé algunas decepciones respecto a algunos pastores, pero nunca de Dios, como insisto, lo que no me dejó sucumbir, mas persistir, hasta encontrar la iglesia en la que me siento a gusto, porque el proceso no se detiene.

Mi única recomendación, en este sentido, es que busques una iglesia donde Jesucristo sea el centro único y cabeza, porque allí es reconocido como el Hijo de Dios y el Cordero del sacrificio que hoy vive resucitado a la derecha del Padre, para entregarnos el Espíritu Santo; por el contrario, no busques iglesias que lo consideran un santo, o un ángel o donde sea mezclado con otras supuestas deidades o cultos.

En la iglesia cristiana, se estudia el contenido de la Biblia protestante, es decir, en nuestro caso español, podemos acudir a la versión Reina Valera o La Biblia de Las Américas, aunque hay otras también. En estas iglesias, se reconoce como verdad, el contenido bíblico desde el Antiguo hasta el Nuevo Testamento.

Algo que comparto contigo también es que he aprendido que los pastores de las iglesias son hombres y mujeres como tú y como yo, seres humanos terrenales, que no son perfectos, sólo que algunos de ellos son, ciertamente, tocados por el poder del Espíritu Santo, como debería ser en todos los casos, pero unos reciben ciertas unciones.

Lo que importa es el mensaje o la predicación de la palabra. Cualquiera sea el pastor o la pastora de tu iglesia, simplemente recuerda que ellos no son Dios, de manera que se pueden equivocar, pero que esa equivocación no te aleje de Dios, sino que más bien te haga entender que hasta el más maduro en la fe, es aún humano e imperfecto, porque solamente Dios es Dios.

En realidad, la escogencia de iglesia es algo muy personal y tuyo y sólo recomiendo oración, para que Dios te guíe en el Espíritu Santo.

❖ **Aférrate a Dios.** En última instancia y, como lo dije antes, aprende a escuchar la voz de Dios y obedécela.

Deja que Él sea tu guía, tu consejero y tu líder. Confía en Él como las ovejas del rebaño lo hacen con su Pastor, a quien siguen sabiendo que las llevará a beber el agua mansa del arroyo y las alimentará en pastos de descanso y que, aunque hayan muchas, cada oveja en particular es tan valiosa como el rebaño entero; por lo que, si una se pierde, hará lo posible para hallarla, recuperarla y darle la misma paz y provisión que a las otras, porque a todas cuida por igual, porque son suyas. Les recomiendo leer la parábola de la oveja perdida en *Lucas 15: 1-7*

Si yo no me hubiese aferrado a Dios, en Cristo, no me hubiese sido posible llegar hasta hoy, cuando estoy viviendo en paz, plenamente, y además escribiendo esto para ti y con todo su amor.

Ahora bien, hasta aquí te he entregado todos los consejos, que puedo, para que tu nuevo andar en la vida como cristiano sea pleno, pero pueda que te estés preguntando ¿cómo hacemos ahora los divorciados, madres solteras, hombres y mujeres con un pasado que nos ha dejado grandes cicatrices? ¿Qué podemos hacer ahora que estamos renovados en la fe, para construir un futuro sólido y bueno para nosotros y los nuestros?

Pues la respuesta es muy sencilla: ahora todo lo que tenemos que hacer es disfrutar de la presencia de Dios en Cristo, pues aparte de los pasos que antes he indicado, los cuales se producirán en ti por la fuerza de Dios, no hay otra cosa que podamos hacer, sino dejarnos llevar con su guía y descansar sin temores.

Si Dios tiene un nuevo matrimonio en nuestro futuro, porque así lo ha puesto en nuestro corazón, se lo hemos manifestado, como una necesidad de expresar el amor que llevamos por dentro, y esa es su voluntad, podemos descansar sin temor y disfrutar de este tiempo mientras llega, porque esto ocurrirá sin dudas; pero el punto más importante es no concentrarnos en este objetivo únicamente buscando a Dios para lograr este propósito porque, por un lado, podemos perder la oportunidad de gozar de toda la gracia y favor que nos da, si sólo estamos esperando y pensando en una sola cosa o recibir; y, por el otro, porque esta nueva pareja no es la que va a llenarnos los vacíos, sino Dios, porque un nuevo matrimonio es sólo un aspecto de la felicidad integral que ahora te espera, gracias a tu fe en Jesús, la cual tiene que estar por encima de cualquier otra relación. (Ver *Mateo 22:37-39*)

Hay personas que creen en Jesús, en Dios y en el Espíritu Santo, pero aún su fe y su confianza están puestas en sus propias personas y lo que con sus propios medios pueden alcanzar, porque están basados en sus propias experiencias; hay otros que creen en esta Trinidad, mas siguen escuchando al mundo y creen un poco en todo, porque dejan las puertas abiertas a toda otra posibilidad divina. Hay otros que también dicen que creen, pero cuando hablan manifiestan muchas dudas, porque necesitan grandes pruebas que los convenzan, siendo insuficientes, las que ya de por sí han recibido.

Es un poco difícil que, pensando como en estos casos, logremos recibir la llenura del Espíritu Santo, que es quien hará posible experimentar la diferencia dentro nosotros. Yo te invito a que si has hecho la oración de fe en Cristo, le pidas a Dios que te llene abundantemente con el Espíritu Santo, para que no te vayas de este mundo frustrado, sin alcanzar tus sueños más puros, como le pasó a muchos que se fueron y no creyeron porque estaban esperando saber quién fue primero, si el huevo o la gallina.

Mi consejo es que te concentres en los temas de Dios y alimentes tu fe en Cristo Jesús, quien es la puerta hacia tu experiencia de tener y contar con tu Padre Celestial, desde aquí y ahora. Si Dios tiene un matrimonio para ti, entonces ora mucho, como para todo, y coloca esta nueva unión en sus manos y cimienta tu casa actual y la venidera, sobre la roca de Jesús.

Si no hay matrimonio para ti, debido a tu condición física, edad u otra circunstancia - que sólo Dios y tú conocen perfectamente - pues también disfrútalo porque, de seguro, hay bendición para ti con un propósito aunado a tu soltería. A partir de nuestra relación con Jesucristo, todo lo que viene es para bendición, sin lugar a dudas, eso está escrito, es así y tú lo comprobarás con tu propia vida.

Si tenemos hijos, demos gracias a Dios, porque ellos son una muestra de su amor hacia nosotros, y esto es algo que muy pronto comenzaremos a percibir y a entender, desde una muy grande y profunda nueva perspectiva, imposible de habernos sido revelada antes de Cristo.

Por ello, cuando existen hijos y somos divorciados deseando rehacer nuestras vidas con un nuevo matrimonio, es cuando se hace más importante y urgente que contemos con la ayuda divina para no arriesgar su salud emocional o física. Quien se convierta en padrastro o madrastra a causa de un nuevo matrimonio y no aprecie y ame a sus hijastros tanto como a los propios hijos, no está amando con el amor de Dios y esto puede generar no solo conflictos o rupturas sino heridas grandes en el corazón de esos hijos, y nosotros que los amamos con el amor de Dios, no deseamos eso para ellos.

Por favor hagamos lo posible por no colocar a nuestros hijos en situaciones de desamor porque esto tiene consecuencias devastadoras, y para lograrlo, contamos con Dios para que nos presente el candidato amoroso, porque también ama a Jesús, y así se convertirá en un verdadero padre o madre para nuestros preciados hijos.

Ahora bien, el que no tiene hijos y recibe a Cristo, también comprenderá que no todos fueron llamados a procrear; pero si el sueño y la esperanza de ser madres o padres persisten, tal vez Dios tenga en sus planes hacerlos padres adoptivos de algún pequeño al que Él ama inmensamente y desea darle unos padres tan deseosos de entregar amor. Por supuesto que, decisiones tan grandes como éstas son materia de oración hasta obtener la respuesta de Dios, quien es en realidad el que sabe lo que es bueno para cada quien.

Siendo que el objetivo de nuestro análisis es la sanación y restauración de nuestras vidas después del divorcio, separaciones, viudez, uniones concubinarias, vida promiscua, o cualquier tipo de relación en la que no fuimos tratados o no tratamos a otros de la manera en la que Dios había planeado y, por tanto, se creó dentro de nuestro ser caos o conflictos, porque no estábamos preparados, ni tampoco vinimos para ello, te entrego las siguientes oraciones.

Esta primera oración o declaración, es para quien tiene un deseo o sueño muy profundo de renovar el área de pareja y de familia, a pesar del pasado, pero que ahora renovados en la fe, sabemos que nuestro futuro está en las manos de Dios:

*Padre Nuestro que estás en los cielos,*
*santificado sea tu Nombre arriba en los*
*cielos y abajo en la tierra,*
*gracias por Jesucristo y su sacrificio en la cruz,*
*porque así ahora puedo tenerlo aquí, viviendo dentro*
*en mí y gracias a Él tengo acceso a ti Padre,*
*en el Nombre Todopoderoso de Jesucristo, me*
*entrego a ti total y completamente,*
*Tú me has indicado y dejado ver con los*
*ojos del Espíritu que me has dado*
*el sueño que hoy tiene vida en mi corazón,*
*Tú lo colocaste allí y porque es tuyo es bendito,*
*Tú me conoces bien, pues eres mi Creador*
*Padre Tú sabes bien cuanto deseo*
*un esposo/esposa que sea tuyo y que venga de ti,*
*sabes muy bien que solo/sola no he sabido escoger pareja,*
*y por eso he cometido muchos errores*
*que me llevaron por caminos de dolor y de*
*tristeza a mí (y a mis hijos, si existen)*
*yo sé que tú todo lo puedes y que para*
*ti no hay nada imposible,*
*Padre, sé Tú quien escoja esta vez por mí,*

porque yo sé que así como me creaste a mí,
también creaste a mi compañero/compañera
y por eso Tú sabes dónde está y qué
hacer para que nos conozcamos,
muéstrame a esa persona y hazme saber que viene de ti,
porque tu habitas en su corazón y por ello,
te ama y te obedece, y puede amar a otros con tu amor,
pues esta es la garantía que tenemos que nos permitirá
caminar por el mismo sendero.
Tú sabes cómo hablarme y cómo guiarme
porque Tú eres mí guía,
en el Espíritu Santo que es tuyo,
permíteme Señor Todopoderoso, reconocer en esa persona la
paz, el amor, el cariño, la protección y el apoyo que viene de ti,
y que Tú haces manifiesta y yo la recibo en sus
brazos, en su cariño, en sus palabras,
en su respeto y consideración hacia mí y también,
en las circunstancias que rodean a esta persona
que viene solamente para bendición mía y de los míos, y
que igualmente yo seré de bendición para el/ella y los suyos,
te pido que tu plan se haga verdad para mi vida y para los míos,
ábreme cada día más los ojos del Espíritu que me has dado,
para verlo y reconocerlo/la
y así comenzar una relación guiados de tu mano,
para en paciencia y sin apuros
conocernos y desarrollar verdadero amor y amistad
para un día contraer el santo matrimonio que Tú
siempre deseaste para mí y para él/ella
el cual se produce de acuerdo a tu plan,
y así unamos nuestras vidas para el resto de nuestros días,
para apoyarnos, amarnos y respetarnos en un nuevo hogar,
fresco, donde existe unidad y donde
Tú eres la cabeza.
Te entrego este sueño y este anhelo que
habita en lo profundo de mi corazón,
y que quiero ver hecho una realidad
porque Tu Palabra y Tu promesa son ciertas
y no se irán vacías en mi vida,

te pido Padre que durante este tiempo en el que
me preparas para recibir esta bendición,
sanes y cures todas las heridas y malos hábitos creados
en un pasado en el que yo no te había tenido presente,
para así entrar en este nuevo matrimonio,
limpia/o y tan renovada/o y pura/o
para que éste sea como mi primer y más
verdadero y único matrimonio celebrado,
como lo deseaste siempre para mí,
porque ahora lo es en verdad porque,
Tú me has hecho una nueva persona,
porque frente a ti me arrepentí de mis faltas,
y sé que tú me has perdonado, porque tú habitas en mi corazón.
Señor, te pido que descartes y ahuyentes de
mi corazón y de mi hogar a todo ser engañoso
y de maldad, como dice el Salmo 101
(el cual oraré frecuentemente en mi corazón
y usaré para mi discernimiento),
Padre, te entrego mis sueños, mis anhelos,
mi presente y mi futuro,
y te pido que me des las fuerzas para saber
esperar llena/o de fe y confiada/o en ti,
para que cuando él/ella llegue a mi vida,
entonces guíes mis pasos, los decires de mis labios,
las acciones de mi ser y los pensamientos de mi corazón para
mostrarle a mi nuevo esposo/a
el amor de Jesús en mí,
siendo una verdadera bendición y muestra
viviente de que Dios sí existe,
y de que es posible amarnos con el amor
más sublime nunca antes conocido,
que es el tuyo mi Señor,
a pesar de los inconvenientes y tiempos
de conocimiento y adaptación,
los cuales entregaremos a ti, pues siempre serás Nuestro Señor,
el Señor de nuestro hogar,
donde haremos oración diaria
para que crezca nuestro amor.
Me entrego completamente a tu voluntad,

*En el nombre Todopoderoso de Jesucristo,*
*quien es mi Salvador y el Señor de mi existencia,*
*te entrego esta petición,*
*Gracias Padre, porque siendo tu hija/o en Cristo,*
*sé que me has escuchado,*
*porque tuyo es el Reino, el poder y la gloria,*
*por los siglos de los siglos,*
*Amén y amén*

Si, por el contrario, tu sueño y deseo más profundo ahora, es permanecer en soledad porque así lo has visto y sentido en tu corazón, y eso te produce la paz de Dios, que es aquella donde hay armonía, sentido de realización y llenura, sin quebranto, entonces puede ser, que esta soltería sea en realidad solicitada por Dios.

En este punto sólo deseo señalar que cuando Dios decide que nos mantengamos solos, es porque en estas circunstancias no existe deseo ni actividad sexual presente, pues si lo están, esto es indicador obviamente de que necesitas pareja y sanar con Jesucristo, tus hábitos o adiciones, porque estás siendo manipulado, para mantenerte solo y privarte de la dicha de vivir una vida plena y completa.

La soledad como respuesta a la decepción, a la derrota sufrida en relaciones pasadas, o debido a algún miedo o complejo que nos hace pensar que no conoceremos a nuestra media naranja o porque creemos que ésta no existe, lo que indican en realidad, es que necesitas buscar a Dios y trabajar intensamente en tu fe, confianza, restauración y auto-concepto en Jesús.

Y en tu caso también si tienes hijos, debes orar para que el divorcio no forme parte de sus vidas y sea removido por todas las generaciones, trayendo a tus hijos a la fe en Cristo y siendo ejemplo de perdón hacia tu ex-cónyuge y las circunstancias; recuerda que un verdadero cristiano que ha recibido a Jesucristo es en verdad, una persona llena de gran júbilo y amor, y esto es obvio para los demás.

Ahora bien, si es así para ti, y has llegado allí a través de la oración y entrega a Jesús, quien te ha dado esta respuesta repetidamente, entonces te entrego esta oración:

*Padre Nuestro que estás en los cielos,*
*santificado sea tu Nombre arriba en los*
*cielos y abajo en la tierra,*
*gracias por Jesucristo y su sacrificio en la cruz,*
*porque así ahora puedo tenerlo aquí, viviendo*
*dentro de mí y así tengo acceso a ti Padre,*
*en el Nombre Todopoderoso de Jesucristo, me*
*entrego a ti total y completamente,*
*Tú me has indicado y dejado ver con los*
*ojos del Espíritu que me has dado,*
*el sueño que hoy tiene vida en mi corazón,*
*porque Tú lo colocaste allí y por eso es tuyo,*
*Tú me conoces bien, pues eres mi Creador,*
*así conoces que no me has dado sueños de*
*matrimonio ni de construir una nueva familia,*
*y por eso deseo entregarte todo el amor que tengo,*
*para que Tú decidas los buenos asuntos tuyos*
*en los que deseas que yo tome parte*
*y encuentre gozo y plenitud en tu presencia.*
*Permíteme sentirme completo/completa*
*como miembro de mi familia, en mi trabajo o profesión,*
*(si eres madre o padre puedes incluir esto: hazte*
*cargo de mis hijos y ayúdame a prevenirlos*
*de sufrir del divorcio, Padre, dame sabiduría*
*para hacer lo que esté de mi parte*
*para servirles de ejemplo y remueve este mal*
*de mi familia, mis hijos y sus hijos)*
*como amigo/amiga, ciudadano/a y en toda actividad*
*y rol que yo desempeñe en esta vida,*
*como parte de tu plan para mí,*
*dame la dicha de ser luz y sal para este mundo,*
*como Nuestro Señor ha indicado que somos quienes te*
*amamos y creemos en Jesucristo Tu Hijo, el Todopoderoso,*
*pues con Él, recibimos el regalo de ser llamados*
*a entrar en tu Reino,*

*hágase tu sagrada voluntad en mí, la cual*
*acepto con inmenso gozo y amor,*
*porque en ella encuentro plena satisfacción*
*de todas mis necesidades,*
*pues Tú estás a cargo de mi vida, mi*
*hogar, mi presente y mi futuro,*
*porque todo te lo he entregado a tu entera voluntad,*
*En el nombre Todopoderoso de Jesucristo, quien es mi Salvador*
*y el Señor de mi existencia, te entrego esta petición,*
*Gracias Padre, porque siendo tu hija/o en Cristo,*
*sé que me has escuchado,*
*porque tuyo es el Reino, el poder y la gloria,*
*por los siglos de los siglos,*
*Amén y amén*

## Conclusión o mensaje final

Ahora bien, para mis queridísimos amigos y amigas divorciados, pero también para todos los demás, deseo concluir y cerrar este libro, fruto del amor de Cristo en mí, entregándote lo que considero mi mejor regalo o consejo de oro, lo que llamaría la clave del éxito.

No importa si eres mujer u hombre, si tienes uno, dos o tres divorcios, como me pasó a mí, o si eres viudo o soltero, en verdad no importa quién eres, donde vives, cuál es tu color de piel, estatura, edad, profesión u ocupación, situación financiera, procedencia étnica e idioma o lengua, así como tampoco el número o tipo de pecados que llevas a cuestas, para todos y para cualquiera, mi consejo es este: ¡cásense! Sí, así como lo entienden, vamos, no pierdan tiempo y únanse en matrimonio, cásense una vez más, pero esta vez, de una vez, por todas y para siempre, primeramente con Dios, a través de su Hijo Jesucristo, porque en este matrimonio no hay posibilidad de fallar sino de encontrar el amor que tanto han ansiado.

Haciendo este matrimonio, lo que haces en realidad es una comunión o un pacto con Dios a través de Jesucristo, donde como en cualquier matrimonio, Dios asume sus responsabilidades y compromisos, los cuales cumple cabalmente con su esposa o esposo fiel. Esta vez nos casamos felizmente con Jesús quien, poseyéndolo todo, vino como el que menos tenía, probando la hechura de nuestros corazones, para quedarse con aquellos más frágiles y vacíos porque estaban hambrientos de amor y de justicia y, por eso, le buscaron, y pudieron creerle y así Él pudo llenarlos.

Bíblicamente hablando, los nombres de éstos que le creen ya son conocidos por Dios, porque esta sed de Dios, es decir, esta necesidad de buscarlo, es otorgada por Él, pues viene de arriba del cielo, porque los desea para Él. Mientras se desarrolla la vida aquí abajo en la tierra, éstos que están escogidos y que irán a Él, son recibidos de una vez e inmediatamente, como recibe un esposo a su esposa o un Padre a su hijo, dándole su riqueza mayor, la del amor, que lo es todo, y que todo lo supera, más allá de lo que nuestro pensamiento antes, mundanamente educado, podía llegar a imaginar. Recordemos la parábola del Hijo Prodigo.

Entonces, para cerrar, asumiendo que escogiste este libro, porque buscas una respuesta que te ayude a sanar el dolor que la cicatriz del divorcio dejó en tu corazón, porque no eres como los otros, sino como los que padecen y los que no se conforman con no ver sus sueños hechos verdad, deseo que después de toda tu lectura, si al final no lo recuerdas todo, al menos sólo un mensaje le pido a Dios que no se te olvide, para cuando lo necesites, si caíste en el foso y deseas salir: en Jesucristo están todas las respuestas, porque Él es en verdad el Hijo de Dios y Él te reconecta con Dios, y Dios es el amor que estás buscando.

Debido a mis divorcios, y sin saber cuántos tienes tú, así como cualquier otra aflicción o padecimiento que lleves en tu corazón o sobre tus hombros, preparémonos unos y otros también, pues no nos quede la menor duda, de que el mundo intentará apedrearnos otra vez, de la misma manera en que lo hacía en los tiempos antiguos, ya que las cosas no han cambiado mucho, sólo que ahora el mundo usará cualquier sutil ataque, alegando que debido a nuestro pasado, condición, y/o apariencia, ni tú ni yo tenemos derecho a entrar en esta íntima comunión con Dios, que sólo nos es posible gracias a Jesucristo su Hijo, porque aún no saben de quien es el juicio.

Mas sin embargo, que tampoco nos quede duda, de que esta guerra no es nuestra, sino de Dios, y que donde Él está presente, no hay quien pueda contra Él, porque nosotros ya hicimos el nuevo pacto y por eso contamos con su bendición, de manera que esta batalla de Dios es por los suyos, los que aún son muchos y están allá afuera buscando ser rescatados y llenados, como si fuesen vasijas de barro vacías y resquebrajadas, que necesitan de su Creador original o Alfarero experto para restaurarlas y llenarlas con amor durante el proceso, ya que solo Él puede y sabe cómo hacer, para que cada una de sus obras maestras, recobre de nuevo su inmenso valor, y todos tengamos que decir reconociendo, que solo Dios pudo hacerlo, porque ¡Dios es el Rey de la Gloria!

Me despido, pidiendo a Dios que este libro sirva de bendición para muchos, y que el amor de Dios y de Nuestro Señor Jesucristo se pose sobre tu persona, te llene de gozo y te bendiga inmensamente, por los días de tu vida aquí y en la eternidad, para ti y tus generaciones presentes y por venir, por siempre.

Amén y amén.

 

¡Dios te ama y desea demostrártelo, permíteselo en Cristo!